Sur la nature des choses

Titus Lucrèce Carus

Writat

Cette édition parue en 2023

ISBN : 9789359258560

Publié par
Writat
email : info@writat.com

Contenu

LIVRE I

PRÉFACE

Mère de Rome, délice des dieux et des hommes,

Chère Vénus, sous les étoiles glissantes

Faites grouiller le principal voyageur

Et des terres fertiles pour tous les êtres vivants

Par toi seul sont conçus à jamais,

Par toi se lèvent pour visiter le grand soleil —

Devant toi, Déesse, et ton avènement,

Fuyez le vent orageux et les nuages massifs,

Pour toi la Terre dédale porte des fleurs parfumées,

Pour toi, les eaux des profondeurs intactes

Souriez et les creux du ciel serein

Brillez d'un éclat diffus pour toi !

Car dès que le printemps apparaît,

Et des vents procréateurs soufflent de l'Ouest sans entrave,

Premiers oiseaux de l'air, frappez-les au cœur par vous,

Présage ton approche, ô toi Divin,

Et sautez les troupeaux sauvages autour des champs heureux

Ou nagez dans les torrents déferlants. Ainsi donc,

Saisi du sort, toutes les créatures te suivent

Où que tu ailles pour te conduire,

Et de là, à travers les mers, les montagnes et les courants rapides,

À travers les maisons verdoyantes des oiseaux et les plaines verdoyantes,

Allumant l'attrait de l'amour dans chaque sein,

Tu fais naître les générations éternelles,

Genre après genre. Et puisque tu es seul

Guide le Cosmos, et sans toi rien

Est ressuscité pour atteindre les rivages brillants de lumière,

Ni rien de joyeux ni de joli né,

J'ai envie de toi, co-partenaire dans ce verset

Que je présume de la nature pour composer

Pour Memmius, mien, que tu as voulu être

Sans égal en toute grâce à chaque heure,

C'est pourquoi, en effet, Divin, donne mes paroles

Charme immortel. Accalmie pour un repos opportun

Sur la mer et sur la terre, les œuvres sauvages de la guerre,

Car toi seul as le pouvoir avec la paix publique

Pour aider à la mortalité ; puisque celui qui gouverne

Les œuvres sauvages de la bataille, puissant Mars,

Combien de fois dans ton sein jette sa force

O'ermaîtrisé par la blessure éternelle de l'amour -

Et là, les yeux et la gorge pleine en arrière,

En te regardant, ma Déesse, bouche bée,

Pâturages sur l'amour, sa vue gourmande, son souffle

Accroché à tes lèvres. Il s'inclina ainsi

Remplis de ton saint corps, rond, en haut !

Versez de ces lèvres des syllabes douces pour gagner

Paix pour les Romains, glorieuse Dame, paix !

Car dans une saison troublée pour l'État

Je ne peux pas non plus assister à ma tâche

Avec une pensée sereine, ni au milieu de tels événements

L'illustre descendant de la maison Memmian

Négliger la cause civique.

Tandis que le genre humain

Partout dans le monde, les terres étaient misérablement écrasées

Sous tous les yeux, sous la religion, qui

Montrait sa tête dans le ciel de la région,

Regardant les mortels avec son visage hideux—

C'est un Grec qui a osé le premier à s'opposer

Levez les yeux des mortels pour résister à la terreur,

Qui ni la renommée des dieux ni le coup de foudre

Ni le tonnerre menaçant du ciel menaçant

Confus; mais plutôt irrité jusqu'au zeste de colère

Son cœur intrépide sera le premier à déchirer

Les traverses aux portes de la Nature ancienne.

Et ainsi sa volonté et sa robuste sagesse ont gagné ;

Et ainsi il avança au loin, au-delà

Les remparts enflammés du monde, jusqu'à

Il a erré dans le Tout incommensurable.

D'où il nous rapporte, un conquérant

Ce que les choses peuvent devenir, ce qui ne le peut pas,

Et par quelle loi à chacun son champ d'application prescrit,

Sa borne qui s'accroche si profondément dans le Temps.

C'est pourquoi la religion est maintenant sous les pieds,

Et sa victoire nous élève désormais jusqu'au ciel.

Je sais combien c'est dur dans les vers latiens

Pour raconter les sombres découvertes des Grecs,

Principalement parce que notre discours de pauvre doit trouver

Des termes étranges pour correspondre à l'étrangeté de la chose ;

Mais ça vaut ta peine et la joie attendue

De ta douce amitié, persuade-moi

Pour supporter tous les labeurs et réveiller les nuits claires,

Cherchant avec quoi de mots et quoi de chanson

Je peux enfin dissiper glorieusement mes nuages

Pour toi la lumière au-delà, avec laquelle voir

Le noyau d'être au centre était caché.

Et pour le reste, appelez aux jugements vrais,

Oreilles inoccupées et unicité d'esprit

Retiré des soucis; de peur que ce ne soient mes cadeaux, arrangés

Pour toi avec un service avide, tu dédaignes

Avant que tu comprennes : puisque pour toi

Je prouve la loi suprême des dieux et du ciel,

Et les germes primordiaux des choses se dévoilent,

D'où la nature crée et multiplie

Et favorise tout, et où elle résout

Chacun à la fin quand chacun est renversé.

Ce stock ultime que nous avons conçu pour nommer

Atomes procréateurs, matière, graines de choses,

Ou des corps primordiaux, comme primordiaux au monde.

Je crains que tu ne penses peut-être que nous nous en sortons

Une route impie vers les royaumes de la pensée profane ;

Mais c'est cette même religion le plus souvent loin

A engendré les immondes impiétés des hommes :

Comme autrefois à Aulis, les chefs élus,

Premiers héros, conseillers de Danaan,

L'autel de Diane a été profané, reine vierge,

Avec la fille d'Agamemnon, ignoblement tuée.

Elle sentit le chapelet autour de ses cheveux de jeune fille

Et les filets, flottant sur chaque joue,

Et à l'autel marqua son père en deuil,

Les prêtres à côté de lui qui cachaient le couteau,

Et tout le monde pleurait à sa vue.

Avec une terreur muette et un genou qui s'enfonce

Elle est tombée ; et cela ne pourrait lui être utile maintenant que d'abord

C'est elle qui a donné au roi le nom d'un père.

Ils l'ont élevée, ils ont porté la fille tremblante

Sur l'autel - nous ne sommes pas conduits ici maintenant

Avec rites solennels et chœur hyménéal,

Mais femme sans péché, condamnée au péché,

Un parent l'a abattue le jour de son mariage,

Faire de son enfant une bête sacrificielle

Pour donner aux navires des vents propices pour Troie :

Tels sont les crimes auxquels conduit la religion.

Et il viendra le temps où même toi,

Forcé par les récits de terreur du devin, tu chercheras

Pour rompre avec nous. Ah, beaucoup de rêves même maintenant

Peuvent-ils concocter pour mettre en échec tes projets de vie,

Et trouble toute ta fortune avec de basses craintes.

Je l'avoue avec raison : car, si les hommes savaient

Une fin fixe aux maux, ils seraient forts

Par un appareil invaincu pour résister

Religions et menaces des voyants.

Mais maintenant, ils ne possèdent ni talent ni instrument,

Puisque les hommes doivent redouter les douleurs éternelles de la mort.

Car ce que peut être l'âme, ils ne le savent pas,

Qu'il soit né ou qu'il entre à la naissance,

Et si, arraché par la mort, il meurt avec nous,

Ou visitez les ombres et les vastes grottes

D'Orcus, ou par quelque décret divin

Entrez dans les troupeaux de brutes, comme chantait notre Ennius,

Qui a été le premier à faire tomber le charmant Helicon

Une couronne de laurier aux feuilles vivaces lumineuses,

Réputé depuis toujours parmi les clans italiens.

Mais Ennius aussi dans les vers éternels

Proclame que ces caveaux d'Achéron sont,

Bien que de là, dit-il, ni les âmes ni les corps ne s'en sortent,

Mais seulement des figures fantômes, étrangement pâles,

Et raconte comment une fois ces régions sont sorties

Le fantôme du vieil Homer lui dit et versa des larmes salées

Et avec ses paroles, la source de la nature s'est révélée.

Alors que ce soit à nous, avec un esprit ferme, de serrer

Le sens du ciel – la loi derrière

Les courses errantes du soleil et de la lune ;

Pour scanner les pouvoirs qui accélèrent toute vie ci-dessous ;

Mais c'est surtout à voir avec des yeux raisonnables

De quoi est fait l'esprit, de quoi est faite l'âme,

Et qu'est-ce que c'est si terrible que ça casse

Sur nous endormis ou réveillés par la maladie,

Jusqu'à ce que nous semblions marquer et entendre à portée de main

Des hommes morts dont la terre a contenu les os il y a longtemps.

LA SUBSTANCE EST ÉTERELLE

Cette terreur donc, cette obscurité de l'esprit,

Pas le lever du soleil avec ses rayons de lumière flamboyants,

Ni les flèches scintillantes du matin ne peuvent se disperser,

Mais seulement l'aspect de la Nature et sa loi,

Qui, nous enseignant, a cet exorde :

Rien de rien n'est encore né.

La peur domine la mortalité

Seulement parce que, voyant dans la terre et le ciel

Tellement de causes dont ils ne connaissent pas la sagesse,

Les hommes pensent que des Divinités y travaillent.

En attendant, quand une fois nous ne savons toujours rien

Rien ne peut être créé, nous le devinerons

Plus clairement ce que nous recherchons : ces éléments

De quoi seul sont issues toutes choses créées,

Et comme cela n'est accompli par aucun outil des Dieux.

Supposons que tout soit né de toutes choses : n'importe quelle sorte

Pourrait tirer son origine de n'importe quoi,

Aucune graine fixe requise. Les hommes de la mer

Pourrait surgir, et de la terre la race écailleuse,

Et des oiseaux à part entière surgissent du ciel ;

Le bétail à cornes, les troupeaux et tout ce qui est sauvage

Hanterait avec diverses cultures et déchets de progéniture ;

Les mêmes fruits ne garderaient pas non plus leurs vieux arbres,

Mais chacun peut pousser à partir de n'importe quelle souche ou membre

Par hasard et changement. En effet, et n'y avait-il pas

Pour chacun de ses atomes procréateurs, les choses auraient-elles pu

Chacun sa mère inaltérable vieille ?

Mais comme tous sont produits à partir de graines fixées,

Chaque naissance se déroule sur les rivages de la lumière

De sa propre matière, de ses propres corps primordiaux.

Et tout de tous ne peut pas devenir, parce que

En chacun réside un pouvoir secret qui lui est propre.

Encore une fois, pourquoi avons-nous prodigué sur les terres

Au printemps la rose, à la chaleur de l'été le maïs,

Les vignes qui s'adoucissent quand l'automne les attire,

Si ce n'est parce que les germes fixés des choses

À leur propre saison, ils doivent diffuser ensemble,

Et les nouvelles créations ne seront révélées

Quand les temps dus arrivent et que la terre est enceinte

Peut donner en toute sécurité aux rivages de la lumière

Ses tendres progénitures ? Mais si à partir de rien

S'ils devenaient, ils s'envoleraient à l'étranger

Soudain, imprévu, dans des mois étrangers,

Sans germes primordiaux, à conserver

Des unions procréatrices à une heure défavorable.

Ni sur le mélange des graines vivantes

L'espace serait-il nécessaire pour la croissance des choses

La vie était-elle un accroissement de rien : alors

Le petit bébé marcherait immédiatement comme un homme,

Et du gazon surgirait un arbre ramifié—

Des merveilles inouïes ; car, par nature, chacun

Augmente lentement à partir de sa graine légitime,

Et grâce à cette augmentation, il conservera son espèce.

D'où la preuve que les choses grossissent et se nourrissent

De leur propre affaire. Ainsi vient-il

Cette terre, sans ses saisons de pluies fixes,

Je ne pourrais supporter aucun produit qui nous rende heureux,

Et tout ce qui vit, s'il est privé de nourriture,

Prolonge son espèce et ne protège plus sa vie.

Il est donc plus facile de contenir autant de choses

Avoir des corps primitifs en commun (comme nous le voyons

Les lettres simples communes à de nombreux mots)

Que rien n'existe sans ses origines.

De plus, pourquoi la Nature ne préparerait-elle pas

Des hommes de taille pour traverser les mers à pied,

Ou déchirer les puissantes montagnes de leurs mains,

Ou conquérir le Temps avec la longueur des jours, sinon

Parce que toutes les choses engendrées demeurent

Les choses immuables, et qu'est-ce qui peut en découler

Est-ce fixe pour toujours ? Enfin on voit

Dans quelle mesure les champs labourés surpassent les champs non labourés

Et revenons au travail de nos mains

Leurs récoltes les plus abondantes ; il y a effectivement

Dans les germes primordiaux des choses terrestres,

Qui, comme le soc transforme les mottes fructueuses

Et pétrit le moule, nous vivifions dans la naissance.

Autrement, vous remarqueriez, sans aucun de nos efforts,

Générations spontanées, formes plus justes.

Avouez donc que rien ne peut devenir à partir de rien,

Puisque tous doivent avoir leurs graines pour pousser,

D'où atteindre les doux champs d'air.

De là vient aussi que la Nature dissout tout

Dans leurs corps primitifs à nouveau, et rien

Périt à jamais jusqu'à l'anéantissement.

Car si quelque chose était mortel dans toutes ses parties,

Sous nos yeux, il pourrait être arraché

À la destruction ; puisqu'aucune force n'était nécessaire

Pour diviser ses membres et défaire ses groupes.

Alors qu'en vérité, parce que toutes choses existent,

Avec des graines impérissables, la nature permet

Destruction ni effondrement de quoi que ce soit, jusqu'à ce que

Une force extérieure peut se briser d'un coup,

Ou un vaisseau intérieur, pénétrant dans ses cellules creuses,

Dissolvez-le. Et plus encore, si le Temps,

Cela gaspille les travaux à travers le monde,

Détruire entièrement, consommer toute la matière,

D'où Vénus peut-elle revenir à la lumière de la vie

Restaurer les générations genre par genre ?

Ou comment, une fois ainsi restaurée, la Terre

Favoriser et compléter avec sa nourriture ancienne,

Lequel, genre par genre, elle offre à chacun ?

D'où les sources d'eau, sous la mer,

Ou des rivières intérieures, au loin,

Garder l'océan insondable plein ?

Et de quoi l'Ether nourrit-il les étoiles ?

Pour les années écoulées et l'âge infini, il faut autrement

J'ai mangé toutes les formes de bêtes mortelles :

Mais même si l'Il y a longtemps contenait ces germes,

Par lequel vit cette somme de choses recrutées,

Ces mêmes ne peuvent infailliblement jamais mourir,

Ni rien à rien ne revient jamais.

Et aussi, le même pouvoir pourrait finir de la même manière

Toutes choses, n'étaient-elles pas encore tenues ensemble

Par la matière éternelle, enchaînée par ses parties,

Maintenant plus, maintenant moins. Une touche pourrait suffire

Provoquer la destruction. Pour la moindre force

Perdrait la trame des choses dont aucune partie

Étaient d'une souche impérissable. Mais maintenant

Parce que les fixations des pièces primordiales

Sont assemblés de manière diversifiée et tout ça

C'est éternel, les choses restent les mêmes

Indemne et sûr, jusqu'à ce qu'un peu de courant soit rétabli

Fort pour détruire la chaîne et la trame de chacun :

Rien ne revient à rien ; mais tous reviennent

Lors de leur effondrement en formes primitives de choses.

Voici, les pluies périssent que jette le père Éther

Jusqu'au sein de la Terre-mère ; mais alors

Le grain brille et les branches sont vertes

Au milieu des arbres, et les arbres eux-mêmes grandissent

Et se remplissent de fruits ; et donc à son tour

La race humaine et tous les animaux sauvages sont nourris ;

C'est pourquoi les villes joyeuses prospèrent avec des garçons et des filles ;

Et les forêts feuillues résonnent de nouveaux oiseaux ;

C'est pourquoi le bétail, gras et somnolent, dépose sa masse

Le long des joyeux pâturages tandis que les gouttes

De la vase blanche coule des sacs distendus ;

D'où les jeunes gambadent sur leurs articulations faibles

Aux côtés des herbes tendres, des cœurs frais s'affrontent

Avec du lait nouveau tiède. Ainsi rien de ce qui semble

Périsse complètement, depuis que la nature a toujours

Construit une chose à partir d'une autre, sans souffrir

Naître mais par la mort d'un autre.

Et maintenant, depuis que j'ai enseigné que les choses ne peuvent pas

Naître de rien, ni le même, en naissant,

Pour que rien ne soit rappelé, ne doute pas de mes paroles,

Parce que nos yeux ne perçoivent aucun germe primitif ;

Car marquez les corps qui, bien que connus pour être

Dans notre monde, sont pourtant invisibles :

Les vents furieux fouettent notre visage et notre corps,

Invisible, et inonde d'immenses navires et déchire les nuages,

Ou, tourbillonnant sauvagement, parsemé les plaines

Avec des arbres puissants, ou parcourez les sommets des montagnes

Avec des explosions crépitantes en forêt. Ainsi, ils s'extasient

Avec un tumulte aigu et un gémissement menaçant. Les vents,

C'est clair, y a-t-il des corps aveugles qui balayent

La mer, les terres, les nuages le long du ciel,

Vexer, tourbillonner et saisir tout cela ;

Et ils coulent et accumulent la destruction tout autour,

Même si l'eau est douce et souple

Devenant un fleuve aux crues abondantes,

Quelle large averse venant des hautes collines

Se gonfle avec de grosses averses, se précipite tête baissée

Fragments de forêt et arbres entiers ramifiés ;

Les ponts solides ne peuvent pas non plus résister au choc

Comme sur les eaux : le ruisseau turbulent,

Fort de cent pluies, bat autour des jetées,

S'écrase avec ravage et roule sous ses vagues

Maçonnerie renversée et pierre lourde,

Jeter tout ce qui s'y opposerait.

Même ainsi, les souffles de tous les vents doivent déplacer,

Qui, lorsqu'ils se répandirent, comme une puissante inondation,

Ici ou là, conduisez les choses avant

Et jette à terre avec un assaut toujours renouvelé,

Ou parfois, dans leur vortex circulaire, saisissez

Et portez des cônes de tourbillon à travers le monde :

Les vents sont des corps aveugles et rien d'autre.

Puisque tant dans leurs œuvres que dans leurs manières, ils rivalisent bien

Les rivières puissantes, la forme visible.

Et puis nous connaissons aussi les odeurs variées des choses

Pourtant jamais nos narines ne les voient venir ;

Avec nos yeux, nous ne voyons ni la chaleur brûlante, ni le froid,

Nous n'avons pas non plus l'habitude de voir les voix des hommes.

Mais ceux-ci doivent être corporels à la base,

Puisqu'ils frappent ainsi les sens : il n'y a rien

Sauver le corps, ayant la propriété du toucher.

Et les vêtements, accrochés au rivage battu par les vagues, deviennent humides,

Le même, étalé devant le soleil, séchera ;

Pourtant, personne n'a vu à quel point l'humidité s'enfonçait,

Ni comment par chaleur. Ainsi nous savons,

Cette humidité est dispersée en morceaux

Trop petit pour que les yeux puissent le voir. Autre cas :

Une bague au doigt s'amincit

Sur le dessous, avec des années et des soleils ;

Les écoulements des avant-toits creuseront la pierre ;

Le soc crochu, bien qu'en fer, gaspille

Au milieu des champs insidieusement. Nous voyons

Les autoroutes pavées de pierres usées par de nombreux pieds ;

Et aux portes les statues d'airain montrent

Leurs mains droites sont plus maigres à cause des contacts fréquents

Des voyageurs innombrables qui saluent.

Nous voyons à quel point l'usure les a minimisés,

Mais quelles particules partent à tout moment,

La nature envieuse de la vision nous barre la vue.

Enfin, quels que soient les jours et la nature,

Petit à petit, contraindre les choses à grandir

En proportion, aucun regard aussi vif soit-il

Nos yeux les ont observés et connus. Pas plus

Pouvons-nous observer ce qui est perdu à tout moment,

Quand les choses vieillissent avec une décadence ancienne et immonde,

Ou quand les mers salées mangent sous les rochers escarpés.

Ainsi la nature agit toujours par des corps invisibles.

LE VIDE

Mais pourtant la création n'est ni encombrée ni bloquée

A propos du corps : il y a dans les choses un vide—

Ce qui te sera utile à maintes reprises,

Et je ne te laisserai pas errer dans le doute,

Cherchant toujours dans la somme de tout,

Et je perds confiance en mes déclarations.

Il y a un lieu intangible, un vide et de la place.

Car sans cela, les choses ne pourraient en aucun cas bouger ;

Depuis la propriété du corps de bloquer et de vérifier

Fonctionnerait sur tout le monde et à la même époque.

Ainsi, rien ne pourrait plus jamais avancer et s'en aller,

Puisque rien ailleurs ne fournirait un point de départ.

Mais maintenant, à travers les océans, les terres et les hauteurs du ciel,

Par diverses causes et selon divers modes,

Sous nos yeux, nous marquons combien de choses peuvent bouger,

Qui, ne trouvant pas de vide, échouerait privé

D'agitation et de mouvement; non, cela aurait alors été

En aucun cas engendré, puisque la matière, donc,

Était resté au repos, ses parties entassés ensemble.

Et puis, aussi solides que paraissent les objets,

Ils sont pourtant formés de matière mêlée de vide :

Dans les rochers et les grottes, l'humidité aqueuse s'infiltre,

Et des gouttes perlées ressortent comme des larmes abondantes ;

Et la nourriture se fraye un chemin à travers chaque corps qui vit ;

Les arbres poussent et donnent les fruits de la saison

Parce que leur nourriture est répandue partout,

Même depuis les racines les plus profondes, à travers les troncs et les branches ;

Et les voix traversent les murs solides et volent

Réverbérant à travers les portes fermées d'une maison ;

Et le gel qui se raidit s'infiltre jusqu'à nos os.

Ce qui, à part les vides que les corps peuvent traverser

Il est clair que cela ne pourrait arriver en aucun cas.

Encore une fois, pourquoi voyons-nous parmi les objets certains

D'un poids plus lourd, mais d'une taille pas plus volumineuse ?

En effet, si dans une pelote de laine il y a

Autant de corps que de morceau de plomb,

Les deux devraient peser le même poids, puisque le corps a tendance à

Pour charger les choses vers le bas, pendant que le vide demeure,

Par nature contraire, l'impondérable.

Un objet tout aussi grand mais plus léger

Déclare infailliblement son plus de vide ;

Même si la matière est plus lourde,

Et combien moins de place vacante à l'intérieur.

Ce que nous recherchons avec une quête sagace

Existe infailliblement, mêlé aux choses.

Le vide, l'invisible insensé.

Ici

Je suis obligé d'exposer une question,

Anticipant quelque chose que certains pensent,

De peur que cela ne t'éloigne de la vérité :

Des eaux (disent-ils) avant la race brillante

Des créatures écailleuses rapides donnent en quelque sorte,

Et ouvrent aussitôt des chemins liquides soudains,

Parce que les poissons laissent de la place derrière eux

Vers quoi immédiatement les flots cédants se précipitent.

Ainsi les choses entre elles peuvent encore être déplacées,

Et changez de place, même si la somme est pleine.

Opinion reçue, totalement fausse à vrai dire.

Car où les créatures écailleuses peuvent-elles avancer,

Sauver là où les eaux leur laissent de la place ? Encore,

Où les vagues peuvent-elles céder un chemin, aussi longtemps

Comme toujours, les poissons sont impuissants à partir ?

Ainsi, soit tous les corps mobiles sont privés,

Ou les choses contiennent un mélange de vide

Où chaque chose commence à avancer.

Enfin, où après l'impact deux larges corps

Soudain, ils se séparent, l'air doit se remplir

Le tout nouveau vide entre ces corps s'est formé ;

Mais l'air, quelle que soit sa manière de couler en rafales précipitées,

Je ne peux pas encore combler le vide d'un coup - pour la première fois

Il constitue un lieu unique, avant d'être diffusé partout.

Et puis, si par hasard quelqu'un pense que cela arrive,

Quand les corps s'écartent, parce que l'air

D'une manière ou d'une autre, ils se condensent, s'éloignent de la vérité :

Car alors un vide se forme là où il n'y en avait pas auparavant ;

Et aussi, un vide qui existait auparavant est comblé.

L'air ne peut pas non plus être condensé de cette manière ;

Et même s'il le pourrait, sans vide, je tiens,

Il ne pouvait toujours pas se contracter sur lui-même

Et rassemblez ses parties en une seule.

C'est pourquoi, malgré les réticences et les contre-discours,

Il faut avouer qu'il y a un vide dans les choses.

Et pourtant, je pourrais, grâce à de nombreux arguments

Ici, rassemblez la crédibilité de mes paroles.

Mais pour l'œil averti, ces simples empreintes de pas servent,

Grâce à quoi tu pourras connaître le reste toi-même.

Comme des chiens pleins souvent le nez à terre,

Découvrez les repaires silencieux, bien que cachés dans les broussailles,

Des bêtes, les rangers des montagnes, quand une seule fois

Ils flairent certains pas du chemin,

Ainsi toi-même dans des thèmes comme ceux-ci seul

Peut chasser de pensée en pensée et vent vivement

Même en avant vers les lieux secrets

Et faites ressortir la vérité. Mais si tu traînes avec réticence

Ou s'écarter, si peu que ce soit, du point,

C'est ce que je peux promettre, Memmius, pour un fait :

Des brouillons si copieux que ma langue chantante versera

Des grandes sources de ma poitrine plénitude

C'est ce que je crains que le lent âge vole et enroule

Aux côtés de nos membres, et déverrouillez les portes

De la vie en nous, avant toi mon vers

A mis dans tes oreilles des réserves de preuves

À portée de main pour toutes les questions abordées.

RIEN N'EXISTE EN soi SAUF LES ATOMES ET LE VIDE

Mais maintenant, pour retracer l'histoire commencée,

Toute la nature, en tant qu'auto-entretenue, consiste donc

De deux choses : des corps et du vide

Dans lequel ils sont placés et où ils sont déplacés.

Car l'instinct commun de notre race déclare

Ce corps existe par lui-même : à moins que

Cette foi primordiale, profondément fondée, ne nous fait pas défaut,

Il n'y aura rien pour faire appel

Sur les choses occultes quand on cherche quelque chose à prouver

Par des raisonnements d'esprit. Encore une fois, sans

Cet endroit et cette pièce, que nous appelons les insensés,

Nulle part les corps ne pourraient alors être placés, ni aller

Ici ou là, comme indiqué précédemment.

De plus, il n'y a rien que tu puisses déclarer

Il vit séparé du corps, fermé au vide.

Une sorte de tiers dans la nature. Pour quoi que ce soit

Existe doit être un peu ; et le même,

Si tangible, aussi combatif et léger soit-il,

Augmentera encore le décompte de la somme du corps,

Avec sa propre augmentation, grande ou petite ;

Mais, si jamais intangible et impuissant

Pour empêcher une chose de passer par elle-même

De chaque côté, il n'y aura rien d'autre que ça

Ce que nous appelons le vide, l'insensé.

Encore une fois, tout ce qui existe, en tant que tel,

Doit soit agir, soit subir une action à ce sujet,

Ou bien soit ce dans quoi les choses bougent et soient :

Rien, qui sauve le corps, n'agit, n'est agi ;

Rien d'autre que l'insensé ne peut fournir de l'espace. Et ainsi,

A côté des insensés et des corps, il n'y a pas de tiers

La nature au milieu de toutes choses...

Le reste ne tombera à aucun moment

Sous nos sens, ni être saisi et vu

Par n'importe quel homme au moyen de raisonnements d'esprit.

Nommez la création avec quels noms tu veux,

Tu ne trouveras que les propriétés de ces deux premiers,

Ou voyez, mais les accidents que ces deux-là produisent.

Une propriété est ce qui n'est pas du tout

Peut être disjoint et séparé d'une chose

Sans dissolution fatale : tel,

Poids aux rochers, chaleur au feu et flux

Aux larges eaux, touchez aux choses corporelles,

Intangibilité au vide invisible.

Mais l'état d'esclavage, de pauvreté et de richesse,

Liberté, guerre, concorde et tout le reste

Qui vont et viennent alors que la nature est la même,

Nous avons l'habitude, et à juste titre, d'appeler des accidents.

Même le temps n'existe pas de lui-même ; mais sens

Lit des choses ce qui s'est passé il y a longtemps,

Ce qui presse maintenant, et ce qui suivra après :

Aucun homme, il faut l'admettre, ne ressent le temps lui-même,

Disjoint du mouvement et du repos des choses.

Ainsi, quand ils disent qu'il "y a" le ravissement

De la princesse Helen, "est" le siège et le sac

De Trojan Town, attention, ils ne nous obligent pas

Admettre que ces actes existent par eux-mêmes,

Simplement parce que ces races de l'humanité

(Dont ces actes étaient des accidents) depuis longtemps

L'âge irrévocable a emporté :

Car toutes les actions passées peuvent être considérées comme

Mais les accidents, d'une certaine manière, de l'humanité :

Dans d'autres, d'une région du monde.

Ajouter aussi n'avait pas d'importance et pas de place

Où tout continue, le feu de l'amour

Soufflé par cette belle forme, le charbon rougeoyant

Sous la poitrine d'Alexandre Phrygien,

N'avait jamais allumé ce fameux conflit

De guerre sauvage, le cheval de bois non plus

Impliqué dans les flammes du vieux Pergama, par une naissance

A minuit d'une couvée d'Hellènes.

Et ainsi tu peux remarquer que chaque acte

Au fond, il n'existe pas par lui-même, et il n'existe pas non plus

Tel qu'est le corps, il n'a pas de nom semblable au vide ;

Mais il est plutôt plus approprié d'être appelé

Un accident de corps et de lieu

Où tout continue.

CARACTÈRE DES ATOMES

Les corps, encore une fois,

Sont en partie des germes primitifs de choses, et en partie

Unions issues des germes primitifs.

Et ceux qui sont les germes premiers des choses

Aucune puissance ne peut éteindre ; car à la fin ils conquièrent

Par leur propre solidité ; même si c'est dur

Penser que quelque chose dans les choses a une structure solide ;

Car les éclairs passent, pas moins que la voix et le cri,

À travers les murs de haie des maisons et le fer

Le blanc éblouit dans le feu et les rochers brûleront

Avec des expirations violentes et éclatées.

chancelle l'or rigide dissous dans la chaleur ;

La glace du bronze fond conquise dans la flamme ;

La chaleur et le froid perçant à travers l'argent s'infiltrent,

Puisque, les coupes bien tenues dans la main,

Nous ressentons souvent les deux, car d'en haut se déverse

La rosée des eaux entre leurs flancs brillants :

C'est tellement vrai qu'aucune forme solide n'a été trouvée.

Mais pourtant, parce que la vraie raison et la vraie nature des choses

Contrainte-nous, viens, tandis que dans quelques vers maintenant

Je démêle comment il existe encore

Corps d'une charpente solide et éternelle—

Les graines des choses, les germes premiers que nous enseignons,

D'où est née toute la création qui nous entoure.

D'abord, puisque nous savons qu'il existe une double nature,

Des choses à la fois doubles et totalement différentes :

Corps et lieu dans lequel les choses se passent.

Alors chacun doit être à la fois pour et par soi,

Et tout cela sans mélange : où est l'espace vide,

Il n'y a pas de corps ; et ainsi là où le corps attend,

Il n'existe pas du tout de vide insensé.

Ainsi les corps primitifs sont solides, sans vide.

Mais comme il y a du vide dans toutes choses engendrées,

Toute matière solide doit être ronde de la même manière ;

Et tu ne peux pas non plus, par la vraie raison, prouver que quelque chose se cache

Et tient un vide dans son corps, à moins que

Tu accordes à ce qui le tient d'être solide. Savoir,

Ce qui peut contenir un vide de choses à l'intérieur

Cela ne peut être rien d'autre que de la matière en tricot syndical.

Ainsi la matière, constituée d'une charpente solide,

A le pouvoir d'être éternel, malgré tout le reste,

Bien que toute la création soit dissoute.

Encore une fois, il n'y avait rien de vide et d'insensé,

Le monde était alors un solide ; comme, sans

Certains corps pour remplir les places occupées,

Le monde actuel n'était qu'un vide vide.

Et donc, infailliblement, alternativement

Corps et vide sont encore distingués,

Puisque la nature ne connaît ni plein ni vide.

Il existe donc certains corps dotés du pouvoir

Varier à jamais le vide et le plein ;

Et ceux-ci ne peuvent ni être séparés de l'extérieur

Par les battements et les coups, ni de l'intérieur être déchiré

Par pénétration, ni être renversé

Par quelque assaut que ce soit à travers le monde...

Car sans vide, rien ne peut être écrasé, semble-t-il,

Ni brisé, ni coupé par une coupure en deux,

Il ne supporte pas non plus l'humidité ou le froid qui s'infiltre

Ou un feu perçant, ces trois vieux destroyers ;

Mais plus il y a de vide dans une chose, plus

Il chancelle entièrement devant leur assaut certain.

Ainsi, si les premiers corps sont, comme je l'ai enseigné,

Solides, sans vide, ils doivent alors être

Éternel; et, si la question n'avait jamais été

Éternel, il y a bien longtemps que tout était parti

Retourner complètement à rien, et tout

Nous voyons autour de nous que rien n'était né—

Mais depuis que j'ai enseigné plus haut que rien ne peut être

De rien créé, ni de rien une fois engendré

Pour que rien ne soit rappelé, ces germes primitifs

Doit avoir une immortalité de cadre.

Et c'est là que chaque chose doit être résolue,

Quand viendra son heure suprême, qu'il y ait ainsi

À portée de main de quoi combler le monde.

Les germes primordiaux ont donc une solide singularité

Ils n'auraient pas non plus pu être conservés autrement

À travers les éons et l'infinité du temps

Pour la reconstitution des mondes gaspillés.

Encore une fois, si la nature avait donné du champ aux choses

Être de plus en plus brisé à jamais,

À présent, les corps de matière auraient été

Jusqu'à présent réduit par les ruptures d'autrefois

Que de leur part rien ne pouvait, à saison fixée,

Naissez et atteignez l'apogée de votre vie.

Car voici, chaque chose est plus vite gâtée que faite ;

Et alors, quelle que soit la longue infinitude

Des jours et tout le temps passé d'avance seraient maintenant

Par cela nous avons brisé, ruiné et dissous,

Cela ne pourrait jamais être la même chose dans tout le temps restant

Soyez construit pour combler le monde.

Mais remarquez : infailliblement une limite fixe

Reste établi « contre leur effondrement » ;

Puisque nous voyons chaque chose renouvelée,

Et à tous, leurs saisons, selon leur espèce,

Où ils arrivent la fleur de leur âge.

Encore une fois, si des limites n'ont pas été fixées

L'effondrement de ce monde corporel,

Pourtant, tous les corps, quelles que soient les choses, doivent-ils

J'ai encore enduré depuis les temps éternels

Jusqu'à ce présent, comme pas encore assailli

Par les chocs du péril. Mais parce que c'est pareil

Sont, à ton avis, d'une nature fragile,

Il est malvenu qu'ils puissent ainsi rester

(Comme ils le font) à travers les temps éternels,

Vexés à travers les âges (comme ils le sont en effet)

Par les innombrables coups du hasard.

Ainsi dans notre programme de création, marquez

Comment ça se fait, même si les corps de toutes choses

Sont solides jusqu'à la moelle, nous expliquons encore

La façon dont certaines choses sont façonnées en douceur...

Air, eau, terre et exhalaisons de feu —

Et par quelle force ils fonctionnent et continuent :

Le fait est fondé dans le vide des choses.

Mais si les germes eux-mêmes sont mous,

La raison ne peut pas être utilisée pour montrer

Les moyens par lesquels ces éléments peuvent être créés

Grands rochers de basalte et de fer pendant ;

Car toute leur nature manquera profondément

Les premières fondations d'une charpente solide.

Mais puissant dans l'ancienne simplicité,

Respectez le solide, les germes primitifs ;

Et par leurs combinaisons plus condensées,

Tous les objets peuvent être étroitement tricotés et liés

Et fait pour montrer une force invincible.

Encore une fois, puisque toutes choses, espèce par espèce, obtiennent

Limites fixes de croissance et de conservation de la vie ;

Puisque la nature a décrété inviolablement

Ce que chacun peut faire, ce que chacun ne pourra jamais faire ;

Puisque rien n'est changé, mais que toutes choses demeurent ainsi

Que révèlent toujours les oiseaux panachés

Les taches ou rayures particulières à leur espèce,

Printemps après printemps : donc sûrement tout ce qui est

Doit être composé de matière immuable.

Car si les germes primordiaux d'une manière ou d'une autre

Si nous étions ouverts à la conquête et au changement, ce serait

Je ne sais pas non plus ce qui pourrait naître

Et qu'est-ce qui ne pouvait pas, et par quelle loi chacun

Son périmètre prescrit, sa borne qui s'accroche

Si profondément dans le Temps. Les générations ne pourraient pas non plus

Type après type, ils se reproduisent si souvent

La nature, les habitudes, les mouvements, les modes de vie,
De leurs géniteurs.

Et puis encore,
Puisqu'il y a toujours un point limite extrême

De ce premier corps que nos sens maintenant
Impossible de percevoir : ce point limite en effet
Existe sans toutes les pièces, un minimum
De la nature, et rien n'était à part,
En soi, et ne le sera pas par la suite,
Puisque c'est lui-même encore une parcelle d'un autre,
Une première et unique partie, d'où d'autres parties
Et d'autres semblables dans l'ordre mentent
Dans une phalange bondée, se remplissant au maximum
La nature du premier corps : être ainsi
N'existant pas par eux-mêmes, ils doivent s'y accrocher
D'où ils ne peuvent en aucun cas être séparés.
Les germes primitifs ont donc une solide singularité,
Qui sont étroitement emballés et étroitement liés
En raison de leurs particules minimales :
Aucun composé par simple union du même ;
Mais forts de leur éternelle singularité,
La nature, les réservant comme graines pour les choses,
Ne permet aucune rupture ou diminution.

D'ailleurs, s'il n'y avait pas un minimum,
Les plus petits corps auraient une infinité,

Depuis lors, la moitié de la moitié pouvait encore être réduite de moitié,

Avec une division sans limites, de moins en moins.

Alors, quelle est la différence entre la somme et le moindre ?

Aucun : pour une somme aussi infinie,

Pourtant, même le plus petit serait le même

De parties infinies. Mais puisque la vraie raison ici

Des protestations, niant que l'esprit puisse le penser,

Convaincu que tu dois avouer de telles choses, il existe

Comme il n'y a pas de pièces, les minimums de la nature.

Et puisque ceux-ci le sont, avouez également que vous devez

Ces corps primitifs sont solides et éternels.

Encore une fois, si la Nature, créatrice de toutes choses,

Nous avions l'habitude de forcer toutes choses à être résolues

Jusqu'au moins en partie, alors elle ne profiterait pas

Pour en reproduire n'importe quoi ;

Parce que quoi que ce soit n'est pas doté de pièces

Ne peut pas posséder les propriétés requises

Des trucs génératifs - des connexions diverses,

Poids, coups, rencontres, mouvements par lesquels les choses

Soyez pour toujours et continuez.

CONFUTATION D'AUTRES PHILOSOPHES

Et pour de telles raisons, c'est que ceux qui détenaient

L'essence des choses est le feu, et hors du feu

Seule la somme cosmique se forme, on le voit

Puissamment de la vraie raison d'avoir perdu.

De qui vient le chef principal pour combattre

Cet Héraclite, célèbre pour son discours sombre

Parmi les Grecs idiots, pas sérieux

Qui cherche la vérité. Car les idiots sont toujours enclins

Que d'émerveiller et d'adorer qui se cache

Sous des mots déformés, gardant cela vrai

Qui chatouille doucement leurs stupides oreilles,

Ou qui est fardé dans une phrase finement finie.

Car comment, je demande, les choses peuvent-elles être si variées,

Si formé de feu, unique et pur ? Non, rien

"Cela aiderait à condenser ou à éclaircir le feu,

Si toutes les parties du feu conservaient encore

Mais la nature même du feu, vue auparavant de manière grossière.

La chaleur était plus vive avec les pièces comprimées,

Plus doux, encore une fois, lorsqu'il est séparé ou dispersé...

Et plus que cela, tu ne peux rien concevoir

Cela pourrait devenir dû à de telles causes ; beaucoup moins

La variété des choses de la Terre pourrait-elle naître

De tous feux, denses ou rares.

Cela aussi : s'ils supposent un vide dans les choses,

Les incendies peuvent alors être condensés tout en restant rares ;

Mais comme ils voient de tels opposés de pensée

S'élevant contre eux et répugnant à partir

Un vide sans mélange dans les choses, ils craignent les pentes abruptes

Et perdez le chemin de la vérité. Ils ne voient pas non plus,

Que si on enlève le vide aux choses,

Toutes choses sont alors condensées, et de tout

Un seul corps fait, qui n'a aucun pouvoir de s'élancer

Rapidement, rien n'est sorti de lui-même...

Alors que le feu jette sa lumière et sa chaleur,

Te donnant la preuve que ses parties ne sont pas compactes.

Mais si peut-être ils pensent autrement,

Les incendies grâce à leurs combinaisons peuvent être éteints

Et changez très bien leur substance : voici,

Si le feu n'épargne rien pour le faire,

Alors la chaleur périra complètement et tout,

Et à partir de rien, le monde serait formé.

Pour changer quoi que ce soit hors de ses limites

Signifie la mort instantanée de ce qui était auparavant ;

Et donc un peu doit persister indemne

Au milieu du monde, de peur que tout ne retourne à néant,

Et, née de rien, l'abondance refleurit.

Maintenant qu'il y a effectivement ces corps les plus sûrs

Qui gardent toujours leur nature la même,

Sur qui sort et rentre

Et les choses ont changé d'ordre, leur nature change,

Et toutes les substances corporelles transformées,

C'est donc à toi de connaître ces corps primordiaux,

Ne sont pas du feu. Car cela ne servait à rien

Si certains partent et s'en vont, et certains

Soyez ajoutés de nouveaux, et certains soient modifiés dans l'ordre,

Si encore tous gardaient leur nature d'ancienne chaleur :

Pour tout ce qu'ils ont créé alors

Ce ne serait de toute façon encore que du feu.

La vérité, je crois, est celle-ci : il y a des corps

Dont les heurts, les mouvements, l'ordre, la posture, les formes

Produire le feu et qui, par ordre modifié,

Changez la nature de la chose produite,

Et par la suite, rien de tel que de tirer

Ni quoi d'autre n'a le pouvoir d'envoyer ses corps

Avec un impact touchant sur le toucher des sens.

Encore une fois, dire que tout n'est que feu

Et rien de vrai parmi toutes les choses

Il n'existe que le feu, comme dit ce même type,

Cela semble une folie folle. Pour l'homme lui-même

Contre les sens par les sens se bat,

Et il s'attaque à ce par quoi réside toute croyance,

Par lequel en effet à lui-même est connu

Ce qu'il appelle le feu. Car, même s'il pense

Les sens peuvent vraiment percevoir le feu,

Il pense qu'ils ne peuvent pas, pour tout le reste,

Qui sont toujours aussi évidents à ressentir :

Pour moi, une pensée inepte et folle aussi.

Vers où ferons-nous appel ? pour quoi

Plus certain que nos sens peut-il y avoir

Par quoi séparer l'erreur de la vérité ?

D'ailleurs, pourquoi plutôt tout supprimer,

Et je souhaite autoriser uniquement la chaleur, puis je refuse

Le feu et permettre que tout le reste existe ?

De toute façon, c'est une folie, semble-t-il.

Ainsi, quiconque a détenu l'étoffe des choses

N'être que du feu, et hors du feu la somme,

Et quiconque a constitué l'air

Comme premier commencement des choses engendrées,

Et tous ceux qui ont tenu cela pour eux

L'eau seule invente les choses, ou cette terre

Crée tout et change les choses à nouveau

Aux diverses natures, ils semblent puissamment

Un long chemin pour s'éloigner de la vérité.

Ajoutez aussi celui qui fait les trucs primordiaux

Double, en joignant l'air au feu et à la terre

Arroser; ajoute qui pense que les choses peuvent grandir

Des quatre : le feu, la terre, le souffle et la pluie ;

En tant que premier Empédocle d'Acragas,

Qui cette île aux trois coins de toutes les terres

Perce sur ses côtes, autour desquelles coule et coule

Dans les puissants virages et baies des mers ioniques,

Éclaboussant la saumure de leurs vagues gris-vert.

Ici, avançant à travers les détroits étroits,

L'océan rapide coupe ses frontières depuis les rivages

Du continent italique. Ici les déchets

Charybde ; et ici Aetna gronde des menaces

Pour rassembler à nouveau telles furies de ses flammes

Comme avec sa force de vomir à nouveau des feux,

Éruvé de sa gorge et porté à nouveau vers le ciel

L'éclat de ses éclairs. Et même si pour beaucoup elle semble

L'île puissante et merveilleuse pour les hommes,

Le plus riche de toutes les bonnes choses et fortifié

Avec la force généreuse de ses héros, elle n'a jamais

Possédant en elle quelque chose de plus renommé,

Ni rien de plus saint, merveilleux et cher

Que ce vrai homme. Non, toujours aussi loin et pur

La haute musique de sa poitrine divine

Élève la voix et raconte les gloires trouvées,

C'est à peine s'il semble créer du stock humain.

Pourtant, lui et ceux mentionnés ci-dessus (connus pour être

Tellement en dessous de lui, moins que lui en tout),

Cependant, en tant que découvreurs de beaucoup de belles vérités,

Ils ont donné, comme s'ils sortaient du sanctuaire de leur cœur,

Des réponses plus saintes et plus fondées

Plus que jamais la Pythie a prononcé pour les hommes

Du laurier triplé et delphien,

J'en ai encore aux premiers éléments

Ils se sont ruinés et, grands hommes, grands

En effet et lourde là pour eux la chute :

D'abord parce qu'en bannissant le vide des choses,

Ils leur assignent pourtant un mouvement et permettent

Des choses douces et vaguement texturées pour exister,

Comme l'air, la rosée, le feu, la terre, les animaux et les grains,

Sans mélange de vide au milieu de leur charpente.

Ensuite, parce que, pensant qu'il ne peut y avoir de fin

En réduisant les corps à de moins en moins

Ni pause établie pour leur rupture,

Ils estiment qu'il n'y a pas de minimum dans les choses ;

Même si nous voyons la limite de tout

Est-ce ce qui à nos sens semble le moins,

Par quoi tu peux conjecturer que, parce que

Les choses que tu ne peux pas marquer ont des limites,

Ils ont sûrement leurs minimums. Puis aussi,

Puisque ces philosophes attribuent aux choses

Germes primaires mous, que nous considérons comme étant

De la naissance et du corps mortel, donc, partout,

La somme des choses doit être ramenée à néant,

Et, née de rien, l'abondance prospère à nouveau—

Vous voyez à quel point chaque doctrine est éloignée de la vérité.

Et puis ces corps sont entre eux

À bien des égards, chacun est un poison et un ennemi,

C'est pourquoi leur congrès les détruira complètement

Ou conduisez en morceaux comme nous le voyons dans les tempêtes

Les pluies, les vents et les éclairs volent en éclats.

De même, si toutes choses sont créées de quatre,

Et tout s'est à nouveau dissous en quatre,

Comment peut-on appeler les quatre les germes primordiaux

Des choses, plus que toutes choses elles-mêmes,

Par rétroversion, leurs germes premiers ?

Pour toujours alternativement, tous deux sont engendrés,

Avec échange de nature et d'aspect

Depuis des temps immémoriaux. Mais si par cas

Tu penses que la structure du feu et de la terre, l'air,

La rosée de l'eau peut ainsi rencontrer

Comme ne se mêlant pas pour renoncer à leur nature,

D'eux, aucun monde ne peut être créé pour toi -

Pas de souffle, pas de cep ou de tige d'arbre :

Dans le congrès sauvage de ce tas varié

Chaque chose montrera sa propre nature,

Et l'air sera visiblement mélangé

Avec la terre ensemble, la chaleur non éteinte avec l'eau.

Mais les germes primaires qui font naître les choses

Doit avoir une qualité latente et invisible,

De peur qu'un élément extraterrestre exceptionnel

Confondre et minimiser la chose créée

C'est son propre être.

Mais ces hommes commencent

Du ciel et de ses feux ; et d'abord ils font semblant

Ce feu se transformera en vents d'air,

Ensuite, c'est de l'air que vient la pluie,

Et la terre créée à partir de la pluie, et puis

Que tous, à l'inverse, sont revenus de la terre...

L'humidité d'abord, puis l'air ensuite la chaleur—

Et que ces mêmes échanges ne cessent jamais,

Pour parcourir leur chemin du ciel à la terre, de la terre

Aux étoiles du monde éthéré—

Ce que les germes ne peuvent en aucun cas faire.

Puisqu'un immuable doit encore l'être,

De peur que tout ne soit complètement réduit à néant ;

Pour changer quoi que ce soit hors de ses limites

Signifie la mort instantanée de ce qui était avant.

C'est pourquoi, puisque ces choses mentionnées ci-dessus,

Souffrir d'un état changé, ils doivent en dériver

Des autres toujours inconvertibles,

De peur que les choses ne reviennent complètement à rien.

Alors pourquoi ne pas présupposer qu'il y ait

Des corps d'une telle nature fournis

Que, si par hasard ils ont créé du feu,

Peut encore (en vertu de quelques retraits,

Ou j'en ai ajouté quelques-uns, et le mouvement et l'ordre ont été modifiés)

Façonne les vents de l'air, et donc toutes choses

Être à jamais échangé avec tous ?

"Mais les faits probants sont manifestes", dis-tu,

" Que toutes choses poussent dans les vents de l'air

Et de la terre sont nourris, et à moins que

La faveur de la saison à l'heure propice

Avec suffisamment de pluie pour faire tourner les arbres

Sous le trempage des orages volumineux,

Et le soleil, pour sa part, nourrit et donne de la chaleur,

Ni les céréales, ni les arbres, ni les choses qui respirent ne peuvent pousser. »

C'est vrai, et à moins que les aliments durs et l'humidité ne soient mous

Homme recruté, son corps dépérirait,

Et la vie se dissout de ses os et de ses os ;

Car sans aucun doute, sommes-nous recrutés et nourris

Par certaines choses, comme d'autres choses par d'autres.

Parce qu'à bien des égards, les nombreux germes

Le commun à beaucoup de choses est mélangé dans les choses,

Pas étonnant qu'il y ait tellement de choses diverses

De diverses choses se nourrissent. Et encore,

Souvent, cela compte énormément avec ce que les autres,

Dans quelles positions les germes primordiaux

Sont liés ensemble, et quels mouvements aussi,

Ils donnent et reçoivent entre eux ; pour ces

Les mêmes germes rassemblent le ciel, la mer, les terres,

Les rivières, le soleil, les céréales, les arbres et les choses qui respirent,

Mais pourtant mélangés, ils sont dans divers modes

Avec des choses diverses, toujours en mouvement.

Non, tu vois dans nos vers ici

De nombreux éléments, communs à de nombreux mondes,

Même si tu dois confesser chaque verset, chaque mot

diffèrent les uns des autres dans le sens

Et l'anneau sonore - tant d'éléments

Peut être provoqué par un simple changement de commande.

Mais ceux qui sont les germes premiers des choses

Avoir le pouvoir de travailler encore plus de combinaisons,

D'où diverses choses qui peuvent être produites tour à tour.

Examinons maintenant également

L'homéomérie d'Anaxagoras,

Ainsi appelé par les Grecs, pour lequel notre discours de pauvre

Ne donne aucun nom dans la langue italienne,

Bien que la chose en elle-même ne soit pas trop dure

Pour explication. D'abord donc, quand il parle

De cette homéomérie des choses, il pense

Les os doivent naître des plus petits os à la minute près,

Et de la chair la plus petite et la plus petite toute la chair,

Et le sang créé à partir de gouttes de sang,

Concevoir un pacte d'or composé de grains d'or,

Et de la terre bétonnée de morceaux de terre,

Le feu fait des feux et l'eau des eaux,

Faire semblant de faire pareil avec tout le reste.

Pourtant il n'admet aucun vide dans les choses,

Ni aucune limite à l'abattage des corps.

C'est pourquoi il me semble sur les deux plans

Ne pas se tromper moins que ceux que nous avons nommés auparavant.

Ajoutez aussi : ces germes qu'il feint sont bien trop fragiles…

S'il s'agit de germes primordiaux fournis

De même nature que les choses elles-mêmes,

Et travailler et périr également avec ceux-là,

Et aucune bride ne les empêche de s'anéantir.

Pour qui durera contre l'adhérence et l'écrasement

Sous les dents de la mort ? le feu? l'humide ?

Ou bien l'air ? qui alors? le sang? les os?

Personne, je pense, quand tout sera

Au fond, aussi mortel que tout ce que nous marquons

Périr de force sous nos yeux.

Mais mon appel se porte sur les preuves ci-dessus

Que les choses ne peuvent pas retomber à néant, ni encore

À partir de rien, on augmente. Et maintenant encore, puisque la nourriture

Augmente et nourrit la structure humaine,

C'est à toi de connaître nos veines, notre sang et nos os

Et les corps sont formés de particules contrairement

À eux en nature ; ou s'ils disent tous les aliments

Sont de substance mixte ayant en eux-mêmes

Petits corps de tissus et d'os, ainsi que de veines

Et les particules de sang, puis chaque nourriture,

Solide ou liquide, il faut lui-même penser

Comme fait et mélangé de choses différentes en nature—

Des os, des eaux, de l'ichor et du sang.

Encore une fois, si tous les corps qui grandissent

De la terre, nous sommes d'abord à l'intérieur de la terre, puis de la terre

Doit être composé de substances étrangères.

Qui jaillissent et fleurissent hors de la terre.

Transférez l'argument, et vous pourrez utiliser

Les mêmes mots : si flamme, fumée et cendre

Se cachent toujours invisibles dans le bois, le bois

Doit être composé de substances étrangères

Qui jaillissent du bois.

Il reste ici

Un certain moyen mince de se cacher de la vérité,

Qu'Anaxagore s'approprie,

Qui croit que toutes choses se cachent mélangées à tout

Tandis que celui-là vient seulement à la vue, dont

Les corps dépassent en nombre tous les autres,

Et allongez-vous plus près de votre main et devant vous.

Une notion jusqu'ici bannie de la vraie raison.

Car alors il y aurait des grains de grains

Il faudrait souvent, lorsqu'il était écrasé entre la puissance des pierres,

Donnez un signe de sang ou de quoi que ce soit d'autre

Qui dans notre cadre humain est nourri ; et cela

La roche frottée sur la roche devrait produire un limon sanglant.

De même, les herbes devraient souvent donner des gouttes

Du lait doux, parfumé comme celui du pis de brebis ;

En effet, nous devrions trouver, en nous effondrant

Les mottes de terre, là les herbes, les grains et les feuilles,

Toutes sortes dispersées minutieusement dans le sol ;

Enfin on devrait trouver dans du bois fendu

Des cendres, de la fumée et des morceaux de feu s'y cachaient.

Mais puisque les faits enseignent que ce n'est pas le cas,

C'est à toi de savoir que les choses ne sont pas mélangées avec les choses

Ainsi ; mais les graines, communes à beaucoup de choses,

Engagé de diverses manières, il doit se cacher dans les choses.

"Mais cela arrive souvent sur les collines célestes", dis-tu,

" Que les cimes voisines des arbres élevés soient frottées

Les uns contre les autres, frappés par les fanfaronnades du Sud,

Jusqu'à ce que tout s'embrase d'une fleur de flamme éclatante.

En vérité, le feu ne se greffe pas dans le bois,

Mais nombreuses sont les graines de la chaleur, et quand

En se frottant, ils coulent ensemble,

Ils déclenchent les incendies dans les forêts.

Tandis que si la flamme, déjà façonnée, gisait

Stocké dans les forêts, puis les incendies

Ne pouvait à aucun moment rester invisible,

Mais je déposerais tous les déchets de bois sauvage

Et brûler tout le bosquet. Maintenant tu vois

(Même comme nous l'avons dit un peu d'espace ci-dessus)

À quel point cela compte avec ce que les autres,

Dans quelles positions ces mêmes germes primitifs

Sont liés ensemble ? Et quels mouvements aussi,

Ils donnent et reçoivent entre eux ? comment, par conséquent,

Les mêmes, s'ils sont modifiés entre eux, peuvent

Objets ignés et ligneux en avant :

Exactement comme ces mots eux-mêmes sont faits

En modifiant quelque peu leurs éléments,

Bien que nous marquions avec un nom effectivement distinct

L'igné du ligneux. Encore une fois,

Si tu supposes ce que tu vois,

Parmi tous les objets visibles, il ne peut y avoir,

A moins que tu ne feignes des corps de matière dotés

Avec une nature semblable, — par ton vain stratagème

Car toi périront tous les germes des choses :

"Il arrivera qu'ils riront à haute voix, comme les hommes,

Secoué par un spasme de gaieté,

Ou humidifiez avec des larmes salées les joues et le menton.

L'INFINI DE L'UNIVERS

Maintenant, découvrez ce qui reste ! Écoutez plus attentivement !

Et pour ma part, mon esprit ne s'y trompe pas

Comme il fait sombre : mais le grand espoir de louange

Il a frappé mon cœur avec un thyrse pointu ;

À la même heure, il a frappé ma poitrine

Doux amour des Muses, avec lequel maintenant l'instinct,

J'erre au loin, prospère dans une pensée solide,

À travers les repaires inconnus des Pierides,

Piétiné par personne auparavant. je suis heureux

Pour y venir sur des fontaines immaculées,

Les drainer en profondeur ; J'ai la joie de cueillir de nouvelles fleurs,

Pour chercher pour ma tête une couronne de signal

Des régions où les Muses n'ont encore jamais

Ont décoré les tempes d'un homme :

Premièrement, puisque j'enseigne des choses puissantes,

Et continuez à vous détacher de l'esprit

Les liens serrés de la religion redoutable ;

Ensuite, puisque, concernant des thèmes si sombres, j'encadre

Des chansons si claires, touchantes d'un bout à l'autre

Même avec le charme des Muses qui, à ce qu'il semblerait,

N'est pas sans motif raisonnable :

Mais en tant que médecins, lorsqu'ils cherchent à donner

Jeunes garçons, l'absinthe nauséabonde, touchez d'abord

Le bord autour de la tasse avec le jus sucré

Et le jaune du miel, pour que

L'âge irréfléchi de l'enfance soit cajolé

Jusqu'aux lèvres, et en attendant avale

Le breuvage amer de l'absinthe, et, bien que trompé,

Ne soyez pas seulement dupé, mais plutôt ainsi

Redevenez fort grâce à une santé recréée :

Alors maintenant, moi aussi (puisque ma doctrine semble

En général, quelque peu triste pour ceux

Qui ne l'a pas eu en main, et depuis la foule

il en revient avec horreur) j'ai désiré

Pour t'exposer notre doctrine en chant

Parlant doucement et Pierian, et, comme c'était le cas,

Le toucher avec le doux miel de la Muse—

Si par une telle méthode je pouvais tenir

Ton esprit sur nos lignes,

Jusqu'à ce que tu voies à travers la nature de toutes choses,

Et comment existe le cadre entrelacé.

Mais depuis que j'ai enseigné que les corps de matière, créés

Complètement solide, vole ici et là

À jamais invaincu à travers tous les temps,

Maintenant viens, et si à la somme d'entre eux

Il y a une limite ou il n'y en a pas, pour toi

Développons-nous; de même ce qui a été trouvé

Être le grand insensé, la pièce ou l'espace

Où toutes choses continuent,

Examinons s'il est fini

Tout et entier, ou atteindre un tour non mesuré

Et vers le bas un profond illimité.

Ainsi donc, le Tout ce qui est est limité

Dans aucune région de ses chemins en avant,

Car alors il doit y avoir pour toujours son au-delà.

Et un au-delà que l'on voit ne pourra jamais être

Pour rien, à moins que plus loin encore il y ait

Un quelque part qui peut délimiter le même—

Pour que la chose soit vue encore là où

La nature de la sensation de cette chose

Je ne peux plus le suivre. Maintenant parce que

Avouons que nous devons qu'il n'y a rien à côté de la somme,

Il n'y a pas d'au-delà, et donc il n'y a pas de fin.

Peu importe où tu te postes,

Dans toutes les régions du même ;

Même n'importe quel endroit où un homme l'a déposé

Il laisse toujours autour de lui tout ce qui est illimité

Vers l'extérieur dans toutes les directions ; ou, en supposant

Un instant où tout l'espace sera fini,

Si un voyageur le plus lointain s'enfuit

Jusqu'aux côtes extrêmes et jette en avant

Une lance volante, n'est-ce pas alors ton souhait de penser

Il va, jeté de suite, là où il a été envoyé

Et tire au loin, ou qu'un objet soit là

Peut-on le contrecarrer et l'arrêter ? Pour l'un ou l'autre

Tu dois admettre et accepter. L'un ou l'autre

Il t'empêche de fuir et t'oblige à

Que tu concèdes que tout se propage partout,

Ne possédant aucune limite. Depuis s'il y a

Bien que cela puisse bloquer et vérifier pour qu'il vienne

Ni où il a été envoyé, ni où il se loge dans son but,

Ou qu'ils soient portés, dans les deux cas

«Cela n'a pas commencé par n'importe quelle fin. Et ainsi

Je vais continuer, et où que tu sois

Les côtes extrêmes, je demanderai, "ce qui devient

Par la suite de ta lance?" " Cela arrivera

Que nulle part la fin du monde ne peut être, et que

La possibilité d'un vol ultérieur se prolonge pour toujours

Le vol lui-même. En plus, tout l'espace était-il

De la totalité et de la somme enfermée

Avec des côtes fixes et bornées partout,

Alors l'abondance de la matière du monde coulerait

Ensemble par un poids solide de partout

Toujours au fond du monde,

Rien ne pourrait non plus arriver sous le ciel,

Il ne pouvait pas non plus y avoir de ciel ni de soleil...

En effet, là où se trouverait tout un tas de matière,

En s'étant installé pendant un temps infini.

Mais en réalité, le repos est donné

À aucun corps parmi les éléments,

Parce qu'il n'y a pas de fond vers lequel

Ils pourraient, pour ainsi dire, couler ensemble, et où

Ils pourraient reprendre leurs demeures tranquilles.

Dans un mouvement sans fin, tout continue

Pour toujours ; de toutes les régions, même

De la fosse en bas, du vaste,

Les corps précipités sont-ils toujours approvisionnés.

La nature de la pièce, l'espace de l'abîme

Est-ce que même les éclairs clignotants

Ni l'un ni l'autre ne peuvent accélérer leur course,

Glissant à travers des étendues de temps éternelles,

Ni, en outre, ne réalisez, comme ils courent,

Afin qu'ils puissent retarder d'un coup leur voyage :

Une telle abondance immense se répand pour les choses autour...

Chambre à tous les quartiers, sans fin.

Enfin, sous nos yeux est vu

Une chose à une chose liée : l'air couvre la colline de la colline,

Et les murs des montagnes protègent l'air ; la terre termine la mer,

Et la mer à son tour toutes les terres ; mais pour le Tout

Il n'y a vraiment rien qui puisse être lié à l'extérieur.

Cela aussi, la somme des choses elle-même peut ne pas

Avoir le pouvoir de fixer sa propre mesure,

Grandes gardes de la nature, elle qui contraint le vide

Pour lier tout corps, comme corps tout vide,

Rendu ainsi par ces alternés l'ensemble

Un infini ; ou bien l'un ou l'autre,

Être libéré de l'autre, se propage,

Même par sa nature unique, néanmoins

Incommensurablement en avant....

Ni mer, ni terre, ni voûtes brillantes du ciel,

Ni race de mortels, ni membres sacrés de dieux

Pourraient garder leur place au moins une partie d'une heure :

Car, éloigné de ses réunions,

Le stock de matériel, dissous, serait supporté

Le long des lointains insensés illimités,

Ou plutôt, en fait, ils n'auraient jamais été combinés

Et n'a donné naissance à rien, puisque, dispersés au loin,

Il ne pouvait pas être uni. Pour la vérité

Ni l'un ni l'autre par l'avocat, les germes primitifs

'S'établir, comme par un acte d'esprit vif,

Chacun à sa place ; ils n'ont pas non plus fait,

En vérité, un contrat sur la manière dont chaque germe doit se déplacer ;

Mais depuis, étant nombreux et modifiés dans de nombreux modes

Le long du Tout, ils sont chassés à l'étranger et contrariés

Coup sur coup, même de tous temps,

Ils finissent donc, après avoir tout tenté

Les types de mouvement et de conjonction, viennent

Dans ces grands arrangements d'où

Cette somme de choses établie est créée,

Par lequel, en outre, au cours des années puissantes,

Il est conservé une fois jeté

Dans les mouvements appropriés, réalisant

Que jamais les ruisseaux rafraîchissent le principal gourmand

Avec les vagues des rivières en abondance, et cette terre,

Lapé dans les chaudes exhalaisons du soleil,

Renouvelle ses couvées, et que la race vigoureuse

Des créatures respirantes portent et fleurissent, et cela

Les feux planants de l'éther sont vivants—

Ce que les germes primitifs ne pouvaient encore faire,

A moins que depuis l'infini de l'espace

Pourrait venir une réserve de matière, d'où en saison

Ce ne sont pas des pertes à réparer.

Car comme la nature des créatures respirantes se gaspille,

Perdre son corps, lorsqu'on est privé de nourriture :

Donc toutes choses doivent être dissoutes le plus tôt possible

Comme matière, détournée par quelque moyen que ce soit

Hors de sa trajectoire, il ne sera pas disponible.

Les coups du dehors ne peuvent pas non plus conserver,

De tous côtés, quelle que soit la somme d'un monde

A été uni dans un tout. Ils peuvent

En effet, par des coups fréquents, vérifiez une pièce,

Jusqu'à ce que d'autres arrivants puissent remplir la somme ;

Mais en attendant, ils sont souvent obligés de sauter

Rebondissant, et, alors qu'ils bondissent, pour céder,

À ces éléments d'où dérive un monde,

De la place et une heure pour le vol, leur permettant

Être issu du syndicat de masse supporté

Libre et lointain. C'est pourquoi, encore et encore :

Les besoins doivent être nombreux pour l'approvisionnement ;

Et aussi que les coups eux-mêmes seront

Infaillible à jamais, doit-il jamais y avoir

Une force infinie de matière de tous côtés.

Et dans ces problèmes, rétrécis, mon Memmius, loin

De l'abandon de la foi à ce fameux discours :

Que toutes choses rentrent dans la presse centrale ;

Et ainsi la nature du monde reste ferme

Sans jamais de coups de l'extérieur, ni ne peut être

Nulle part disparu - puisque toute hauteur et toute profondeur

Avoir toujours appuyé vers l'intérieur vers le centre

(Si tu es prêt à croire que quelque chose

Lui-même peut reposer sur lui-même); ou ça

Les corps pesants qui se trouvent sous la terre

Appuyez tous vers le haut et reposez-vous

Sur la terre, en quelque sorte à l'envers,

J'aime ces images de choses que nous voyons

Actuellement à travers les eaux. Ils soutiennent,

Avec une procédure similaire, tout ce qui respire

Dirigez-vous vers le bas, et pourtant vous ne pouvez pas

Dégringolade de la terre vers les royaumes du ciel en contrebas,

Pas plus que ces corps, nos corps s'envolent

Spontanément aux voûtes du ciel au-dessus ;

Que lorsque ces créatures regardent le soleil,

Nous observons les constellations de la nuit ;

Et qu'avec nous les saisons du ciel

Ils se divisent donc alternativement, et ainsi

Passez la nuit égale à nos jours,

Mais une vaine erreur a donné ces rêves à des insensés,

Qu'ils ont adopté avec un raisonnement pervers

Car aucun centre ne peut être là où le monde est encore

Sans limites, et même si maintenant il y avait un centre,

Quelque chose pourrait-il y prendre une position fixe de plus

Que pour une autre cause, il pourrait être délogé.

Pour toute la pièce et l'espace, nous appelons le vide

Doit passer par le rendement central et non central

Comme les poids là où tendent leurs mouvements.

Il n'y a pas non plus d'endroit où, quand ils sont arrivés,

Les corps peuvent être à l'arrêt dans le vide,

Privé de force de poids ; et ne peut pas encore annuler

Fournir un soutien à quiconque, et non, il le faut,

Fidèle à sa nature, cède toujours le pas.

Ainsi, de cette manière, les choses ne peuvent absolument pas

Être tenu en union, comme vaincu

Par envie d'un centre.

Mais en plus,

Voyant qu'ils feignent que tous les corps n'appuient pas

Pour se centrer vers l'intérieur, plutôt que ceux

De terre et d'eau (liquide de la mer,

Et les grosses vagues des pentes des montagnes,

Et tout ce qui est enfermé, comme s'il y en avait,

Dans un corps de terre), au contraire, ils enseignent

Comment l'air raréfié, et avec lui le feu brûlant,

Est séparé du centre, et comment,

Pour cela, tout l'éther frémit d'étoiles brillantes,

Et la flamme du soleil le long du bleu est nourrie

(Parce que la chaleur, venant du centre volant,

Tout s'y rassemble), et comment, encore une fois, les branches

Sur la cime des arbres ne pouvaient pas pousser leurs feuilles,

A moins que petit à petit, de la terre

Pour chacun il y avait de la nourriture...

De peur qu'à la manière des flammes ailées,

Les remparts du monde devraient s'enfuir,

Dissous dans le vide puissant,

Et de peur que tout le reste ne suive également,

Oui, de peur que les voûtes tonitruantes du ciel n'éclatent

Et se briser vers le haut, et la terre aussitôt

Retirez-vous de sous nos pieds, et toute sa masse,

Parmi ses épaves mêlées et celles du ciel,

En glissant en morceaux les graines primitives,

Devrait passer, le long de l'incommensurable,

Loin pour toujours, et, à cet instant, rien

Des débris et des restes seraient laissés, à côté

L'espace désolé et les germes invisibles.

Car quel que soit le côté que tu juges en premier

Les corps primitifs manquent, voilà, de ce côté

Sera pour les choses la porte même de la mort :
Par où se précipitera la foule de la matière,
À l'extérieur et à l'étranger.

Ces points, si tu veux bien y réfléchir,
Puis, avec des ennuis dérisoires entraînés...

Car une chose après l'autre deviendra claire,
Et la nuit aveugle ne te volera pas le chemin,
Pour gêner ton regard sur les profondeurs de la nature.
Ainsi, les choses pour les choses allumeront de nouvelles torches.

53

LIVRE II

PRÉFACE

C'est doux, quand, sur la puissante route, les vents

Enroulez ses déchets d'eaux, de la terre

Pour regarder au loin l'angoisse laborieuse d'un autre,

Non pas que nous ravissions joyeusement cet homme

Devrait donc être frappé, mais parce que c'est doux

Pour marquer quels maux nous sommes nous-mêmes épargnés ;

C'est doux, encore une fois, de voir le puissant conflit

Des armées luttant là-bas dans les plaines,

Nous-mêmes ne partageons pas le péril ; mais rien

Il y a plus de bien que de tenir haut

Des plateaux sereins, bien fortifiés par les sages,

D'où tu peux regarder en bas sur d'autres hommes

Et je les vois errer partout, tous dispersés

Dans leur recherche solitaire du chemin de la vie ;

Rivaux en génie, ou émules en rang,

Traversant les jours et les nuits avec le plus grand labeur

Pour des sommets de pouvoir et de maîtrise du monde.

Ô misérables esprits des hommes ! Ô cœurs aveuglés !

Dans quels grands périls, dans quelles obscurités de la vie

Sont écoulées les années humaines, si brèves soient-elles !

O ne pas voir cette nature par elle-même

Aboie après rien, sauf que la douleur s'éloigne,

Disjoint du corps, et cet esprit profite

Sentiment délicieux, loin des soucis et de la peur !

Nous voyons donc que notre vie corporelle

A besoin de peu, en tout, et seulement de tels

Comme enlève la douleur, et peut en plus

Parsemer sous un certain nombre de délices.

C'est parfois plus reconnaissant (car la nature a soif

Pas d'artifice ni de luxe), si c'est vrai

Il n'y a pas d'images dorées de garçons

Le long des couloirs, avec les mains droites tendues

Les lampes allumées, les lumières des fêtes du soir,

Et si la maison ne brille pas d'or

Ni briller avec l'argent, et à la lyre résonner

Pas de plafonds chantournés et dorés au-dessus,

Pourtant, je reste toujours à me prélasser avec des amis dans l'herbe douce

Au bord d'une rivière d'eau, en dessous

Les branches d'un grand arbre, et joyeusement pour rafraîchir

Nos cadres, sans grandes dépenses, et surtout

Si le temps est riant et les périodes de l'année

Saupoudrez le vert de l'herbe alentour de fleurs.

Et les fièvres brûlantes ne disparaîtront pas non plus plus vite,

Si tu jettes sur une tapisserie illustrée,

Ou une robe violette, que si c'était à toi de mentir

Sur la literie du pauvre homme. C'est pourquoi, puisque

Trésor, ni rang, ni gloire d'un règne

Ne nous sert à rien pour cela, notre corps, donc

Ne les considérez pas non plus comme inutiles à l'esprit :

Sauf alors peut-être, quand tu verras

Tes légions grouillant autour du Champ de Mars,

Susciter une guerre mimique - des deux côtés

Renforcé de grands auxiliaires et de chevaux,

Également équipés d'armes, également inspirés ;

Ou sauf quand tu vois aussi

Tes flottes essaiment, se déployant sur la mer :

Car alors, confus par une circonstance si brillante,

La religion pâlit et fuit ton esprit ; Ô alors

Les craintes de la mort laissent le cœur si insouciant.

Mais si l'on constate que tout ce faste enfin

Ce n'est qu'une plaisanterie et un sport moqueur,

Et de la peur d'un homme vrai, avec des soucis à ses côtés,

Ne redoute pas ces bruits d'armes, ces épées sauvages

Mais parmi les rois et seigneurs du monde entier

Se mêle sans se laisser intimider, ni intimidé

Par l'éclat de l'or ni par la splendeur brillante

De robe pourpre, peux-tu alors douter que ce

N'y a-t-il que le pouvoir de penser ?

Toute la vie mais travaille dans le noir.

Car tout comme les enfants tremblent et craignent tout

Dans l'obscurité sans visibilité, même nous parfois

Redoutez à la lumière tant de choses qui se produisent

Rien de plus effrayant que ce que feignent les enfants,

Des frissons les envahiront dans l'obscurité.

Cette terreur donc, cette obscurité de l'esprit,

Pas le lever du soleil avec ses rayons de lumière flamboyants,

Ni les flèches scintillantes du matin ne peuvent se disperser,

Mais seulement l'aspect de la nature et sa loi.

MOUVEMENTS ATOMIQUES

Maintenant viens : je vais démêler pour tes pas

Maintenant par quels mouvements les corps engendrent

Des choses du monde engendrent le monde varié,

Et puis résolvez-le pour toujours une fois engendré,

Et par quelle force ils y sont contraints,

Et quelle vitesse leur a été assignée

De quoi voyager dans le vaste insensé :

Souviens-toi de te soumettre à mes paroles.

Car en vérité la matière n'est pas cohérente, les foules ne sont pas serrées,

Puisque nous voyons chaque chose disparaître,

Et nous observons comment tout va et vient,

Comme c'était le cas, avec le temps séculaire et de nos yeux

Comment le champ retire chaque objet à la fin,

Même si la somme semble être la même,

Indemne, parce que ces particules qui laissent chaque chose

Diminuer ce dont ils se séparent, mais doter

Avec l'augmentation de ceux auxquels ils viennent à leur tour,

Les contraignant à dépérir dans la vieillesse,

Et ceux qui fleurissent à la fleur de l'âge (et pourtant

Je n'attends pas longtemps parmi eux). Ainsi la somme

L'éternité est reconstituée et nous vivons

En tant que mortels par des concessions éternelles.

Les nations croissent, les nations décroissent ;

Dans un court espace les générations passent,

Et j'aime donner aux coureurs la lampe de la vie

L'un à l'autre.

Mais si tu crois

Que les germes primordiaux des choses puissent s'arrêter,

Et dans leur arrêt donnent naissance à de nouveaux mouvements,

Tu t'éloignes loin du chemin de la vérité.

Car puisqu'ils errent insensés dans le vide,

Tous les germes primordiaux des choses doivent avoir besoin

Être emporté, soit par leur propre poids,

Ou peut-être par le coup d'autrui.

Car, quand, dans leur incessance, si souvent

Ils se rencontrent et s'affrontent, ça arrive un jour

Ils sautent en morceaux, face à face : ce n'est pas étrange...

Étant très durs et solides dans leur poids,

Et aucun mouvement contraire, par derrière.

Et que tu perçoives plus clairement comment tout

Ces acariens de la matière sont projetés partout,

Rappelez-vous que nulle part dans la somme

De tout existe un fond, nulle part il n'y en a

Un royaume de repos pour les corps primitifs ; depuis

(Comme amplement montré et prouvé par la raison, c'est sûr)

L'espace n'a ni limite ni mesure et s'étend

Sans compteur dans toutes les directions.

Puisque cela est certain, il n'y a donc aucun doute

Aucun repos n'est rendu aux corps primordiaux

Le long de l'insondable insensé; mais plutôt,

Invétéré par des mouvements mélangés,

Certains, pendant leur brouillage, bondissent et s'en vont

D'énormes écarts entre les deux, et certains dus au coup dur

Sont pressés avec des espaces petits entre eux.

Et tout cela, réuni avec de légers manques,

Dans une union plus condensée liée en arrière,

Liés par leurs propres formes toutes entremêlées,—

Ceux-ci forment les racines irréfragables des roches

Et les grosses masses de fer, et quoi d'autre

Est de leur genre...

Les autres sautent en deux, reculent loin,

Laissant d'énormes écarts entre : et ces approvisionnements

Pour nous l'air pur et la splendeur des lumières du soleil.

Et beaucoup d'autres errent dans le vide puissant—

Rejeté des unions de choses existantes,

Nulle part accepté dans l'univers,

Et aucun mouvement n'est lié au reste.

Et de ce fait (tel que je l'enregistre ici)

Une image, un type se déroule sous nos yeux

Présentez chaque instant ; pour voir à chaque fois

La lumière du soleil et les rayons, laissés entrer, se déversent

À travers les couloirs sombres des maisons : tu verras

Les nombreux acariens mélangés de nombreuses manières

Au milieu d'un vide à la lumière même des rayons,

Et continuant à lutter, comme dans un conflit éternel,

Et en bataillons combattant sans arrêt,

Dans les réunions, les séparations, harcelé de haut en bas.

À partir de là, tu peux conjecturer de quelle sorte

Le lancer incessant de graines primordiales

Au milieu d'un vide plus puissant, du moins jusqu'à présent

Comme une petite affaire peut pour un service plus vaste,

Et par l'exemple, mets-toi sur la piste

De la connaissance. Pour cette raison aussi, c'est bon

Tu tournes d'autant plus ton esprit vers ces corps

Lesquels ici sont vus tomber dans la lumière :

Notamment parce que de telles chutes sont le signe

Ces mouvements sont aussi des choses primaires

Le secret et l'invisible se cachent en dessous, derrière.

Car tu marqueras ici bien des points, poussés

Par des coups aveugles, pour changer sa petite trajectoire,

Et battu en arrière pour revenir à nouveau,

Ici et là dans toutes les directions.

Voici, tous leurs mouvements changeants sont anciens,

Des atomes primitifs ; pour le même

Les graines primordiales des choses bougent d'abord de soi,

Et puis ces corps constitués de petits syndicats

Et le plus proche, pour ainsi dire, des puissances

Des atomes primitifs, sont remués

Par l'impulsion des coups invisibles de ces atomes,

Et ceux-ci aiguillonnent ensuite les suivants en taille :

Ainsi le mouvement monte depuis les origines,

Et étape par étape émerge à nos sens,

Jusqu'à ce que ces objets bougent également, ce que nous

Peut marquer sous les rayons du soleil, même si cela n'apparaît pas

Quels coups les poussent.

Je ne me demande pas ici

Comment se fait-il que, alors que les graines des choses sont toutes

En mouvement pour toujours, la somme semble pourtant tenir

Absolument toujours, sauf dans les cas où

Une chose montre le mouvement de sa structure dans son ensemble.

Car bien au-dessous de la portée des sens se trouve

La nature de ces ultimes du monde ;

Et ainsi, puisque tu ne peux pas voir ceux-là eux-mêmes,

Leur mouvement doit aussi être caché aux hommes.

Car remarquez, en effet, comment les choses que nous pouvons voir, souvent

Mais cachent leurs mouvements, quand ils sont loin de nous

Le long du paysage lointain. Souvent ainsi,

Sur le flanc d'une colline les troupeaux laineux

Récoltez leur bonne nourriture et rampez

Où l'appel de l'herbe, engendrée

Avec la rosée fraîche, appelle, et les agneaux,

Bien remplis, ils frappaient et fermaient les klaxons en sport :

Pourtant, pour nous, tout semble flou et confus au loin -

Un reflet blanc au repos sur une colline verdoyante.

Encore une fois, quand de puissantes légions, marchant en rond,

Remplissez tous les quartiers des plaines en contrebas,

Suscitant une guerre mimique, là l'éclat

Il s'élève vers le ciel et tous les champs environnants

Brille avec du laiton, et d'en dessous, un son

Sort des pieds de vaillants soldats,

Et les murs des montagnes, frappés par les cris, envoient

Les voix en avant vers les étoiles du ciel,

Et la cavalerie se précipite ici et là,

Et tout d'un coup, au milieu des champs

Charges avec un début suffisamment fort pour basculer

La terre solide : et pourtant il y a du poste

En haut des hautes montagnes, vues d'où elles semblent

Se tenir debout, une lueur au repos le long des plaines.

Maintenant, quelle est la vitesse des atomes de la matière étant donné

Tu peux en peu de choses, mon Memmius, apprendre de ceci :

Quand pour la première fois l'aube saupoudre d'une nouvelle lumière

Les terres et toutes les races d'oiseaux à l'étranger

Voler dans les forêts sans piste, avec des notes liquides

Remplissant les régions le long de l'air doux,

Nous voyons que c'est immédiatement manifeste à l'homme

Comme le soleil levé se lève soudainement

A une telle heure pour se répandre et s'habiller

Le tout avec sa propre splendeur ; mais le soleil est

Des expirations chaudes et cette lumière sereine

Ne voyagez pas dans un vide vide ; Et ainsi

Ils sont obligés d'avancer plus lentement,

Tandis qu'ils fendent pour ainsi dire les vagues de l'air ;

Ni une à une, ne voyagent ces particules

Des expirations chaudes, mais sont toutes

Enchevêtré et en masse, par lequel à la fois

Chacun est retenu par chacun, et du dehors

Vérifié, jusqu'à ce qu'il soit obligé d'avancer plus lentement.

Mais les atomes primordiaux avec leurs anciens

Solidité simple, quand ils voyagent

Le long du vide vide, tout sans retard

Par quoi que ce soit en dehors d'eux là-bas, et eux, chacun

Étant une unité de par la nature de ses parties,

Sont portés vers ce seul endroit sur lequel ils s'efforcent

Pour pouvoir encore s'accrocher, il faut alors, sans aucun doute,

Dépassez en vitesse et soyez plus rapidement porté

Que la lumière du soleil et que les régions se précipitent,

D'un espace bien plus vaste, en même temps

L'éclat du soleil s'élargit autour du ciel.

Ni de poursuivre les atomes un à un,

Pour voir la loi selon laquelle chaque chose se passe.

Mais certains hommes, ignorants de la matière, pensent :

S'opposant à ceci, cela ne se fait pas sans les dieux,

Dans un tel ajustement à nos manières humaines,

La nature peut-elle changer les saisons des années,

Et faire naître les grains et tout le reste

À quelle Délice divine, guide de la vie,

Convainc la mortalité et la conduit,

Que, à travers ses habiles flatteries d'amour,

Il propage encore les générations,

De peur que l'humanité ne périsse. Quand ils font semblant

Que les dieux ont établi toutes choses sauf pour l'homme,

Ils semblent à tous égards tomber en panne

De la vérité de la raison : car même si je ne le savais pas

Quelles sont les graines primordiales, mais oserais-je

Ceci pour affirmer, même à partir d'un jugement profond basé sur

Sur les voies et la conduite des cieux :

Ceci est soutenu par de nombreux faits en plus :

Ce n'est en aucun cas la nature du monde

Pour nous a été construit par une puissance divine—

Si grands les défauts dont il est encombré :

Ce qui, mon Memmius, plus tard, pour toi

Nous allons clarifier. Maintenant, ce qui reste

Concernant les motions, nous développerons notre réflexion.

C'est maintenant, me semble-t-il, que dans ces affaires

Pour te prouver cela aussi : rien de corporel

De sa propre force peut toujours être porté vers le haut,

Ni aller vers le haut, ni laisser les corps de flammes

Trompe-toi ici : car ils ont engendré

Avec envie de monter, prenant ainsi une augmentation,

Grâce à quoi poussent vers le haut des grains et des arbres brillants,

Bien que tout le poids en eux soit porté vers le bas.

Ni quand les feux jailliront de dessous la ronde

Les toits des maisons et les flammes rapides s'élèvent

Bois et poutres, il faut alors supposer

Ils agissent de leur propre gré, sans aucune force en dessous

Pour les inciter à se lever. C'est ainsi que le sang, déversé

De nos corps jaillit ses jets en l'air

Et les éclaboussures sont sanglantes. Et tu n'as jamais marqué

Avec quelle force l'eau va dégorger

Bois et poutre ? Plus profond, droit et descendant,

Nous les poussons et, bien que nous soyons nombreux,

Plus nous pressons avec force et labeur, plus

L'eau vomit et les rejette,

Que, sur plus de la moitié de leur longueur, ils y émergent,

Rebondir. Pourtant, nous ne doutons jamais, semble-t-il,

Que tout le poids en eux se porte vers le bas

À travers le vide vide. Eh bien, de la même manière, les flammes

Devrait également pouvoir, lorsqu'on le presse,

À travers les vents d'air pour s'élever, même si

Le poids en eux s'efforce de les attirer vers le bas.

N'as-tu pas vu, balayant si loin et si haut,

Les météores, flambeaux du ciel à minuit,

Comment après eux ils dessinent de longues traînées de flammes

Partout où la nature donne une voie de passage ?

Comment les étoiles et les constellations tombent sur terre,

Vous ne voyez pas ? Non aussi, le soleil du sommet du ciel

Déverse partout sa grande chaleur,

Et sème de lumière les intervalles nouvellement labourés :

Ainsi, la chaleur du soleil tend vers le bas vers la terre.

À travers la pluie, tu vois voler l'éclair ;

Maintenant ici, maintenant là, jaillissant des nuages,

Les incendies se précipitent en zigzag - et cette puissance enflammée

Tombe également sur terre.

Dans ces affaires

Nous souhaitons que vous en soyez également bien conscient :

Les atomes, alors que leur propre poids les pèse

Sonder le vide, à des moments à peine déterminés,

En des lieux peu déterminés, de leur parcours

Refusez un peu – appelez-le, pour ainsi dire,

Simple changement de tendance. Car si ce n'était pas leur habitude

Ainsi, s'ils faisaient un écart, ils tomberaient chacun,

Comme des gouttes de pluie, à travers le vide sans fond ;

Et puis il n'y aura jamais de collisions ni de coups

Parmi les éléments primordiaux ; Et ainsi

La nature n'aurait jamais rien créé.

Mais si par hasard quelqu'un croit

Les corps plus lourds, comme plus rapidement portés

Sonder le vide, nous sommes capables d'en haut

Frapper le briquet, engendrant ainsi des coups

Capable de provoquer ces mouvements procréateurs, de loin

Ils se retirent des routes de la vraie raison.

Car tout ce qui tombe à travers les eaux,

Ou à travers les airs, ils doivent accélérer leur descente,

Chacun selon son poids – à cause de cela, parce que

À la fois la masse d'eau et l'air subtil

On ne peut en aucun cas retarder chaque chose de la même manière,

Mais donnez plus vite avant le poids le plus lourd ;

Mais à l'inverse, le vide vide ne le peut pas,

De n'importe quel côté, à tout moment, à rien

Opposez-vous à la résistance, mais céderez toujours,

Fidèle à son penchant naturel. C'est pourquoi tout,

Avec une vitesse égale, mais pas égale en poids,

Il faut se précipiter, porté vers le bas à travers ce qui est encore insensé.

Ainsi, je n'ai jamais eu de poids plus lourd d'en haut

J'ai été rapide à frapper les coups plus légers et sexistes

Qui causent ces divers mouvements, par lesquels

La nature effectue son travail. Et donc je dis,

Les atomes doivent parfois dévier un peu—

Mais seulement le moins, de peur que nous semblions feindre

Des mouvements obliques, et des faits nous réfutent là.

Car cela, nous le voyons immédiatement, est manifeste :

Quel que soit le poids, il ne peut pas aller obliquement,

Dans son voyage précipité d'en haut,

Au moins autant que tu puisses le marquer ; mais qui

Y a-t-il une marque par le sens que rien ne peut dévier

Du tout en dehors de la ligne droite de sa route ?

Encore une fois, si jamais tous les mouvements sont liés,

Et de l'ancien surgit toujours le nouveau

En ordre fixe, et graines primordiales

Ne produisez pas en s'écartant d'un nouveau départ

De mouvement pour rompre les alliances du destin,

Cette cause ne réussit pas, c'est une cause éternelle,

D'où ce libre arbitre pour les créatures sur les terres,

D'où est-il arraché au destin ?

Par quoi nous avançons là où le désir

Conduit chaque homme, par lequel nous faisons un écart

En mouvement, non comme à une heure fixe,

Ni sur une ligne d'espace fixe, mais où

L'esprit lui-même a poussé ? Pour hors de doute

Dans ces affaires, c'est la volonté de chacun

Cela donne le départ, et donc dans tous nos membres

Les mouvements naissants sont diffusés. Encore,

Ne vois-tu pas, quand, à un moment donné,

Les bars sont ouverts, comment la force avide

Des chevaux ne peuvent pas avancer aussi vite

Comment faire leur pantalon? Car il incombe

Que tout le stock de matière, à travers le cadre,

Réveillez-vous, afin que, à travers chaque jointure,

Éveillé, il presse et suit le désir de l'esprit ;

Ainsi tu vois le genre du mouvement initial

Du fond du cœur, oui, en vérité, cela procède

D'abord de la volonté de l'esprit, d'où finalement

Il est transmis à travers les articulations et le corps tout entier.

Il en est tout autrement, quand nous partons,

Poussé par le coup des puissants pouvoirs d'autrui

Et une forte envie ; car alors c'est assez clair

Toute la matière de notre corps tout entier disparaît,

Nous nous sommes précipités, contre notre propre désir...

Jusqu'à ce que la volonté ait tiré sur les rênes

Et je l'ai vérifié, chez tous nos membres ;

À l'arbitrage de qui en effet parfois

Le stock de matière est obligé de changer de trajectoire,

Au sein de nos membres et de nos associations,

Et, après avoir été lancé vers l'avant, être

Retenu, où il se stabilise à nouveau.

Alors tu ne vois pas comment, bien que la force extérieure

Conduisez les hommes avant, et faites-les souvent bouger,

En avant contre le désir, et arraché à corps perdu,

Pourtant, y a-t-il quelque chose dans nos seins

Fort pour combattre, fort pour résister à la même chose ?—

C'est pourquoi rien de moins dans les graines primitives

Tu dois admettre, outre tous les coups et tous les poids,

Une autre cause de mouvement, d'où dérive

Ce pouvoir en nous est inné, issu d'un acte libre.—

Puisque rien ne peut devenir à partir de rien, voyons-le.

Car le poids empêche que tout devrait arriver

Par des coups, pour ainsi dire, par une force extérieure ;

Mais l'esprit de cet homme lui-même dans tout ce qu'il fait

Il n'y a pas de nécessité fixe à l'intérieur,

Et il n'est pas non plus obligé, comme une chose conquise,

Supporter et souffrir, cet état arrive à l'homme

De ce léger écart des éléments

Dans aucune ligne d'espace fixe, dans aucun temps fixe.

Jamais le stock n'a été aussi rempli,

Ni jamais, encore une fois, divisé par des écarts plus grands :

Car rien n'accroît et rien n'enlève ;

C'est pourquoi, tout comme ils se déplacent aujourd'hui,

Les corps élémentaires se déplaçaient autrefois

Et il en sera de même désormais pour toujours.

Et ce qui était autrefois engendré

Doit être engendré dans les mêmes conditions

Et grandir et prospérer en puissance, dans la mesure où cela est donné

À chacun selon les anciens et immuables décrets de la Nature.

La somme des choses qu'aucun pouvoir ne peut changer,

Car rien n'existe à l'extérieur vers lequel pouvoir fuir

Hors du monde, quelle qu'elle soit,

Ni une source d'où une nouvelle provision peut jaillir,

Pénétrez dans le monde fondé et changez

La nature entière des choses et inverser leurs mouvements.

FORMES ATOMIQUES ET LEURS COMBINAISONS

Maintenant viens, et ensuite appréhende-toi

De quelle sorte, à quel point la forme est très différente,

Comme ils sont variés dans une infinité de formes...

Ces vieux commencements de l'univers ;

Pas dans le sens où seuls quelques-uns sont meublés

Avec une forme similaire, mais plutôt pas du tout

En général, ils se ressemblent chacun,

Ce n'est pas étonnant : puisque leur stock est si important

Qu'il n'y a pas de fin (comme je l'ai enseigné) ni de somme,

Ils ne doivent en effet pas tous être marqués

Par contour égal et par forme identique.

De plus, l'humanité et les troupeaux muets

Des créatures écailleuses nageant dans les ruisseaux,

Et des troupeaux joyeux autour, et tout ce qui est sauvage,

Et toutes les races d'oiseaux, aussi bien celles qui pullulent

Dans les régions joyeuses des repaires d'eau,

À propos des berges des rivières, des sources et des étangs,

Et ceux qui se pressent, voletant d'arbre en arbre,

À travers des bois sans pistes — Va, prends celui que tu veux,

En tout genre : tu découvriras encore

Les uns des autres sont toujours de forme différente.

En aucun cas non plus, la progéniture ne pourrait savoir

Mère, ni mère-enfant - ce que nous voyons

Ils peuvent pourtant le faire, distingués les uns des autres,

Pas moins que les êtres humains, par des signes clairs.

Ainsi souvent devant les beaux temples des dieux,

À côté des autels brûlants d'encens tués,

Laisse tomber le veau d'un an, de sa poitrine

Respirer des courants de sang chaud ; la mère orpheline,

Entre-temps, les verts pâturages boisés s'étendent autour,

Connaît bien les empreintes, pressées par les sabots fourchus,

Avec des yeux sur chaque endroit,

Pour avoir vu quelque part un jeune qui l'avait quittée ;

Et, s'arrêtant court, remplit les ruelles feuillues

Avec ses plaintes ; et souvent elle cherche encore

Dans l'étal, encore transpercée par son désir.

Ni les saules tendres, ni les herbes vivifiées par la rosée,

Ni les ruisseaux aimés qui coulent le long des berges basses,

Peut attirer son esprit et transformer la douleur soudaine ;

Ni d'autres formes de veaux qui broutent ainsi

Distraire son esprit ou alléger le moins la douleur—

Tellement passionnée par sa recherche de quelque chose de connu et du sien.

De plus, les enfants tendres à la gorge bêlante

Connaissez leurs mères à cornes et leurs agneaux qui se battent

Les troupeaux de moutons, et ainsi ils bavardent,

Infailliblement chacun à sa tétine,

Comme le veut la nature. Enfin, avec n'importe quel grain,

Tu verras qu'il n'y a pas de noyau d'une seule sorte

Est si loin comme un autre, qu'il y a encore

Il n'y a pas de différence dans les formes.

Par une loi similaire, nous voyons comment la terre est pied

Avec des coquillages et des conques, où, avec des vagues douces, la mer

Battements sur le sable assoiffé des rivages courbes.

C'est pourquoi, encore une fois, puisque les graines des choses

Existent par nature et n'ont pas été créés par les mains

Après un modèle fixe l'un de l'autre,

Ils doivent flotter d'avant en arrière avec des formes

Dans des types différents les uns des autres.

Assez facile à résoudre par une simple réflexion

Pourquoi les feux de foudre peuvent pénétrer davantage

Que ceux des nôtres, originaires de pitchpin, nés sur terre.

Car tu peux dire le feu céleste de la foudre,

Si subtil, est formé de figures plus fines au loin,

Et passe ainsi à travers des trous que c'est notre feu,

Né du bois, créé à partir du pin,

Ne peut pas. Encore une fois, la lumière traverse la corne

Du côté de la lanterne, pendant que la pluie s'éloigne.

Et pourquoi ? — à moins que ces corps de lumière ne soient

Plus fines que celles des douches géniales.

On voit à quelle vitesse à travers une passoire

Les vins couleront à flots ; comment, d'un autre côté,

La lenteur de l'huile d'olive tarde : sans doute,

Parce qu'il est composé d'éléments plus grands,

Ou bien plus tordus et entremêlés. Ainsi

Il arrive que les primordiaux ne peuvent pas être

Alors soudain, les uns des autres se séparèrent et s'infiltrèrent,

Un à travers chaque trou de n'importe quoi.

Et remarquez en outre que la liqueur de miel ou de lait

Donne en bouche un goût agréable à la langue,

Tandis que l'absinthe nauséabonde, la centaurée piquante,

Avec leur saveur nauséabonde, ils détraquaient les lèvres ;

Il est donc simple de voir que quoi que ce soit

Peut toucher les sens avec plaisir

D'éléments lisses et arrondis, tandis que ceux

Ce qui semble amer et piquant est tenu

Enlacé par des éléments plus tordus, et ainsi

Sont habitués à se frayer un chemin jusqu'à nos sens,

Et déchire notre corps dès qu'ils entrent.

Bref tout bon au sens, tout mauvais au toucher,

Étant construit de figures si différentes,

Sont mutuellement en conflit, de peur que tu ne supposes

Que le grincement aigu d'une scie grinçante

Se compose d'éléments aussi doux qu'une chanson

Qui, réveillé par des doigts agiles, sur les cordes

La douce mode des musiciens ; ou supposez

Ces atomes de même forme traversent les narines des hommes

Quand des cadavres immondes brûlent, comme quand la scène

Est-ce avec du safran de Cilicie saupoudré de frais,

Et l'autel voisin exhale un parfum panchéen ;

Ou retiens comme une graine les belles teintes

Des choses qui régalent nos yeux, comme celles qui piquent

Contre l'élève qui pique et verse des larmes,

Ou spectacle, avec un aspect macabre, sinistre et vil.

Car jamais une forme qui charme nos sens n'a été créée

Sans une certaine douceur élémentaire ; alors que

Tout ce qui est dur et ennuyeux a été encadré

Avec quand même une certaine aspérité dans ses éléments.

Il y en a aussi qui sont supposés à juste titre

Pour n'être ni lisse ni tout à fait accro,

Avec des barbes courbées, mais légèrement inclinées,

Pour chatouiller plutôt que blesser les sens...

Et de quelle sorte est le tartare salé du vin

Et des saveurs d'aunée gommée.

Encore une fois, ce feu rougeoyant et ce givre glacial

Sont dotés de crocs avec des dents contrairement à celles permettant de piquer

Le sens de notre corps, le toucher de chacun en témoigne.

Pour le toucher — par les majestés sacrées des Dieux ! —

Le toucher est en effet le seul sens du corps...

Que quelque chose de l'intérieur de l'extérieur fonctionne,

Que quelque chose dans le corps soit né

Blesse, ou se réjouit en s'évanouissant

Sur les sentiers procréateurs d'Aphrodite ;

Ou les graines ne seront-elles pas issues d'un tourbillon de collision

Désordonné dans le corps et confus

Par tumulte et confusion tout le sens...

Comme tu pourras le découvrir, ne serait-ce qu'avec la main

Toi-même, tu frappes n'importe quelle partie de ton corps.

C'est pourquoi les formes élémentaires

Doit différer considérablement, comme cela est permis ainsi

Provoquer des sensations diverses.

Et encore,

Ce qui nous semble le durci et le condensé

Il doit y avoir des atomes plus accrochés entre eux,

Être tenu compacté au plus profond de soi, comme s'il y en avait

Par des atomes ressemblant à des branches, dont le chef

Sont des pierres de diamant, contempteurs de tous les coups,

Et du silex solide et de la force du fer solide,

Et des barreaux d'airain qui, remuant fortement dans les serrures,

Râpez et criez. Mais qu'est-ce qui est liquide, formé

De corps fluide, ils doivent en effet être

D'éléments plus lisses et plus ronds, parce que

Leurs globules ne seront pas cohérents :

Sucer les graines de pavot de la paume de la main

C'est aussi simple que de boire de l'eau,

Et eux, une fois frappés, roulent comme les mêmes.

Mais que tu vois parmi les choses qui coulent

Un peu amer, comme l'est la saumure de l'océan,

Ce n'est pas la moindre merveille...

Car puisqu'il est fluide, ses atomes sont lisses

Et rond, avec des rugueux et douloureux mêlés dedans ;

Pourtant, il n'est pas nécessaire que ces éléments soient maintenus ensemble :

En fait, bien que rugueux, ils sont en plus globulaires,

Capable à la fois de rouler et de râper les sens.

Et pour que tu me croies davantage ici,

Qu'avec des éléments lisses se mélangent les bruts

(D'où vient le corps astringent salé de Neptune),

Il existe un moyen de séparer les deux,

Et là-dessus, à voir en deux

Comment l'eau douce, après filtration

Si souvent sous terre, les flux se rafraîchissent

Dans un creux ; car il part au-dessus

Les germes primitifs de la saumure nauséabonde,

Depuis, les matières brutes s'accrochent plus facilement à la terre.

Enfin, qu'est-ce que tu marques pour disperser

À l'instant même – fumée, nuage et flamme –

Ne doit pas (même si tout n'est pas lisse et rond)

Soyez encore co-lié avec des atomes entrelacés,

Qu'ainsi ils peuvent, sans se séparer,

Alors percez notre corps et percez ainsi les rochers.

Quoi qu'on voie...

Donné aux sens, que tu dois percevoir

Ils ne proviennent pas d'éléments liés mais pointus.

Ce que j'ai maintenant enseigné, je vais continuer

Pour y lier un fait à cet allié

Et en tirant sa preuve : ces germes primitifs

Variez, mais seulement avec un nombre limité de formes.

Car ces formes étaient-elles tout à fait infinies, certaines graines

Aurait un corps d'augmentation infinie.

Car dans une graine, dans un petit cadre de n'importe lequel,

Les formes ne peuvent pas beaucoup varier les unes des autres.

Supposons, dirons-nous, celui de trois parties minimales

Constituez les corps primitifs, ou ajoutez-en quelques-uns :

Quand, maintenant, en plaçant toutes ces parties d'un seul

En haut et en bas, en changeant de gauche et de droite,

Tu as découvert à chaque changement

Quel est l'aspect de forme de tout son corps

Chaque nouvel arrangement donne, pour ce qui reste,

Si tu voulais varier ses anciennes formes,

De nouvelles pièces doivent alors être ajoutées ; suit ensuite,

Si toutefois tu voulais encore varier ses formes,

Que par une logique similaire, chaque arrangement reste

Nécessite son incrément d'autres pièces.

Ergo, une augmentation de son cadre

Suit chaque nouveauté de formes.

C'est pourquoi tu ne peux pas entreprendre

Que les graines ont des formes infinies,

De peur que tu n'obliges certains à être

D'une immensité incommensurable -

Ce que j'ai enseigné ci-dessus ne peut être prouvé.

Et maintenant pour toi des robes barbares et une lueur

De pourpre méliboéenne, touchée de teinture

De la coquille thessalienne...

Les générations dorées du paon, tachées

Avec des gaietés tachetées, je serais renversé

Par une nouvelle couleur de nouvelles choses plus lumineuses ;

L'odeur de la myrrhe et les saveurs du miel sont méprisées ;

Les vieilles paroles du cygne et les hymnes d'Apollon,

Une fois modulé sur les nombreux accords,

De même, il sombrerait submergé et resterait muet :

Car voici, un peu plus beau que les autres,

Surgirait toujours. De même,

Dans une partie plus basse pourraient tous se retirer,

Même si nous l'avons dit, ils pourraient mieux venir :

Car, voilà, un peu plus répugnant que les autres

Aux narines, aux oreilles et aux yeux, et au goût de la langue,

Serait alors, par raisonnement inversé, être là.

Puisque ce n'est pas le cas, mais les choses sont données

Leurs limitations fixes qui limitent

Leur somme de chaque côté, il faut l'avouer

Cela compte aussi par l'histoire finie des formes

Est-ce différent. Encore une fois, des chaleurs terrestres du milieu de l'été

Aux gelées glaciales de l'année

La voie à suivre est fixe, et par la même loi

O'er a voyagé en arrière à l'aube du printemps.

Pour chaque degré de chaud et chacun de froid,

Et le mi-chaud, le tout remplissant la somme

En temps voulu, allonge-toi, mon Memmius, là

Entre les deux extrêmes : les choses créent

Doit donc différer par un changement fini,

Puisqu'à chaque extrémité ils sont délimités

Par point fixe - d'un côté en proie aux flammes

Et d'autre part en figeant les gelées.

Ce que j'ai maintenant enseigné, je vais continuer

Pour y lier un fait à cet allié

Et en tirant sa preuve : ces germes premiers

Qui ont été façonnés tous d'une seule forme

Sont infinis dans le conte ; car, puisque les formes

Eux-mêmes sont finis en divergences,

Alors ceux qui se ressemblent devront être

Infini, sinon la somme des choses reste

Un fini - ce que j'ai prouvé n'est pas le fait,

Montrant en vers comment des corpuscules de choses,

Depuis toujours et aujourd'hui le même,

Défendre la somme des choses, de tous les côtés

Par une vieille succession de coups sans fin.

Car même si tu considères certaines bêtes comme plus rares,

Et je marque en eux un stock moins prolifique,

Pourtant, dans une autre région, dans des terres reculées,

Cette espèce abondante peut constituer le décompte ;

Même si nous marquons parmi le genre de quatre pieds

Des éléphants aux mains de serpent, dont les milliers de murs

Avec les remparts d'ivoire de l'Inde,

Que ses intérieurs ne peuvent pas entrer...

Tellement grand son nombre de brutes dont on voit

Si peu d'exemples. Ou supposons, en plus,

Nous feignons quelque chose, unique en son genre et unique

Avec un corps né, ce qui n'a rien à voir avec

Dans tous les pays : mais maintenant, à moins qu'il ne soit

Un nombre infini de matière à partir de laquelle

Ainsi pour le concevoir et le faire vivre,

Il ne peut pas être créé et, de plus,

Il ne peut pas prendre sa nourriture et obtenir de l'augmentation.

Ouais, si à travers tout le monde dans un conte fini

Être jeté les corps procréateurs d'une seule chose,

D'où donc, et où, de quelle manière, par quelle puissance,

Doivent-ils se réunir là-bas,

Dans un si vaste océan de matière et de tumulte étrange ?

Ils n'ont aucun moyen de s'unir.

Mais, de même qu'après l'accumulation de grandes épaves,

Le puissant principal a l'habitude de se disperser largement

Les rives des rameurs, les côtes, les vergues, la proue,

Les mâts et les rames nageant, de sorte qu'au loin

Sur toutes les rives, on voit des terres à flot

Les fragments sculptés de la merde déchirée,

Donner une leçon à la mortalité

Pour éviter l'embuscade du principal infidèle,

La violence et la ruse, et ne lui fais pas confiance

A toute heure, même si on peut sourire

Les attraits astucieux des profondeurs placides :

Exactement ainsi, si une fois tu restes vrai

Que certaines graines sont finies dans leur récit,

Les diverses marées de la matière doivent donc nécessairement

Dispersez-les à travers les âges,

Pour qu'ils ne puissent jamais se joindre, comme poussés

Ensemble dans l'union, ni rester

Dans l'union, ni avec l'augmentation, on ne peut croître...

Mais les faits probants sont manifestes pour chacun :

Les choses peuvent à la fois être engendrées et augmenter.

Il est donc évident que les germes primitifs,

Sont infinis dans n'importe quelle classe que tu veux -

D'où vient la matière pour toutes choses.

Les mouvements qui entraînent la mort ne peuvent pas non plus prévaloir

Pour toujours, ni éternellement enseveli

Le bien-être du monde ; et, en outre, on ne peut pas

Ces mouvements qui donnent naissance aux choses et à la croissance

Conservez-les pour toujours une fois créés là-bas.

Ainsi la longue guerre, menée depuis toujours,

Avec un conflit égal entre les éléments

Continue encore et encore. Maintenant ici, maintenant là, prévaut

Les forces vitales du monde — ou chutent.

Mélangé aux funérailles se trouve le gémissement sauvage

Des nourrissons arrivant sur les rivages de la lumière :

Pas de nuit par jour, pas d'aube, aucune nuit n'a suivi

Qui n'entendait pas, mêlé aux petits cris de naissance,

Les lamentations sauvages, vieux compagnons de la mort

Et les rites noirs.

Cela aussi dans ces affaires

Il est bon que tu le tiennes bien scellé et que tu le gardes consigné

Sans oublier le cerveau : il n'y a rien

Dont la nature apparaît d'emblée

Celui d'un type d'éléments consiste...

Il n'y a rien qui ne soit composé de graines mélangées.

Et tout ce que possède en soi

Plus largement de nombreux pouvoirs et propriétés

Montre ainsi qu'ici en soi il y a

Le plus grand nombre de types et de formes différentes

Des éléments. Et surtout, la terre

A en elle les premiers corps d'où jaillissent,

Eaux froides et roulantes, renouvellent pour toujours

Le principal non mesuré ; a d'où surgissent les feux -

Car sa croûte enflammée brûle en maints endroits,

Tandis que l'impétueuse Aetna s'extasie en effet

De feux plus profonds — et elle, encore une fois,

A en elle la graine d'où elle peut faire germer

Les grains brillants et les arbres joyeux pour les hommes ;

D'où aussi des rivières, des frondes et de joyeux pâturages

Peut-elle approvisionner les bêtes errant dans les montagnes.

C'est pourquoi, grande mère des dieux et mère des bêtes,

Et elle seule a été nommée mère de l'homme.

Elle chantait les vieux et savants bardes de Grèce

Assis dans un char au-dessus des royaumes de l'air

Pour conduire son équipe de lions, enseignant ainsi

Que la grande terre est en équilibre et ne peut pas mentir

Repos sur une autre terre. Vers sa voiture

Ils ont attelé les bêtes sauvages, depuis leur descendance,

Même si sauvage, il doit être apprivoisé et enfanté

Aux soins des parents. Ils se sont entourés

Avec une couronne de tourelle au sommet de sa tête,

Depuis, fortifiée dans ses belles forteresses,

C'est elle qui soutient les villes ; maintenant, orné

Avec ce même signe, aujourd'hui est réalisé,

Avec une crainte solennelle à travers de nombreux pays puissants,

L'image de cette mère, la divine.

Ses vastes nations, selon le rite antique,

Nommez la Mère Idaean, en lui donnant

Escorte des bandes phrygiennes, depuis le début, disent-ils,

C'est de ces régions que le grain a commencé

À travers le monde entier. C'est à elle qu'ils attribuent

Les Galli, les émasculés, puisque ainsi

Ils souhaitent montrer que les hommes qui violent

La majesté de la mère et ont prouvé

Les ingrats envers les parents doivent être jugés

Inapte à donner aux rivages de lumière

Une progéniture vivante. Les Galli viennent :

Et des cymbales creuses, des tambourins à peau tendue

Résonnent autour des coups de leurs mains ;

Les cornes féroces menacent d'un brai rauque ;

Le tuyau tubulaire excite leurs esprits affolés

En mesures phrygiennes ; ils portent devant eux des couteaux,

Emblèmes sauvages de leur frénésie, qui ont du pouvoir

Les têtes ingrates et les cœurs impies de la populace

Paniquer de terreur face à la puissance de la déesse.

Et ainsi, quand nous traversâmes les puissantes villes,

Elle bénit l'homme avec des salutations muettes,

Ils jonchent la route de ses voyages

Avec une pièce de laiton et d'argent, lui offrant

Avec l'aumône et la générosité, et lui donner une douche et de l'ombre

Avec des fleurs de roses tombant comme la neige

Sur la Mère et ses compagnons.

Voici une troupe armée, que les Grecs

Sont appelés les Curètes phrygiennes. Depuis

Peut-être qu'ils jouaient entre eux

Dans les jeux d'armes et le saut en mesure ronde

Avec une gaieté sanglante et par leur hochement de tête

Les crêtes terrorisantes sur leurs têtes,

C'est la troupe armée qui représente

Le dictéen armé Curètes, qui, en Crète,

Comme le raconte l'histoire, quand il s'est noyé

Ce cri infantile de Zeus, à quelle heure leur groupe,

Les jeunes garçons, dansant autour du garçon,

Pour mesurer le pas, battre avec les cuivres sur les cuivres,

Pour que Saturne ne l'attrape pas pour ses mâchoires,

Et donne à sa mère une blessure éternelle

Le long de son cœur. Et c'est à cause de ça

Armés, ils escortent la puissante Mère,

Ou bien parce qu'ils signifient par là

Qu'elle, la déesse, enseigne aux hommes à être

Avide de valeur armée à défendre

Leur patrie, et prêts à se lever,

La garde et la gloire des années de leurs parents.

Un conte, aussi magnifiquement écrit soit-il,

C'est largement justifié par une longue suppression :

Car tous les dieux doivent jouir d'eux-mêmes

Éons immortels et repos suprême,

Retiré de nos affaires, détaché, lointain :

Immunisé contre le péril et immunisé contre la douleur,

Eux-mêmes regorgeant de richesses qui leur sont propres,

N'ayant pas besoin de nous, ils ne sont pas touchés par la colère

Ils ne sont pas pris en service ou en cadeau.

En vérité, la terre est insensible pour toujours ;

Mais, en obtenant des germes de beaucoup de choses,

De bien des manières, elle fait émerger le plus grand nombre

Dans la lumière du soleil. Et ici, qui que ce soit

Décide d'appeler l'océan Neptune, ou

Cérès, céréalière, et préfère abuser

Le nom de Bacchus plutôt que de le prononcer

La véritable désignation de l'alcool, lui

Permettons de continuer à appeler la terre

Mère de Dieu, si seulement il pouvait épargner

Pour souiller son âme avec une religion immonde.

De même, les troupeaux laineux et les vaches à cornes,

Et une couvée de chevaux avides de combat, broutant

Souvent ensemble le long d'une plaine herbeuse,

Sous le chapiteau d'un ciel bleu et en train de s'éteindre

D'un jet d'eau chacun a sa soif,

Tous vivent leur vie avec un visage et une forme différents,

Garder la nature des parents, les habitudes des parents,

Ce qui, espèce par espèce, se répète à travers les âges.

Si bon dans n'importe quelle sorte d'herbe tu veux,

Tellement génial à nouveau dans n'importe quelle rivière de la terre

Sont les diversités distinctes de la matière.

Par conséquent, chaque créature, quelle qu'elle soit

Parmi eux tous, le composé est le même

Des os, du sang, des veines, de la chaleur, de l'humidité, de la chair et des eaux...

Tous très différents dans leurs formes et construits

D'éléments de forme différente.

Encore une fois, toutes choses consumèrent par le feu,

Dans leur cadre, se trouvent, ne serait-ce que,

Au moins ces atomes d'où tire leur puissance

Pour jeter du feu et envoyer de la lumière d'en bas,

Pour tirer des étincelles et disperser largement les braises.

Si, avec le même raisonnement d'esprit, tout le reste

Tu traverses, tu découvriras ainsi

Que dans leur cadre les germes de beaucoup de choses

Ils se cachent et contiennent diverses formes de graines.

De plus, tu remarques beaucoup de choses auxquelles sont données

Ensemble couleur, saveur et odeur,

Parmi eux, en chef, se trouvent la plupart des holocaustes.

Ils doivent donc être composés de formes diverses.

Une odeur de brûlé entre dans notre cadre

Là où la couleur vive du colorant ne va pas ;

Et la couleur d'une manière, la saveur d'une autre

Fonctionne à l'intérieur de nos sens - alors vous pouvez voir

Ils diffèrent également par les formes élémentaires.

Ainsi, contrairement aux formes en une seule masse, elles se combinent,

Et les choses existent par graines mélangées.

Mais il ne faut quand même pas penser que, de toutes les manières,

Toutes choses peuvent être conjointes ; car alors tu verrais

Des présages t'ont engendré de toutes parts :

Des carcasses d'humanité à moitié brutes démarrant,

Parfois de grosses branches jaillissent du tronc de l'homme,

Les membres d'une bête marine se tricotent avec une bête terrestre,

Et la nature le long de la terre toute productive

Nourrir ces terribles chimères qui respirent la flamme

Des mâchoires hideuses, c'est un simple fait

Qu'aucun n'a été engendré ; parce que nous voyons

Tous proviennent de semences fixes et de mères fixes

Engendré et fonctionnant de manière à garder

Tout au long de leur croissance, leur propre type ancestral.

Cela se produit sûrement par une loi fixe :

Car de toute nourriture, une fois mangée,

Allez des atomes brisés, adaptés à chaque créature,

Dans tout leur corps et, s'y rejoignant,

Produire les mouvements appropriés ; mais nous voyons

Comment, au contraire, la nature sur terre

Détourne ceux qui sont étrangers à leur corps ; et beaucoup

Avec des corps sans vue, leurs corps volent,

Par les coups poussés - ceux qui sont incapables de se joindre

À n'importe quelle partie, ou, à l'intérieur, pour accorder

Et d'y assumer les mouvements vitaux.

Mais ne pensez pas, peut-être, aux formes vivantes seules

Sont liés par ces lois : elles distinguent tous.

Car tout comme toutes les choses de la création le sont,

Dans toute leur nature, chacun différent de chacun,

Leurs atomes doivent donc avoir une forme différente de...

Non, puisque rares sont ceux qui sont façonnés de la même manière,

Mais comme ils ne sont pas tous, en règle générale,

Le même que tous. Non, ici dans nos versets,

De nombreux éléments communs à de nombreux mots,

Tu vois, même s'il est nécessaire de l'avouer

Les mots et les versets diffèrent, chacun de chacun,

Composé de différents éléments—

Pas puisque peu de lettres, comme les lettres communes, courent

À travers tous les mots, ou aucun mot n'est fait,

L'un et l'autre, issus de tous éléments semblables,

Mais comme ils ne sont pas tous, en règle générale,

Le même que tous. Ainsi aussi, dans d'autres domaines,

Alors que de nombreux germes communs à beaucoup de choses

Il y en a pourtant, réunis entre eux,

Peut former de nouveaux ensembles très différents de ceux d'autres.

On peut donc dire à juste titre que l'humanité,

Les céréales, les arbres joyeux, sont tous constitués

De différents atomes. De plus, puisque les graines

Sont différents, il doit y avoir une différence aussi

Dans les espaces intermédiaires, les voies de communication,

Connexions, poids, coups, collisions, mouvements, tout

Qui non seulement distinguent les formes vivantes,

Mais séparez tout l'océan de la terre des terres,

Et éloignez tout le ciel des terres.

ABSENCE DE QUALITÉS SECONDAIRES

Maintenant viens, cette sagesse par mon doux labeur recherchée

Regarde, tu comprends, de peur que tu ne devines

Que les objets blancs qui brillent à tes yeux

Sont genrés d'atomes blancs, ou noirs

D'une graine noire ; ou pourtant crois que quelque chose

C'est imprégné de n'importe quelle teinte qui devrait prendre sa teinture

De morceaux de matière teintés de la même teinte.

Car les corps de la matière ne possèdent aucune teinte...

Ou aimer les objets ou, encore une fois, ne pas les aimer.

Mais si, par contre, il te semble que l'esprit

Lui-même ne peut exercer aucune influence propre

Dans ces corps, tu t'éloigneras largement.

Car depuis que les aveugles-nés, qui n'ont jamais inspecté

La lumière du soleil, pourtant reconnue au toucher

Des choses qui depuis leur naissance n'ont jamais eu de teinte pour elles,

C'est à toi de savoir que les corps peuvent être amenés

Pas moins à la connaissance de nos esprits aussi,

Même si ces corps sans colorant soient enduits.

Encore une fois, nous-mêmes quoi qu'il en soit dans le noir

On se touche, la même chose on ne trouve pas qu'elle soit

Teinté de n'importe quelle couleur.

Maintenant qu'ici
Je gagne l'argument, j'enseignerai ensuite

Maintenant, toutes les couleurs changent, aucune sauf,

Et chaque...

Ce que les primordiaux ne devraient en aucun cas faire.

Puisqu'un certain immuable doit demeurer,

De peur que tout ne soit complètement réduit à néant.

Pour changer quoi que ce soit hors de ses limites
Signifie la mort instantanée de ce qui était avant.
Veillez donc à ne pas tacher de couleur
Les graines des choses, de peur que les choses ne reviennent pour toi
Tout cela pour rien.

Mais maintenant, si les graines
Ne recevez aucune propriété de la couleur, et pourtant
Être encore doté de formes variables
D'où ils engendrent toutes sortes de couleurs
Et varier (parce que toujours ça compte beaucoup
Avec quelles graines, et dans quelles positions se sont jointes,
Et quels sont les mouvements qu'ils donnent et reçoivent),
Immédiatement, tu peux concevoir le plus facilement
Pourquoi qu'est-ce qui était noir il y a une heure
Peut-être tout à coup comme le marbre briller,—
Comme l'océan, quand les vents violents se sont levés
Ses plaines plates sont changées en vagues blanches
D'une blancheur de marbre : car, tu peux le déclarer,
Quand ce qu'on voit souvent comme noir
Est dans sa matière alors mélangée à nouveau,
Certains atomes réarrangés et certains retirés,
Et j'en ai ajouté quelques-uns, on voit immédiatement se tourner
Brillant et blanc. Mais si des graines d'azur
Constituent les eaux plates des profondeurs,
Ils ne pourraient en aucun cas blanchir : car cependant
Tu secoues les graines d'azur, les mêmes ne pourront jamais
Passe à la teinte marbrée. Mais si les graines...
Qui produisent ainsi l'unique éclat pur de l'océan -

Soyez tantôt avec une teinte, tantôt teinte avec une autre,

Comme souvent à partir de formes extraterrestres et de formes diverses

Un cube est produit de forme uniforme,

"Ce serait naturel, même comme dans le cube

Nous voyons les formes différentes,

Qu'ainsi nous verrions dans la luminosité des profondeurs

(Ou dans n'importe quel éclat pur que tu veux)

Des couleurs diverses et toutes différentes.

D'ailleurs, les formes dissemblables ne gênent en rien

Le tout étant extérieurement un cube ;

Mais les différentes teintes des choses bloquent et retiennent

Le tout étant d'une seule teinte résultante.

Et puis, la raison qui nous séduit

Parfois pour attribuer des couleurs aux graines

Tombe en morceaux, puisque les choses blanches ne le sont pas

Créez à partir de choses blanches, et le noir ne provient pas non plus du noir,

Mais de plus en plus, ils sont créés à partir de choses

De diverses couleurs. En vérité, le blanc

Se lèvera plus facilement, naîtra plus tôt

Sans aucune couleur, que du noir ou autre chose

Ce qui se trouve ainsi en opposition hostile.

D'ailleurs, comme les couleurs ne peuvent être, sans lumière,

Et les primordiaux ne se manifestent pas,

C'est à toi de savoir qu'ils ne sont pas vêtus de couleur -

Vraiment, quel genre de couleur pourrait-il y avoir

Dans l'obscurité sans visibilité ? Non, dans la lumière elle-même

Une couleur change, brille de manière variée,

Lorsqu'il est frappé par un rayon vertical ou oblique.

Ainsi au soleil montre le duvet des colombes

Cela cercle, guirlande, la nuque et la gorge :

Maintenant, il est rougeâtre avec un bronze doré brillant,

Maintenant, par une étrange sensation, il devient

Vert-émeraude mélangé au rouge corail.

La queue du paon, remplie de lumière abondante,

Change également de couleur lorsqu'il tourne.

C'est pourquoi, puisque par quelque coup de lumière il a engendré,

Sans un tel coup, ces couleurs ne peuvent pas devenir.

Et puisque la pupille de l'œil reçoit

En soi, une sorte de coup dur, quand on dit

Ressentir une teinte blanche, puis une autre sorte,

Lorsque vous ressentez du noir ou toute autre teinte,

Et comme la teinte n'a aucune importance

Les choses que tu touches seront peut-être dotées,

Mais plutôt de quel genre de forme équipé,

C'est à toi de savoir que les atomes n'ont pas besoin de se colorer,

Mais restituez des sensations, comme celles du toucher,

Cela varie selon leurs formes variées.

En plus,

Puisque les formes spéciales n'ont pas de couleur spéciale,

Et toutes les formations des germes primitifs

Peut avoir n'importe quel éclat que tu veux, eh bien, alors,

Les objets qui en sont faits ne sont-ils pas

Imprégné, chaque espèce de couleurs de toutes sortes ?

Car alors il y aurait des corbeaux, pendant qu'ils volent,

Devrait jaillir des pignons blancs un éclat blanc,

Ou les cygnes deviennent noirs à partir d'une graine de noir, ou

Tu veux de n'importe quelle teinture variée.

Encore une fois, plus un objet est réduit en morceaux,

Plus tu vois sa couleur s'estomper

Petit à petit jusqu'à ce qu'il disparaisse complètement ;

Comme cela arrive quand le linge criard est cueilli

Déchiquet après déchiqueté : le violet là-bas,

Rouge phénicien, la plus brillante de toutes les teintures,

Est perdu en morceaux, effondré fil par fil ;

Je ne peux donc pas percevoir que les fragments disparaissent

De leur couleur, bien avant leur départ

Retour aux anciens primordiaux des choses.

Et enfin, puisque tu n'admets pas tous les corps

Envoie une voix ou une odeur, ça se passe ainsi

Ce n'est pas à tout le monde que tu donnes des sons et des odeurs.

De même, puisque nous ne voyons pas tout avec nos yeux,

C'est à toi de savoir certaines choses, il y en a autant

Orphelin de couleur, comme d'autres sans odeur,

Et il restait du son ; et ceux dont l'esprit est en alerte

Pas moins ne peut appréhender qu'il ne peut marquer

Les choses qui manquent d'autres qualités.

Mais ne pensez pas que les corps primitifs

Rester seul dépouillé de couleur : ainsi,

Sont-ils séparés de la chaleur et du froid

Et des expirations chaudes ; et ils bougent,

A la fois stérile de son et sec de jus ; et jeter

Aucune odeur provenant de leur propre corps.

De même qu'en entreprenant de préparer

Un baume liquide de myrrhe et de marjolaine,

Et la fleur de nard, qui respire à nos narines

Odeur de nectar, incombe avant tout

Tu cherches, autant que tu peux et peux,

L'huile d'olive inodore (qui n'envoie jamais

Une bouffée de parfum dans les narines), pour que cela puisse

La moindre débauche et la moindre ruine avec une saveur acérée

L'essence odorante avec son corps mélangé

Et dedans bouillonnait. Et sur le même compte

Il ne faut pas penser aux germes originels des choses

Pour donner de la couleur aux choses engendrées,

Ni le son, puisqu'ils sont impuissants à envoyer quoi que ce soit

De l'extérieur, ni d'aucune saveur aussi,

Ni froid, ni expiration chaude ou tiède.

Le reste; mais puisque ces choses sont toutes mortelles...

Le mortel souple, au corps doux ;

Le mortel fragile, avec une charpente en ruine ;

Le creux avec un poreux-tout doit être

Disjoint des éléments premiers,

Si nous souhaitons encore poser sous le monde

Des travaux de base immortels, sur lesquels peuvent reposer

La somme de richesse et de sécurité, de peur que pour toi

Toutes choses reviennent complètement à rien.

Maintenant aussi : tout ce que nous voyons possède un sens

Doit encore, certes, être établi

Des éléments insensibles. Et ces signes,

Si clair pour tous et vu d'emblée,

Ne réfutez pas ce dicton et ne vous y opposez pas ;

Mais c'est eux qui nous conduisent par la main,

Croyance impérieuse que les êtres vivants naissent

Des éléments insensés, comme je dis.

Sooth, nous pouvons voir à travers les excréments puants

Des vers vivants surgissent quand, après des pluies détrempées,

La terre détrempée pourrit ; et tout change de la même manière :

Voici, change les rivières, les frondes, les joyeux pâturages

Dans le bétail, le bétail change de nature

Dans notre corps, et depuis notre corps, souvent

Renforcez les pouvoirs et les corps des bêtes sauvages

Et des oiseaux aux ailes puissantes. Ainsi la nature change

Tous les aliments aux cadres vivants et procrée

D'eux tous les sens des créatures vivantes,

D'une certaine manière alors qu'elle se déroule dans les flammes

Sécher des bûches de bois et les transformer en feu.

Et ne voyez donc pas combien cela importe

Dans quel ordre sont placés les germes primitifs,

Et avec quels autres germes ils sont tous mélangés,

Et quels sont les mouvements qu'ils donnent et reçoivent ?

Mais maintenant, qu'est-ce qui frappe ton esprit sceptique,

Te contraindre à divers arguments

Contre la croyance que des germes insensés

Le sensible est genré ? — En vérité,

C'est ceci : que les liquides, la terre et le bois, quoique mélangés,

Sont encore incapables de genre sens vital.

Et par conséquent, tout ira bien dans ces affaires

Ceci à retenir : que je n'ai pas dit

Les sens naissent, dans toutes les conditions,

De toutes choses absolument qui créent

Des objets qui ressentent ; mais c'est très important ici

Premièrement, quelle est la petitesse des graines qui composent ainsi

La chose sensible, donc, avec quelles formes dotées,

Et enfin quèls sont leurs postes,

Dans les mouvements, dans les arrangements. De quels faits

Nous nè percevons rien dans les bûches de bois et les mottes de terre ;

Et pourtant, même ceux-là, détrempés par les pluies,

Donnez naissance à des larves véreuses, car les corps

De la matière, de leurs anciens arrangements remués

Par le nouveau facteur, puis combinez à nouveau

De la même manière que les genres des êtres vivants.

Ensuite, ceux qui considèrent que ressentir les objets peut

En ressentant des objets, on crée, et ceux-ci,

À leur tour, de la part des autres qui ont l'habitude de ressentir

---

Quand ils sont mous, ils les fabriquent ; car tous les sens sont liés

Avec de la chair, du sang et des veines, et ainsi de suite, nous le voyons,

Sont façonnés doux et d'une charpente mortelle.

Mais attention, ceux-ci peuvent durer éternellement :

Ils auront le sens propre à une partie,

Ou bien être jugé comme ayant le même sens

Comme cela au sein des créatures vivantes dans leur ensemble.

Mais d'elles-mêmes, ces parties ne peuvent jamais ressentir,

Pour tout le sens de chaque membre de retour

À autre chose se réfère : une main coupée,

Ou tout autre membre de notre cadre,

Lui-même ne peut pas supporter la sensation.

Il reste donc qu'ils doivent ressembler, donc,

Les créatures vivantes dans leur ensemble, pour avoir le pouvoir

De ressentir une sensation concordante dans chaque partie

Au sens vital ; et donc ils vont forcément se sentir

Les choses que nous ressentons exactement comme nous.

Si tel est le cas, comment peut-on alors les nommer

Les germes originels des choses, et comment les éviter

Les autoroutes de la destruction ? — puisqu'elles existent

De simples êtres vivants et des êtres vivants sont tout

Une seule et même chose avec le mortel. Accorde qu'ils puissent,

Pourtant, par leurs réunions et leurs syndicats tous,

Il n'en résulterait en effet rien d'autre qu'une foule

Et le brouhaha de tous les êtres vivants...

Exactement comme les hommes, le bétail et les bêtes sauvages,

Par simple conglomérat chacun avec chacun

Ne peut encore engendrer rien de nouveau.

Mais si par hasard ils perdent, à l'intérieur d'un corps,

Leur propre sens et un autre sens prennent le dessus,

À quoi sert-il donc de leur attribuer cela

Lequel est retiré par la suite ? Et en outre,

Pour revenir sur la preuve que nous avons prononcée auparavant,

Tout comme nous voyons les œufs des poules à plumes

Se transformer en poussins vivants et en vers grouillants

Pour bouillonner quand des pluies détrempantes

La terre est détrempée, bien sûr, toutes les sensations

Peut être engendré à partir de non-sensations.

Mais si l'on dit que ce sentiment peut jusqu'à présent s'élever
Du non-sens par mutation, ou parce que
Engendré comme par une certaine sorte de naissance,
'Cela servira à lui faire comprendre et à prouver
Il n'y a pas de naissance, sauf s'il y en a avant
Certains formaient l'union des éléments,
Ni aucun changement, à moins qu'ils ne s'unissent.

En premier lieu, les sens ne peuvent pas être présents dans le corps.
Avant que sa nature vivante ne soit engendrée,—
Puisque toutes ses affaires, dans la foi, sont tenues dispersées
À travers les rivières, l'air et la terre, et tout
C'est de la terre créée, et n'a pas rencontré
En combinaison et, en mode approprié,
Conjointement à ces mouvements vitaux qui
Allumez les sens qui perçoivent tout : ils
Qui gardent et protègent chaque être vivant, quel qu'il soit.

Encore une fois, un coup au-delà de la force de sa nature
Brise immédiatement chaque être vivant,
Et ça continue, confondant tous les sens
Du corps et de l'esprit. Pour les germes primitifs
Sont libérés leurs anciens arrangements et, partout,
Les mouvements vitaux bloqués, jusqu'à ce que les trucs,
Profondément secoué à travers tout le cadre,
Défait les nœuds vitaux de l'âme du corps
Et jette cette âme, vers l'extérieur largement dispersée,

À travers tous les pores. Pour quoi pouvons-nous supposer

Un coup infligé peut d'ailleurs atteindre

Secouer et se desserrer ?

Il arrive aussi, lorsque le coup est moins vif,

Les mouvements vitaux qui restent sont habituels

Souvent pour gagner - gagner, et s'arrêter et encore

Les tumultes grossiers engendrés par le coup,

Et rappelle chaque partie à ses propres cours,

Et repousse le mouvement de la mort qui maintenant

Commence sa propre domination dans le corps,

Et raviver les sens presque disparus.

Car par quels autres moyens pourraient-ils être plus

Rassemblez leurs pouvoirs de pensée et retournez-vous

Depuis les portes de la destruction

Retourner à la vie, plutôt que de passer là où

Ils sont déjà presque rapides et ainsi

Décéder ?

Encore une fois, puisque la douleur est là

Où les corps de matière, agités par quelque force,

Par les signes vitaux et les articulations, à l'intérieur de leurs sièges

Frémissement et tremblement intérieur, mais doux délice,

Quand ils retournent à leur place :

C'est à toi de savoir que les germes primitifs peuvent être

Agressé par aucune douleur, ni par eux-mêmes

Ne vous réjouissez pas ; parce qu'en effet ils le sont

Non fait d'aucun corps de première chose,

Sous quels étranges nouveaux mouvements ils pourraient souffrir

Ou cueillez le fruit de n'importe quel nouveau bonbon.

Il faut donc qu'ils soient dépourvus de sens.

Une fois de plus, s'il en est ainsi, que tout être vivant

Peut avoir des sensations, il est nécessaire d'attribuer

Sens aussi à ses éléments, que se passe-t-il alors

De ces éléments fixes dont l'humanité

Ont-ils été, par leur vertu particulière, formés ?

En vérité, ils riront à haute voix, comme les hommes,

Secoué par un spasme de gaieté,

Ou saupoudrer de larmes de rosée sur les joues et le menton,

Et j'ai l'audace rusée de dire

Beaucoup de choses sur la composition du monde,

Et à leur tour demander quels éléments

Ils ont eux-mêmes, puisque donc de même nature

En tant que créature mortelle à part entière, même eux

Doit également provenir d'autres éléments,

Et puis ces autres des autres toujours—

De sorte que tu n'oses nulle part t'arrêter.

Oho, je te suivrai jusqu'à ce que tu accordes

La graine (dont tu dis ici qu'elle parle, rit et

pense)

Est pourtant dérivé d'autres graines

Lesquels à leur tour font de même.

Mais si nous voyons quelle absurdité délirante cela,

Et pour qu'un homme puisse rire, même s'il ne le fait pas,

Composé d'éléments rieurs,

Et pensez et raisonnez avec un discours appris,

Bien qu'il ne soit pas lui-même composé, en réalité,

De graines intelligentes et éloquentes, eh bien, alors,

Les choses que nous percevons comme ayant

Leur propre sensation soit également composée

De graines mélangées tout à fait dénuées de sens ?

DES MONDES INFINIS

Une fois de plus, nous sommes tous issus du printemps céleste,

Pour tous est ce même père, de qui la terre,

La mère adoptive, pendant qu'elle prend les gouttes

D'humidité liquide, la femme enceinte porte ses couvées -

Les grains brillants, les arbustes et les arbres joyeux,

Et porte la race humaine et sauvage

Les générations toutes, pendant qu'elle cède

Les aliments avec lesquels tous nourrissent leur corps et conduisent

La vie géniale et propage leur espèce ;

C'est pourquoi elle possède ce nom maternel,

Par le vieux désert. Ce qui était auparavant de la terre,

Le même sur terre retombe, et ce qui a été envoyé

Des rives de l'éther, qui, rentrant chez eux,

Les voûtes du ciel reçoivent. La mort non plus

Jusqu'à présent, annihile les choses qu'elle détruit

Les corps de matière ; mais elle se dissipe

Leurs combinaisons, et se joint à nouveau

Un élément avec d'autres ; et invente

Que toutes choses varient de formes et changent de couleurs

Et obtenez des sensations et donnez-les directement.

Et donc je sais peut-être que c'est important avec ce que les autres

Et dans quelle structure les germes primordiaux

Sont maintenus ensemble, et quels mouvements ils

Entre eux, donnez et recevez ; ni penser

C'est tout ce que nous voyons ici et là à flot

Au sommet des choses, et maintenant une naissance

Et tout de suite maintenant une ruine, inhérente au repos

Au plus profond des atomes éternels du monde.

Eh bien, même dans nos versets ici

Cela compte beaucoup avec quoi et dans quel ordre

Chaque élément est défini : les mêmes désignent

Ciel et océan, terres, ruisseaux et soleil ;

De même, les céréales, les arbres et les êtres vivants.

Et sinon tous pareils, du moins la plupart...

Mais quelles distinctions selon les positions !

Et donc pas moins dans les choses elles-mêmes, quand une fois

Autour sont modifiés les intervalles entre,

Les chemins de la matière, ses connexions, ses poids,

Coups, heurts, mouvements, ordre, structure, formes,

Les choses elles-mêmes doivent également être changées.

Maintenant, donne-nous ton avis à la vraie raison.

Puisqu'ici une étrange vérité déploie sa puissance

Pour te frapper aux oreilles, un nouvel aspect

Des choses pour montrer son devant. Pourtant il n'y a rien

Si facile que ça ne tient pas au début

Plus difficile à créditer qu'il ne l'est par la suite ;

Et rien de tel n'est génial à un tel degré,

Ni merveilleux jusqu'à présent, mais toute l'humanité

Peu à peu, ils abandonnent leur surprise.

Regarde vers le haut, là-bas, le ciel clair et brillant

Et ce qu'il contient - les étoiles qui errent,

La lune, l'éclat du soleil-splendeur :

Pourtant, si maintenant ils étaient d'abord destinés aux mortels,

Si l'imprévu se manifeste d'abord soudainement,

Qu'y a-t-il de plus merveilleux à raconter,

Ce que les nations auraient osé auparavant

Il y aurait peut-être moins à croire ? — Je crois que rien...

La merveille de ce spectacle avait été si étrange.

Ce qui était fatigué de voir, aujourd'hui

Personne ne daigne regarder vers ces royaumes lumineux.

Alors, ne rejette pas la raison de ton esprit,

Hors de toi parce que l'affaire est nouvelle,

Mais plutôt avec un jugement aiguisé, pesez bien ;

Et si cela te paraît vrai,

Rendez vos mains, ou, si c'est finalement faux,

Ceins-toi pour combattre. Pour mon esprit d'homme

Cherche maintenant la nature du vaste au-delà

Là de l'autre côté, cette somme illimitée

Qui se trouve hors des remparts du monde,

Vers lequel l'esprit aspire à regarder au loin,

Vers lequel en effet l'élan rapide de la pensée

Vole sans encombre.

Premièrement, nous trouvons,

En route vers toutes les régions alentour, de chaque côté,

En haut, en bas, dans tout l'univers

Il n'y a pas de fin - comme je l'ai enseigné aussi

La chose elle-même déclare à haute voix :

Et comme de la nature des profondeurs sans fond

Brille clairement. Nous ne pouvons pas non plus supposer une seule fois

De toute façon, il est probable (vu cet espace

De tous côtés s'étend infini et libre,

Et des graines, en nombre incalculable, en somme

Sans fond, là, de nombreuses manières volent,

Là-bas, agité dans un mouvement éternel),

Que seulement notre terre et notre ciel

A été créé et que ces corps de choses,

Tant de gens n'effectuent aucun travail en dehors du même ;

En voyant, en outre, ce monde aussi a été

Façonné par la nature, comme les graines des choses

Par un mouvement inné, il s'est heurté et s'est accroché—

Après avoir été conduits de plusieurs manières

Ensemble au hasard, sans dessein, en vain—

Et comme enfin ces graines demeuraient ensemble,

Qui, lorsqu'ils furent soudainement jetés ensemble,

Doit toujours fournir les débuts adaptés

Des choses puissantes : la terre, la mer, le ciel,

Et race de créatures vivantes. Ainsi, je dis,

Encore une fois, il faut admettre qu'il y a

De telles congrégations de matière ailleurs,

Comme ça, notre monde qui contient un vaste éther

Dans une immense étreinte.

D'ailleurs, quand la matière est abondante

Est prêt là, quand l'espace disponible, ni l'objet

Ni aucune cause ne retarde, ce n'est pas étonnant que ce soit

Que les choses se poursuivent et se complètent,

Forcément. Et maintenant, s'il y a un stock de graines

Tellement génial que pas toute la vie des vivants

Je peux compter l'histoire...

Et si leur force et leur nature demeurent les mêmes,

Capable de jeter les graines des choses ensemble

À leur place, même si ici sont jetés

Les graines ensemble dans ce monde qui est le nôtre,

"Il faut l'avouer dans d'autres domaines, il y a

Encore d'autres mondes, encore d'autres races d'hommes,

Et d'autres générations de la nature.

Cela se produit donc également dans la somme

Aucune chose unique en son genre à la naissance,

Et unique et unique en croissance, mais plutôt c'est

Un membre d'une race générée,

Parmi tant d'autres du même genre.

Tout d'abord, tourne ton esprit vers les vivants :

Tu trouveras la race des montagnards sauvages

Même ainsi être, et ainsi les descendants des hommes

À engendrer, et enfin les troupeaux muets

Des poissons écaillés et des cadres ailés d'oiseaux.

C'est pourquoi nous devons avouer pour les mêmes raisons

Cette terre, ce soleil, cette lune et cet océan, et tout le reste,

N'existe pas seul et unique, mais plutôt en nombre

Nombre dépassé. Depuis que profondément ancré

Reste pour eux la vieille borne de la vie

Rien de moins, et leur corps est né mortel

Pas moins que toutes les sortes qui ici sur terre

Est si abondant dans ses membres trouvés.

Ce qui est bien perçu si tu gardes à l'esprit,

Alors la Nature, délivrée de tout seigneur hautain,

Et aussitôt libre, on voit qu'il fait toutes choses

Elle-même et par elle-même, de son propre gré,

Débarrassé de tous les dieux. Car—par leur saint cœur

Qui passent dans une longue tranquillité de paix

Des âges tranquilles et une vie sereine !—

Qui a le pouvoir (je demande), qui a le pouvoir

Pour gouverner la somme de l'incommensurable,

Pour tenir d'une main ferme les rênes géantes

Des profondeurs insondées ? Qui a le pouvoir

Pour rouler à la fois une multitude de cieux,

À la fois pour chauffer avec des feux éthérés tout

Les terres fertiles d'une multitude de mondes,

Être à tout moment et en tout lieu à proximité,

Pour stabiliser les ténèbres par ses nuages, pour secouer

Les espaces sereins du ciel avec le son,

Et lance ses éclairs, ha, et quelle fréquence

En ruines ses propres temples, et pour délirer,

Se retirant dans les déserts, là

À l'entraînement avec son coup de foudre,

Qui pourtant tire souvent sur les coupables,

Et tue les honorables innocents !

Avant la naissance du monde, avant

Le jour ressuscité du premier-né de la mer, de la terre, du soleil,

De nombreux germes ont-ils été ajoutés de l'extérieur,

De nombreuses graines ont-elles été ajoutées tout autour,

Sur lequel le grand Tout, pendant qu'il les jetait,

Apporté ici, pour que d'eux la mer et les terres

Pourrait devenir plus grand, et que la maison du ciel

Pourrait avoir plus d'espace et élever ses toits élevés

Loin au-dessus de la Terre, l'air surgit tout autour.

Car tous les corps, de toutes les régions, sont

Divisé par des coups, chacun à sa place,

Et tous se retirent dans leur propre espèce :

L'humide à l'humide se retire ; la terre s'agrandit

Du corps terrestre ; et tire, comme sur une forge,

Éteignez un nouveau feu ; et l'éther forge l'éther ;

Jusqu'à ce que la nature, auteur et fin du monde,

A conduit toutes choses vers des limites extrêmes de croissance :

Comme cela arrive quand ce qui a été versé à l'intérieur

Les veines vitales de la vie n'existent plus

Que ce qui reflue en eux et s'enfuit.

C'est le point où se termine la vie de chaque chose ;

C'est le point où la nature avec ses pouvoirs

Les bordures augmentent toutes. Pour tout ce que tu vois

Grandissez avec une joyeuse augmentation et étape par étape

Grimpez jusqu'à l'âge mûr, ceux-là pour eux-mêmes

Accueille plus de corps qu'ils n'en envoient d'eux-mêmes,

Même si la nourriture s'infuse facilement

Dans toutes les veines, et alors que les choses ne sont pas

Tellement étendu qu'ils ont rejeté

Des atomes si nombreux qu'ils provoquent un gaspillage

Plus grand que la nourriture par laquelle ils cirent.

Car il faut vraiment admettre que des choses

Beaucoup de corps refluent et s'enfuient ;

Mais il reste encore beaucoup à faire, jusqu'à ce que les choses

Avoir touché le summum du développement ;

Puis la vieillesse brise leurs pouvoirs et leur force mûre

Et tombe dans une partie pire.

Pour toujours une chose plus ample et plus large,

Dès que son augmentation prend fin,

Il se disperse immédiatement de tous les côtés

Plus de corps, les envoyant depuis lui-même.

Il n'est pas facile désormais de diffuser la nourriture

Par toutes ses veines ; et cette nourriture n'est pas suffisante non plus

À égalité avec un nouveau stock disponible

Ces exhalaisons abondantes qu'il dégage.

Ainsi, à juste titre, toutes choses périssent, quand avec le reflux

Ils sont rendus moins denses et lors de coups sans

Ils sont couchés; puisque la nourriture finira par échouer

Champ le plus extrême et corps de l'extérieur

Ne cessez pas de cogner pour défaire quelque chose

Et dominer en infestant les coups.

Ainsi aussi les remparts du monde puissant

De tous côtés, les environs seront pris d'assaut,

Et dégringolé et frissonnant en fragments.

Pour la nourriture, il s'agit de garder les choses entières, en les renouvelant ;

Cette nourriture doit soutenir et soutenir tous,—

Mais en vain, puisque ni les veines ne suffisent

Pour en tenir assez, ni les ministres de la nature

Autant que nécessaire. Et même maintenant, c'est ainsi :

Son âge est brisé et la terre, dépassée

Avec de nombreuses parturitions, rares sont les

La petite vie, celle qui a créé autrefois

Toutes les générations et a donné naissance à la naissance

D'énormes corps de bêtes sauvages d'antan.

Car jamais, j'imagine, il n'y a eu de cordon d'or

Du firmament au-dessus, laissez tomber

Les générations mortelles aux champs ;

Ni mer, ni brisants martelant les rochers

Je les ai créés ; mais c'est la terre qui portait...

La même aujourd'hui qui les nourrit d'elle-même.

D'ailleurs, elle-même d'elle-même, elle a d'abord

Les grains brillants et les vignes de toute joie

Créé pour la mortalité ; se

A donné les doux fruits et les pâturages heureux,

Qui, aujourd'hui encore, a à peine pris de la taille,

Même aidé par nos bras laborieux.

Nous cassons le bœuf et épuisons la force

De robustes ouvriers agricoles ; les outils en fer aujourd'hui

À peine utile pour labourer les champs,

Ils en veulent tellement à nos récoltes,

Autant augmenter notre travail. Maintenant Aujourd'hui

Le vieux laboureur, secouant la tête,

Il soupire encore et encore ce travail de ses mains

Ils se sont brouillés en vain et, comme il le pense

Comment les temps présents ne sont pas comme les temps anciens,

Souvent il vante la fortune de son père,

Et des crépitements, des bavardages, comment l'ancienne race,

Rempli de piété, vie soutenue

Avec un confort simple dans une parcelle étroite,

Puisque, homme pour homme, la mesure de chaque champ

C'était bien plus petit autrefois. Et encore,

Le sombre planteur de vigne flétrie

Se moque du changement de saison et fatigue le ciel,

Je ne comprends pas non plus que toutes choses à certains degrés

Ils dépérissent et vont au tombeau,

Dépassé par une durée de vie vénérable.

LIVRE III

PRÉFACE

Ô toi qui t'es le premier élevé dans une telle obscurité

Alors lève une torche en l'air, qui a le premier éclairé

Aux fins profitables de l'homme,

Ô toi je te suis, gloire des Grecs,

Et j'ai posé mes pas carrément plantés maintenant

Même dans l'empreinte et les marques de toi...

Moins comme quelqu'un désireux de disputer la palme,

Plus comme quelqu'un qui a soif d'amour

Pour que je puisse te copier ! — car comment devrais-je avaler

Affronter des cygnes ou quelle comparaison pourrait être

Dans une course entre jeunes enfants aux jambes qui dégringolent

Et la forte puissance du cheval ? Toi, notre père,

Et découvre la vérité, et toi pour nous

Fournit les préceptes d'un père; et de l'extérieur

Ces feuilles écrites de ton âme renommée

(Comme les abeilles qui sirotent tout dans les mondes fleuris),

Nous nous nourrissons tous de tes paroles dorées :

Une vie sans fin dorée et toujours digne.

Car dès que ta planification a pensé à surgir

De l'esprit divin commence sa forte proclamation

Des cours de la nature, terreurs du cerveau

Fuyez en morceaux, les remparts du monde

Partez et à travers le vide tout entier

Je vois les mouvements de l'univers.

Se lève pour voir la majesté des dieux,

Et leurs demeures de calme éternel

Que ni le vent ne puisse ébranler, ni les nuages de pluie qui éclaboussent,

Ni la neige, figée par de fortes gelées, ne peut nuire

Avec sa chute blanche : un ciel toujours et sans nuages

Sur les toits et rit avec une lumière lointaine.

Et la nature leur donne tout, ni rien

Peut-être un jour leur arracher leur tranquillité d'esprit.

Mais nulle part ma vision ne s'élève plus

Les voûtes de l'Achéron, à travers la vaste terre

Ne m'empêche plus de regarder tout en bas

Ce qui se passe sous nos pieds en bas

Le long du vide. Oh, ici dans ces affaires

Un nouveau délice divin et une crainte tremblante

S'empare de moi, afin qu'ainsi, par ta puissance

La nature, enfin si claire et si manifeste,

A été de tous côtés mis à nu devant l'homme !

Et comme j'ai déjà enseigné de quelle sorte

Les graines de toutes choses sont, et comment, distinctes

Sous diverses formes, ils voltigent d'eux-mêmes,

Remué par un mouvement éternel,

Et dans quel mode les choses sont-elles créées,

Maintenant, après de telles choses, mon vers devrait-il, me semble-t-il,

Expliquer clairement la nature de l'esprit et de l'âme,

Et chasser cette peur de l'Achéron au dehors,

Tête baissée, qui confond tellement notre vie humaine

Dans ses profondeurs, déversant tout ce qui est

Le noir de la mort, ne laisse rien

Prospérer, une joie liquide et sans tache.

Car quant à ce que les hommes affirmeront parfois :

C'est plus que le Tartare (le royaume de la mort)

Ils craignent les maladies et une vie de honte,

Et sache que la substance de l'âme est le sang,

Ou plutôt du vent (si c'est peut-être ainsi leur caprice),

Et notre science n'a donc pas besoin de cela, alors

Tu peux bien noter ce qui va suivre maintenant

C'est plus pour la gloire qu'ils se vantent

Que pour la croyance. Pour marquer ces mêmes :

Exilés du pays, fugitifs au loin

De la vue des hommes, avec des accusations ignobles,

Abaissés par toutes les misères, ils

Vivez, et où que viennent les misérables, ils

Faites-y les sacrifices ancestraux,

Boucher le mouton noir, et aux dieux d'en bas

Offrez les honneurs, et dans les cas amers

Tournez-vous beaucoup plus vivement vers la religion.

C'est pourquoi c'est un test plus sûr pour un homme

En cas de périls douteux, marquez-le tel qu'il est

Au milieu des adversités ; pour alors seul

Les vraies voix sont-elles évoquées depuis sa poitrine,

Le masque enlevé, la réalité derrière.

Et l'avidité, encore une fois, et la soif aveugle des honneurs

Qui forcent les pauvres malheureux à franchir les limites de la loi,

Et, souvent alliés et ministres du crime,

Traverser les nuits et les jours avec le plus grand labeur

Pour s'élever sans entrave vers les sommets du pouvoir -

Ces blessures de la vie ne sont en aucun cas gardées

Purifiant et ouvert par cette peur de la mort.

Pour toujours, nous voyons un désir féroce et une honte immonde

Délogé loin d'une vie sûre et douce,

Comme des Formes blotties devant les portes de la mort.

Et pendant que les hommes souhaitent s'enfuir au loin,

Poussé par une fausse terreur et éloigné,

Avec le sang civique, ils amassent une fortune,

Ils doublent leurs richesses, avides, amasseurs

De cadavre sur cadavre, ils rient cruellement

Pour le triste enterrement d'un frère-né,

Et la haine et la peur des tables de leurs proches.

De même, par cette même terreur, l'envie souvent

Les fait culminer parce que devant leurs yeux

Cet homme est seigneurial, cet homme a regardé

Qui marche entouré d'un honneur glorieux,

Pendant qu'ils se roulent dans la crasse et l'obscurité ;

Certains périssent pour des statues et un nom,

Et souvent à ce point, par peur de la mort,

Je détesterai vivre et contempler la lumière

S'emparer de l'humanité qu'ils infligent

Leur propre destruction avec un cœur sombre—

Oubliant que cette peur est source de soucis,

Cela craint la peste sur leur sentiment de honte,

Et ça brise les liens de camaraderie

Et outrepasse tout respect et toute foi,

Milieu de massacre. Depuis longtemps avant aujourd'hui

C'étaient souvent des traîtres à la patrie et de chers parents

Grâce à une quête visant à éviter les royaumes d'Achéron.

Car tout comme les enfants tremblent et craignent tout

Dans l'obscurité sans visibilité, même nous parfois

Redoutez à la lumière tant de choses qui se produisent

Rien de plus effrayant que ce que feignent les enfants,

Des frissons les envahiront dans l'obscurité.

Cette terreur donc, cette obscurité de l'esprit,

Pas le lever du soleil avec ses rayons de lumière flamboyants,

Ni les flèches scintillantes du soleil du matin ne se dispersent,

Mais seulement l'aspect de la nature et sa loi.

NATURE ET COMPOSITION DE L'ESPRIT

Premièrement, dis-je, l'esprit que nous appelons souvent

L'intellect, où est assis la vie

Conseil et régime, n'en font pas moins partie

De l'homme, les mains, les pieds et les yeux sont des parties

D'une créature entière qui respire. [Mais certains tiennent]

Ce sens de l'esprit n'est en aucune partie fixe,

Mais le corps est-il un état vital ?

Nommé « harmonie » par les Grecs, car ainsi

Nous vivons avec sens, même si l'intellect ne l'est pas

Dans n'importe quelle partie : on dit souvent que le corps

Avoir une bonne santé (quand pourtant la santé n'est pas

Une partie de celui qui l'a), alors ils placent

Le sens de l'esprit n'est présent dans aucune partie fixe de l'homme.

Puissamment, diversement, il me semble qu'ils se trompent.

Souvent le corps palpable et vu

Malade, alors qu'il est encore dans une partie invisible

Nous éprouvons un plaisir ; souvent dans l'autre sens,

Un malheureux à l'esprit ressent encore du plaisir

Dans tout son corps, tout à fait comme lorsque

Un pied peut faire mal sans douleur à la tête.

En plus, quand ceux-ci, nos membres sont donnés

Au sommeil doux et repose le cadre chargé

Au hasard vide de sens, un autre chose

Est encore en nous, qui à ce moment-là

S'agite de plusieurs manières, recevant

Tous les mouvements de joie et les soucis fantômes du cœur.

Maintenant, pour voir que dans les membres de l'homme habite

Aussi l'âme et le corps ne sont jamais habituels

Ressentir une sensation par une "harmonie"

Prenez ceci en tête : le fait que la vie reste

Souvent dans nos membres, quand une grande partie du corps a disparu ;

Pourtant cette même vie, quand les particules de chaleur,

Bien que peu nombreux, ils ont été dispersés, et par la bouche

L'air a été diffusé à l'étranger, immédiatement

A jamais déserte les veines et laisse les os.

Ainsi peux-tu savoir que toutes les particules ne

Effectuer des parties identiques, ni de la même manière toutes

Sont des accessoires de richesse et de sécurité : plutôt ceux-là :

Les graines du vent et des exhalations se réchauffent—

Veillez à ce que la vie reste dans nos membres.

Il y a donc une chaleur et un vent vitaux

Dans le corps même qui, à la mort

Désert nos cadres. Et ainsi, puisque la nature de l'esprit

Et même l'âme se révèle être, pour ainsi dire,

Une partie de l'homme, abandonnez «l'harmonie»—

Nom des musiciens amenés d'Hélicon,—

À moins qu'ils ne l'aient eux-mêmes volé autrement,

Servir à ce qui manquait jusque-là de nom.

Quoi qu'il en soit, ils sont les bienvenus - toi,

Écoutez mes autres maximes.

Esprit et âme,

Je dis, sont tenus unis les uns aux autres,

Et forment une seule nature en eux-mêmes ;

Mais chef et régnant à travers tout le cadre

Est-ce toujours ce conseil que nous appelons l'esprit,

Et cela se fend au milieu de la poitrine.

Ici surgissent la consternation et la terreur ; autour de ces repaires

Soyez des flatteries de joies ; et donc ici

L'intellect, l'esprit. Le reste de l'âme,

Dans tout le corps dispersé, mais obéit—

Ému par le signe de tête et le mouvement de l'esprit.

Celui-ci a pensé pour lui-même, uniquement par lui-même ;

Cela en soi a de la gaieté, même lorsque la chose

Cela le bouge, ne bouge pas du tout l'âme ni le corps.

Et comme, quand la tête ou l'œil en nous est frappé

En attaquant la douleur, on n'est pas torturé alors

À travers tout le corps, donc seul l'esprit

Est parfois frappé ou s'anime de joie,

Tandis que le reste de l'âme à travers les membres

Et rien de nouveau ne remue à travers le cadre.

Mais quand l'esprit est ému par un choc plus violent,

Nous marquons la souffrance de toute l'âme d'un seul coup

Le long des membres de l'homme : les sueurs et les pâleurs se répandent

Sur le corps, et la langue est cassée,

Et la voix fait défaut, et les oreilles sonnent,

Les brumes aveuglent les globes oculaires et les articulations s'effondrent,—

Oui, les hommes tombent morts de terreur mentale.

Par conséquent, qui le veut peut facilement remarquer

Cette âme conjointe est avec l'esprit, et, quand

C'est frappé par l'influence de l'esprit, immédiatement

À son tour, il frappe et entraîne également le corps.

Et ce même argument établit

Cette nature de l'esprit et de l'âme corporelle est :

Car quand on voit que cela pousse les membres à avancer,

Pour arracher au sommeil le corps et changer

Le visage et tout l'état de l'homme

Régner et tourner, ce qui ne pourrait jamais être encore

Sans contact et sans contact corporel échoue—

Ne devons-nous pas accorder que l'esprit et l'âme consistent

De nature corporelle ? — Et d'ailleurs

Tu le remarques également avec notre corps

Souffre l'esprit et avec notre corps se sent.

Si la vitesse terrible de la lance qui fend les os

Et la mise à nu des pensées intérieures ne frappe pas la vie,

S'ensuit pourtant un évanouissement et un effondrement fétide,

Et, sur le terrain, tumulte hébété dans l'esprit,

Et pendant ce temps, une volonté vacillante de se lever.

La nature de l'esprit doit donc être corporelle, puisque

Du coup et de la lance corporelle, c'est en proie aux affres.

Maintenant, de quel corps, quels composants sont formés

Est-ce le même esprit que je vais continuer à raconter.

Premièrement, je l'affirme, c'est super fin, composé

Des plus petites particules, tel est le fait

Vous pouvez percevoir, si vous y prêtez attention, de ceci :

On ne voit rien se produire avec une telle rapidité

Comme ce que l'esprit propose et commence ;

C'est pourquoi le même s'agite plus rapidement

Que tout ce dont la nature est palpable aux yeux.

Mais ce qui est si agile doit consister en graines

Les plus ronds, les plus petits, pour qu'on puisse les déplacer,

Lorsqu'il est frappé par une légère impulsion. Alors l'eau bouge,

Par vagues, au moins par impulsion—

Être créé de petites formes qui roulent ;

Mais à l'inverse, la qualité du miel

Plus stable est, ses liquides plus inertes,

Son écoulement est plus tardif ; pour tout son stock de matière

Se clive davantage, puisqu'en effet c'est fait

Des atomes pas si lisses, si fins et si ronds.

Pour la brise légère qui plane mais qui peut souffler

De grands tas de graines de pavot pour toi

Vers le bas depuis le haut ; mais, au contraire,

Un tas de pierres ou d'épis de blé épineux

Ce n'est pas possible du tout. Ainsi, dans la mesure où les corps

Sont petits et lisses, c'est leur mobilité ;

Mais à l'inverse, le plus lourd et le plus rugueux,

Plus ils se révèlent immobiles. Maintenant,

Puisque la nature de l'esprit est tellement mobile,

Constitué de graines dépassant les petites

Et lisse et rond. Quel fait une fois connu de toi,

Bon ami, je te servirai en d'autres occasions.

Cela montre également la nature de la même chose,

Comme sa texture est belle, dans un espace si petit

'Une fois compacté sous forme de pellet, cela donnerait :

Quand le repos sans problème de la mort s'empare de l'homme

Et l'esprit et l'âme se retirent, tu le remarques là

De tout le corps, rien n'est pris en forme,

Rien en poids. La mort vous accorde tout,

Mais le sens vital et l'expiration sont chauds.

Ainsi l'âme entière doit être composée des plus petites graines,

Enlacé dans les veines, les signes vitaux et les nerfs,

Voyant que, quand tout le corps est parti,

La figuration extérieure des membres

N'est pas altéré et le poids ne manque pas du tout.

Ainsi, quand disparut le bouquet de vin,

Ou quand le parfum d'un onguent est délicat

Dans les vents s'en va, ou quand

De tout corps, la saveur a disparu, mais toujours

La chose elle-même semble réduite à néant aux yeux,

Ainsi, rien n'est abstrait de son poids :

Pas étonnant, car les graines sont nombreuses et minuscules

Produire les saveurs et la saveur

Dans tout le corps des choses. Et ainsi,

Encore une fois, la nature de l'esprit et de l'âme

C'est à toi de savoir que la création est faite de graines

Le plus petit jamais vu, depuis son envol

Il ne supporte rien du poids.

Pourtant, sa nature n'est pas aussi simple que cela.

Pour une aura impalpable, mêlée de chaleur,

Abandonne les mourants, et la chaleur aspire l'air ;

Et il n'y a pas de chaleur, à moins qu'elle ne soit mélangée à l'air :

Car, puisque la nature de toute chaleur est rare,

De nombreuses graines d'air doivent se déplacer à travers lui.

Ainsi la nature de l'esprit est triple ; pourtant, ceux-là tous

Il ne suffit pas de créer du sens, puisque l'esprit

N'accepte pas que rien de tout cela puisse causer

Les mouvements porteurs de sens, et encore moins les pensées

Un homme tourne dans son esprit. Alors à ceux-là

Doit être ajouté un peu et un quatrième ;

Cela est en quelque sorte complètement vide de nom ;

Que ce qui existe rien de plus mobile, rien

Plus un impalpable, des éléments

Plus petit, plus lisse et plus rond. Cela transmet d'abord

Des mouvements porteurs de sens à travers le cadre, pour cela

Est réveillé le premier, composé de petites formes ;

De là, la chaleur et la force invisible du vent absorbent

Les mouvements, et donc l'air, et donc toutes choses

Sont mis en mouvement ; le sang est coupé, et puis

Les signes vitaux commencent tous à se sentir et durent

Aux os et à la moelle vient la sensation...

Plaisir ou tourment. La douleur ne sera pas non plus inutile

Entrez jusqu'ici, sans qu'un mal aigu ne s'infiltre,

Mais tout est perturbé à ce point

Cette place pour la vie échouera, et des parties de l'âme

Se dispersera dans tous les pores du corps.

Pourtant, en règle générale, presque sur la peau

Ces mouvements sont tous arrêtés, et c'est pourquoi

Nous avons le pouvoir de conserver notre vie.

Maintenant, dans mon empressement à te dire comment

Ils sont mélangés, à travers lesquels les syndicats s'inscrivent

Ils fonctionnent ainsi, le discours du pauvre de mon pays

Cela me contraint malheureusement. Cependant, comme je peux,

Je vais aborder quelques points et passer mon tour. D'une telle manière

Cours ces primordiaux les uns entre les autres

Avec des inter-motions que personne ne peut être

D'autres séparés, ni son agence

Effectuer, s'il est une fois divisé par un espace ;

Comme de nombreux pouvoirs dans un seul corps, ils fonctionnent.

Comme dans la chair de toute créature encore

C'est une odeur, une saveur et une certaine chaleur,

Et pourtant, de tout cela, une seule masse de corps

Est rendu complet, donc, force invisible du vent

Et la chaleur et l'air, mélangés, créent

Une nature, par cette énergie mobile

Assisté qui de lui-même à eux

Donne un mouvement initial, par lequel d'abord

Mouvement sensoriel le long des ressorts vitaux.

Car se cache cette essence au loin, en profondeur et en dessous,

Rien n'est plus caché dans notre corps,

Et c'est l'âme même de toute l'âme.

Et comme au sein de nos membres et de tout le cadre

L'énergie de l'esprit et le pouvoir de l'âme

Est mixte et latent, puisque créé il est

Des corps petits et peu nombreux, tel se cache ce quatrième,

Cette essence vide de nom, composée de petits,

Et il semble que l'âme même de toute l'âme,

Et il domine tout le corps.

Et pour la même raison, le vent, l'air et la chaleur

Doit fonctionner ainsi, mélangé à travers le cadre,

Et maintenant l'un s'apaise et maintenant l'autre

En échange de domination, cela donc

De tous, une seule nature sera produite,

De peur que la chaleur et le vent ne se séparent, et que l'air ne se sépare,

Il est logique de périr, par dissidence.

Il y a effectivement à l'esprit la chaleur qu'il procure

Quand bouillonnant de rage et des éclairs dans les yeux

Tirez plus rapidement ; il y a encore ce vent,

Beaucoup et si froid, compagnon de toutes les terreurs,

Ce qui fait frémir le corps ébranlé ;

Il n'y a rien de moins que cet état d'air composé,

Faire le sein tranquille, le visage serein.

Mais plus chauds sont ceux dont le cœur rétif,

Dont les esprits passionnés bouillonnent rapidement de rage—

De quelle espèce sont les lions féroces et abondants,

Qui souvent, avec des rugissements, a fait éclater la poitrine,

Incapable de retenir la colère montante à l'intérieur ;

Mais l'esprit froid des cerfs a plus de vent,

Et plus vite à travers leurs entrailles se réveille

Les courants glacés qui font trembler leurs membres.

Mais plus les bœufs vivent dans l'air tranquille,

La torche enfumée de la colère n'est jamais non plus appliquée,

S'étendant avec les ombres d'une obscurité sombre,

Éveillez-les trop loin ; ils ne se raidiront pas non plus,

Transpercé par les javelots glacés de la peur ;

Mais ont leur place à mi-chemin entre les deux...

Cerfs et lions féroces. Ainsi la race des hommes :

Bien que la formation les rende tout aussi raffinés,

Il laisse derrière lui ces vestiges immaculés

De la nature de chaque esprit. Nous ne pouvons pas non plus supposer

Le mal peut toujours être enraciné jusqu'à présent

Cet homme n'est plus enclin aux accès de colère,

Un autre n'est pas plus vite touché par la peur,

Un troisième, pas plus patient qu'il ne le devrait.

Et les besoins doivent d'ailleurs différer sur bien des points

Les natures variées et les habitudes qui en résultent

De l'humanité - dont je ne peux plus maintenant

Exposer les causes cachées, ni trouver de noms

Assez pour toutes les formes diverses de ceux

Primordiaux d'où surgit cette variation.

Mais il me semble que je suis capable de déclarer :

Ces vestiges de natures laissés derrière eux

Quelle raison ne peut pas tout à fait nous expulser

Sont encore si légers que rien n'empêche un homme

De vivre une vie même digne des dieux.

Ainsi donc cette âme est gardée par tout le corps,

Lui-même garde du corps et source de richesse :

Car ils ont des racines communes, s'attachent les uns aux autres,

Il ne peut pas non plus être déchiré sans mort.

Ce n'est pas facile à cause des morceaux d'encens

Pour arracher leur parfum, sans sa nature

Périr aussi : donc, ce n'est pas facile

De toute la nature corporelle de l'esprit et de l'âme

S'éloigner, sans que le tout se dissolve.

Avec des graines si entrelacées dès la naissance,

Ils sont dotés conjointement d'une vie de partenaire ;

Aucune énergie du corps ou de l'esprit, à part,

Chacun de lui-même sans le pouvoir de l'autre,

Peut avoir des sensations ; mais notre sens, enflammé

Le long des signes vitaux, la flamme est soufflée par les deux

Avec des mouvements mutuels. A part le corps seul

N'est ni engendré ni ne grandit, ni après la mort

Vu pour durer. Car pas comme de l'eau parfois

Dégage la chaleur extraterrestre, et ne l'est pas non plus

Lui-même détruit, mais reste intact...

Ce n'est pas ainsi, dis-je, que le cadre désert peut

Supporte la séparation de son âme unie,

Mais, déchiré et ruiné, les mouleurs ont tous disparu.

Ainsi le contact conjoint du corps et de l'âme

Apprend dès son plus jeune âge les mouvements vitaux,

Même lorsqu'il est encore enfoui dans le ventre de sa mère ;

Il ne leur arrivera donc aucune discorde,

Sans leur fléau et leur maladie. Et de là, je peux voir

C'est là, conjointement, leur source de richesse,

Leur nature doit aussi être conjointe.

Si l'on nie en outre cette sensation corporelle,

Et tient cette âme, à travers tout le corps mélangé,

Adopte ce mouvement que nous appelons « sens »,

Il combat en vain des faits indubitables :

Car qui expliquera ce qu'est la sensation du corps,

Sauf par ce que le fait public lui-même

Nous a-t-il donné et enseigné ? » Mais quand l'âme se sépare,

Le corps est dépourvu de tout sens. » C'est vrai ! — perd quoi

Même au cours de sa vie, il n'était pas le sien ;

Et il perd bien d'autres choses quand l'âme est conduite

Issu de cette vie. Ou, pour dire que les yeux

Eux-mêmes ne peuvent rien voir, mais à travers le même

L'esprit regarde, comme par des portes ouvertes,

C'est... un dicton difficile ; depuis la sensation dans les yeux

Dit le contraire. Car cela lui-même s'appuie sur

Et force dans les pupilles de nos yeux

Notre conscience. Et notez le cas où souvent

Nous n'avons pas le pouvoir de voir des choses lumineuses,

Parce que nos yeux sont gênés par leur lumière—

Avec une simple porte, cela n'arriverait pas ;

Car, puisque c'est nous-mêmes qui voyons,

Aucun portail ouvert n'entreprend le travail.

D'ailleurs, si nos yeux ne font que nous servir de portes,

Je pense que, si notre vue était supprimée, l'esprit

Faudrait-il donc encore mieux contempler une chose...

Quand même les montants des portes auront été enlevés.

Ici, dans ces affaires, nous ne prenons aucune part

Ce que dit le sage Démocrite :

Cette proposition, ces primordiaux

Du corps et de l'esprit, chacun superposé à l'autre,

Varier alternativement et entrelacer

Le tissu de nos membres. Pour non seulement

Les éléments de l'âme sont-ils bien plus petits que ceux

Ce que composent notre corps et nos parties intérieures,

Mais ils sont aussi moins nombreux,

Et dispersés à travers notre cadre. Et ainsi

Ceci peux-tu garantir : les germes primitifs de l'âme

Maintenir entre eux des intervalles aussi grands

Au moins comme le sont les plus petits corps qui,

Lorsqu'il est lancé contre nous, notre corps se réveille

Mouvements porteurs de sens. Il en résulte que nous

Parfois, je ne me sens pas posé sur nos cadres

La poussière accrochée, ou la craie qui se dépose mollement ;

Ni les brumes de la nuit, ni les voiles d'araignées

Nous nous sentons contre nous, quand, sur notre route,

Son filet nous enchevêtre, ni sur notre tête

La chute de ses vêtements flétris ;

Ni plumes d'oiseaux, ni duvet végétal,

Volant, si léger qu'ils tombent à peine ;

Ni sentir les pas de chaque chose qui rampe,

Ni chacune de ces empreintes sur notre peau

Des moucherons et autres. A ce degré

De nombreux germes primitifs doivent-ils être agités en nous

Il était une fois les graines de l'âme qui traversaient notre cadre

Sont entremêlés 'gin pour sentir que ceux-là

Les primordiaux du corps ont été frappés,

Et là, en martelant de tels écarts entre,

Ils s'affrontent, se combinent et se séparent tour à tour.

Mais l'esprit est davantage le gardien des portes,

A plus de domination sur la vie que sur l'âme.

Car sans intellect et esprit, il n'y a pas

Une partie de l'âme peut reposer dans notre cadre

Au moins une partie du temps ; compagnon, ça va

Avec l'esprit au loin, et s'en va

Les membres glacés dans le froid de la mort.

Mais celui dont l'esprit et l'intellect demeurent

Lui-même demeure dans la vie. peu importe combien

Le tronc soit mutilé, les membres coupés,

L'âme retirée et retirée des membres,

Le tronc vit encore et aspire l'air vital.

Même privé de tout sauf de toute l'âme,

Pourtant, il s'attardera et s'attachera à la vie,—

Tout comme le pouvoir de la vision est toujours puissant,

Si seulement l'élève reste indemne,

Même quand l'œil autour est cruellement déchiré—

Pourvu seulement que tu ne détruises pas

Entièrement la balle, mais, coupant autour de la pupille,

Laisser cet élève seul derrière...

En faire plus gâcherait la vue. Mais si ce centre,

Cette petite partie de l'œil sera rongée,

Immédiatement, la vision échoue et les ténèbres arrivent,

Bien que dans tout le reste, la balle sans tache soit claire.

C'est comme un pacte que l'âme et l'esprit

Sont-ils liés les uns aux autres pour toujours.

L'ÂME EST MORTELLE

Maintenant viens : afin que tu puisses savoir

Ces esprits et les âmes légères de tous ceux qui vivent

Ayez une naissance et une mort mortelles, je continuerai

Des versets à construire pour ta règle de vie,

Recherché depuis longtemps, découvert avec un doux labeur.

Mais sous un même nom, je voudrais que tu les attaches tous les deux ;

Et quand, par exemple, je parlerai d'âme,

Enseigner la même chose à être mais mortel, pense

Par là, je parle aussi de l'esprit.

Puisque les deux ne font qu'un, une substance est interconnectée.

D'abord, puisque j'ai enseigné comment l'âme existe

Un tissu subtil, de particules infimes,

Composé d'atomes beaucoup plus petits que ceux

Du liquide humide de l'eau, du brouillard ou de la fumée,

Donc en mobilité, il excelle de loin,

Plus enclin à bouger, bien que frappé par une cause plus légère

Même ému par des images de fumée ou de brouillard—

Comme là où nous regardons, quand dans notre sommeil nous sommes bercés,

Les autels exhalant de la vapeur et de la fumée en l'air —

Car, sans aucun doute, ces apparitions viennent

À nous de l'extérieur. Maintenant donc, puisque tu vois,

Leurs liquides s'en vont, leurs eaux s'écoulent,

Quand les jarres frémissent, et depuis le brouillard et la fumée

Partez au loin, croyez

L'âme n'en est pas moins répandue à l'étranger et meurt

Plus vite loin, plus vite se dissout

Retour à ses corps premiers, une fois retiré

Cela a disparu des membres de notre homme.

Bien sûr, si le corps (récipient du même

Comme un pot), lorsqu'il est frissonné pour une raison quelconque,

Et raréfié par la perte de sang des veines,

Je ne peux plus retenir l'âme, comment alors

Penses-tu qu'il peut être retenu par n'importe quel air...

Une chose bien plus rare que notre corps ?

En plus, nous sentons que l'esprit vient

Avec le corps, le corps grandit et vieillit.

Car tout comme les enfants chancellent

Avec des cadres infirmes et tendres, il s'ensuit donc

Une sagesse faible dans leur esprit ; et puis,

Où les années ont mûri pour devenir des puissances robustes,

Le conseil est également plus grand, plus accru

Le pouvoir de l'esprit ; par la suite, où déjà

Le corps est brisé par les maîtres des pouvoirs anciens,

Et le corps est tombé avec ses pouvoirs affaiblis,

La pensée boite, la langue erre et l'esprit cède ;

Tout échoue, tout manque à la fois.

Il convient donc que même l'âme soit dissoute,

Comme de la fumée, dans les vents élevés de l'air ;

Puisque nous voyons la même chose venir

Avec le corps et la croissance, et, comme je l'ai enseigné,

S'effritent et se fissurent, ce qui les rend obsolètes par le terrain.

Ensuite, nous voyons aussi que, tout comme le corps prend

Des maladies monstrueuses et des douleurs épouvantables,

Alors faites attention à ses soucis amers, au chagrin, à la peur ;

C'est pourquoi il est vrai que l'esprit n'en est pas moins

Celui qui participe est à la mort ; pour la douleur et la maladie

Sont tous deux des artisans de la mort, ainsi que

Nous avons appris du décès de nombreux hommes par le passé.

Bien plus, dans les maladies du corps, souvent de l'esprit

Il erre au loin ; car c'est hors de lui,

Et fou, il parle, ou bien souvent il coule,

Avec les paupières fermées et un signe de tête tombant,

Dans une lourde somnolence, vers le sommeil éternel ;

D'où je n'entends plus aucune voix,

Je ne suis pas non plus capable de connaître les visages ici

De ceux qui l'entourent debout, les joues mouillées

Qui le rappellent en vain à la lumière et à la vie.

C'est pourquoi l'esprit aussi, avouez-le, se dissout,

Constatant, en effet, des contagions de maladies

Entrez dans le même. Encore une fois, oh pourquoi,

Quand le vin fort est entré dans l'homme,

Et son feu diffus courait dans les veines,

Pourquoi s'ensuit alors une lourdeur des membres,

Un enchevêtrement de jambes alors qu'il tourne,

Une langue bégayante, un intellect détrempé,

Les yeux nageaient, et le hoquet, les cris et les bagarres,

Et qu'y a-t-il d'autre de cet acabit ? — Pourquoi cela ? —

Sinon ce vin violent et impétueux

Est-ce que l'on confond l'âme dans le corps ?

Mais qu'est-ce qui peut être confus et rechigné,

Donne la preuve que si une cause plus dure s'imposait,

Il se pourrait qu'il périsse alors, endeuillé

De toute vie par la suite. Et de plus,

Souvent quelqu'un dans une crise soudaine,

Comme par un coup de foudre, dégringole

Sous nos yeux, et des crachats d'écume et des grognements,

Blither et se tortiller avec les tendons tendus,

Haletant en sursaut et fatiguant ses membres

Avec lancer en rond. Pas étonnant, puisque distraire

Par le cadre de la violence de la maladie.

Confond, il écume, comme pour vomir l'âme,

Comme sur la mer salée, les vagues bouillonnent

Sous la puissance maîtresse des vents. Et maintenant

Un gémissement est forcé, parce que ses membres sont saisis,

Mais surtout, parce que les germes de la voix

Sont chassés et transportés en masse

Vers l'extérieur par la bouche, là où ils ont l'habitude d'aller,

Et construire une autoroute. Il devient

Simple imbécile, puisque l'énergie de l'esprit et de l'âme

Confondu est, et, comme je l'ai montré, déchiré,

En morceaux jetés et déchirés en morceaux tous

Par le même venin. Mais encore une fois, quelle est la cause

De cette maladie a fait face et est revenu

Retire le poison tranchant du cadre corrompu

Dans ses repaires sombres, l'homme d'abord

Se pose sous le choc et revient progressivement

À tous ses sens et récupère son âme.

Ainsi, puisque dans le corps même de l'homme

L'esprit et l'âme sont atteints de si grandes maladies

Secoué, si misérablement désemparé par le travail,

Pourquoi alors croire qu'en plein air,

Sans corps, ils peuvent passer leur vie,

Immortel, luttant contre les vents maîtres ?

Et puisque nous constatons que l'esprit lui-même est guéri,

Comme le corps malade, et restauré peut être

En médecine, c'est aussi un avertissement

Ce mortel vit l'esprit. Pour le bon, c'est

Que quiconque commence et entreprend

Pour modifier l'esprit, ou médite pour changer

Toute autre nature devrait ajouter

Nouvelles pièces, ou réajustement de la commande donnée,

Ou enlevez au moins un peu de la somme.

Mais ce qui est immortel veut pour lui-même

Ses parties ne soient ni augmentées, ni réarrangées,

Ni aucun écoulement ne s'en échappe :

Pour changer quoi que ce soit hors de ses limites

Signifie la mort instantanée de ce qui était avant.

Ergo, l'esprit, qu'il soit tombé en maladie,

Ou par le médicament restauré, donne des signes,

Comme je l'ai enseigné, de sa mortalité.

Alors, un fait de vérité fera sûrement la tête

Toutes les théories « contre les erreurs », et donc fermées

Tous refuge contre l'adversaire et déroute

Erreur par réfutation à double tranchant.

Et puisque l'esprit de l'homme est une partie,

Qui restent en un seul endroit, comme des oreilles,

Et les yeux, et tous les sens qui pilotent la vie ;

Et tout comme une main, un œil ou un nez séparés,

Séparé de nous, ne peut ni ressentir ni être,

Mais en un minimum de temps on le laisse pourrir,

Ainsi, l'esprit seul ne peut jamais exister, sans

Le corps et l'homme lui-même, qui semble,

Comme c'était le vaisseau du même - ou quoi que ce soit

Quoi que tu feignes d'être encore plus étroitement lié :

Puisque le corps s'attache à l'esprit par les liens les plus sûrs.

Encore une fois, les pouvoirs vivants du corps et de l'esprit

C'est seulement dans l'union que nous pouvons prospérer et jouir ;

Car la nature de l'esprit, à elle seule, ne peut

Sans corps, donnez les mouvements vitaux ;

Le corps, manquant d'âme, ne peut donc pas non plus supporter

Et utilisez vos sens. En vérité, comme l'oeil,

Seul, déchiré de ses racines, à l'écart

De tout son corps, il ne peut rien regarder,

Donc l'âme et l'esprit semblent ne rien pouvoir,

Quand par eux-mêmes. Pas étonnant, car, mélangé

À travers les veines et vers l'intérieur, et à travers les os et les os,

Leurs éléments primordiaux sont confinés

Par tout le corps, et ne possède aucun pouvoir libre

Pour se déplacer à travers de grands espaces,

Ainsi, enfermés dans ces limites, ils assument

Mouvements des sens qui, après la mort, sont rejetés

Au-delà du corps aux vents de l'air,

Ils ne peuvent pas prendre en charge - et à cause de cela,

Parce que ce n'est plus ainsi confiné.

Car l'air sera un corps, sera vivant,

Si dans cet air l'âme peut se maintenir,

Et dans cet air, enferme tous ces mouvements

Qui dans les lois et dans le corps lui-même

Il y a quelque temps, ça faisait. Alors pour ça,

Encore une fois, je dis avouer que nous devons,

Que, lorsque les enveloppes du corps seront déroulées,

Et quand le souffle vital est forcé à l'extérieur,

L'âme, les sens de l'esprit se dissolvent,—

Puisque pour les deux, la cause et le fondement de la vie

C'est dans le fait de leur succession conjointe.

Encore une fois, puisque le corps est incapable de supporter

Division de l'âme, sans décomposition

Et une puanteur obscène, comment peux-tu en douter

L'âme, surgie des profondeurs du corps,

S'est filtré, répandu comme une fumée,

Ou que le corps changé s'effondre et tombe

Avec une ruine si entière, parce qu'en effet,

Ses fondations profondes ont été déplacées,

L'âme s'échappe même à travers le cadre,

Et à travers tous les chemins sinueux du corps

Et l'orifice ? Et donc à bien des égards

Tu es libre d'apprendre cette nature de l'âme

Est passé en fragments le long du cadre,

Et ça a été frissonné dans le corps même

Avant qu'il ne glisse à l'étranger et s'éloigne à la nage

Dans les vents de l'air. Car jamais un homme

Mourir semble sentir l'âme sortir

Comme un tout sûr de tout son corps à la fois,

Ni monter d'abord dans le gosier et dans la bouche ;

Mais je sens qu'il échoue à un certain endroit,

Même s'il sait que les sens se dissolvent aussi

Chacun à son emplacement dans le cadre.

Mais notre esprit était-il immortel,

Mourir ne pleurerait guère une dissolution,

Mais plutôt le départ, le départ de son manteau,

Comme un serpent. C'est pourquoi, quand une fois le corps

Est décédé, admettons que nous devons cette âme,

Frissonné dans tout ce corps, péri aussi.

Bien plus, même en se déplaçant dans les limites de la vie,

Souvent l'âme, chancelante pour une raison quelconque,

Envie de sortir, et du cadre tout entier

Détendu pour être; le visage devient

Flasque, comme si l'heure suprême était là ;

Et effondrer mollement tous les membres

Contre le tronc exsangue, le genre d'affaire

Nous voyons quand nous remarquons dans une phrase courante,

« Cet homme est complètement parti » ou « s'est évanoui » ;

Et là où règne maintenant une agitation alarmante,

Et tous sont impatients de s'emparer

Le dernier maillon de la vie de l'homme. Car alors l'esprit

Et toute la puissance de l'âme est si douloureusement secouée,

Et ceux-ci chancellent ainsi avec tout le cadre,

Que n'importe quelle cause un peu plus forte pourrait

Dissolvez-les complètement. — Pourquoi donc douter

Cette âme, une fois sans corps poussée,

Là, à découvert, une chose affaiblie,

Ses enveloppes enlevées, ne peuvent pas supporter

Non seulement à travers aucun âge éternel,

Mais même, en effet, à travers le temps ?

Et puis pourquoi l'intellect n'est-il jamais

L'esprit conseiller, engendré dans la tête,

Les pieds, les mains, au lieu de se fendre encore

À un seul siège, à un seul repaire, la poitrine,

Sinon que des places fixes soient attribuées

Pour la naissance de chaque chose, où chacun, quand il est créé,

Est capable de supporter, et que nos cadres

Avoir des ajustements si complexes qu'aucun changement

Dans l'ordre dans lequel nos membres peuvent apparaître ?

A ce degré l'effet réussit à provoquer,

La flamme n'est pas non plus créée

Dans les ruisseaux qui coulent, ni le froid engendré par le feu.

En outre, si la nature de l'âme est immortelle,

Et capable de sentir, quand nous sommes disjoints de notre cadre,

La même chose, je pense, doit être considérée comme étant

Doté de cinq sens, il n'y a pas non plus moyen

Mais c'est pour nous imager

Comment les sous-âmes peuvent errer dans l'Achéron.

Ainsi les peintres et la race aînée des bardes

J'ai imaginé des âmes dotées de sens ainsi dotés.

Mais ni les yeux, ni le nez, ni la main, seuls

En dehors du corps, l'âme peut exister,

Ni langue ni oreilles écartées. Et donc effectivement

Seuls, ils ne peuvent ni se sentir ni être.

Et puisque nous marquons le sens vital d'être

Dans tout le corps, tout un être vivant,

Si soudainement une force avec une course rapide

Il faudrait le trancher au milieu et le fendre en deux,

Sans aucun doute aussi l'âme elle-même,

Divisé, divisé, séparé sera jeté

Avec le corps. Mais ce qui est séparé, c'est

Et en diverses parties se divise, en effet

Admet qu'il ne possède aucune nature éternelle.

Nous entendons comment les chars de guerre sont

Avec un massacre précipité, coupez avec des faux clignotantes

Les membres s'écartèrent si brusquement que là,

Tombés du tronc, ils frémissent sur la terre,

Pendant que l'esprit et les pouvoirs de l'homme

Ne peut ressentir aucune douleur, à cause de la rapidité de sa blessure,

Et un pur abandon dans le goût du combat :

Avec le reste de son corps, il cherche

De nouveau la bataille et le massacre, ni les marques

Comment les roues rapides et les faux du ravin ont traîné

Enlevez les chevaux, son bras gauche et son bouclier ;

Ni comment son droit a disparu,

Montage encore et encore. Une troisième tentative

Avec la jambe démembrée pour se lever et se tenir debout,

Tandis que, à terre, le pied mourant

Remue ses orteils écartés. Et même la tête,

Quand du tronc chaud et vivant fut coupé,

Maintient au sol le visage vital

Et ouvre les yeux, jusqu'à ce qu'il ait abandonné

Tous les restes de l'âme. Non, encore une fois :

Si, quand un serpent tire sa langue,

Et en fouettant sa queue, tu as la meilleure chance de la tailler

Avec une hache sa longueur de tronc en plusieurs parties,

Tu verras chaque fragment coupé se tordre

Avec sa blessure fraîche et éclaboussant le gazon,

Et là l'avant cherche avec les mâchoires

Après la gêne, avec morsure pour arrêter la douleur.

Alors dirons-nous que ce sont des âmes entières

Dans toutes ces fractions ? — mais de là découlerait

Une créature aurait dans son corps plusieurs âmes.

C'est pourquoi l'âme, qui n'était qu'une,

A également été divisé avec le corps :

Chacun n'est que mortel, puisque chacun est pareil

Découpé en plusieurs parties. Encore une fois, à quelle fréquence

Nous voyons nos semblables évoluer progressivement,

Et perdre membre par membre le sens vital ;

Les premiers ongles et les doigts des pieds deviennent bleus,

Ensuite, meurs les pieds et les jambes, puis oublie le reste.

Ralentissez les traces certaines de la mort froide.

Et puisque cette nature de l'âme est déchirée,

Ni ne s'éloigne, comme autrefois, entier,

Nous devons le considérer comme mortel. Mais peut-être

Si tu supposes que l'âme elle-même

Peut tirer vers l'intérieur le long du cadre et amener

Ses parties réunies en un seul endroit, et ainsi

De tous les membres éloignez le sens,

Pourquoi, alors, cet endroit où tant d'âmes

Collecté est, devrait avoir un sens plus grand.

Mais comme un tel endroit n'existe nulle part,

Comme je l'ai déjà dit, il est déchiré et dispersé,

Et ainsi de suite. Ou encore, si maintenant

Je vous prie d'accorder le faux et de dire cette âme

Peut donc être regroupé dans les cadres de ceux

Qui quittent le soleil, mourant petit à petit,

Encore faut-il reconnaître que l'âme est mortelle ;

Peu importe qu'il faille le détruire,

Dispersés par les vents, ou rassemblés en masse

De toutes ses parties, sombre dans une mort brutale,

Depuis de plus en plus dans tous les sens du terme

L'homme tout entier échoue, et de moins en moins la vie

Dans chaque région persiste.

Et en outre,

Si l'âme est immortelle et serpente son chemin

Dans le corps à la naissance de l'homme,

Pourquoi ne pouvons-nous pas nous souvenir de quelque chose, alors,

Du temps de vie passé avant ? pourquoi ne pas le garder

Quelques empreintes des choses que nous avons faites, vieux ?

Mais si le pouvoir de l'esprit a tellement changé,

Que chaque souvenir des choses faites

Est tombé, sans être retiré pour longtemps

Est-ce là, je pense, ce que nous entendons par mort.

C'est pourquoi il est sûr que ce qui s'est passé auparavant

Il est mort, et ce qui est maintenant est maintenant créé.

De plus, si après que le corps ait été construit

Les pouvoirs vivants de notre esprit ont l'habitude d'être mis en place,

Juste au moment où nous naissons,

Et franchir les seuils de la vie, cela ne conviendrait guère

Pour qu'ils vivent comme s'ils semblaient grandir

Avec les membres et la charpente, même dans le sang,

Mais plutôt comme dans une caverne tout seul.

(Pourtant, tout le corps regorge de sens.)

Mais la réalité publique s'oppose à tout cela :

Car l'âme est tellement entrelacée dans les veines,

La chair, les os, les os, que même les dents

Partager la sensation, comme le prouve une douleur sourde,

Par un pincement d'eau glacée ou par un craquement de râpe

Sur une pierre qui est entrée dans la bouche avec du pain.

C'est pourquoi, encore et encore, il faut penser aux âmes

Ni vide de naissance, ni libre de la loi de la mort ;

Et si, du dehors, ils se frayent un chemin,

Pourraient-ils être considérés comme capables de se fendre

À ceux-ci nos cadres, ni, puisque ainsi entrelacés,

Il semble qu'ils soient capables de sortir

Indemne et entier et se perd indemne

De tous les actes, articulations, os.

Mais si par hasard tu penses que l'âme,

De s'enrouler vers l'extérieur à sa manière, c'est l'habitude

Pour s'infiltrer et s'imprégner de ces membres les nôtres,

Alors d'autant plus il périra, étant ainsi

Avec un corps fusionné - pour ce qui va s'infiltrer et tremper

Sera dissous et mourra donc.

Tout comme la nourriture, dispersée dans tous les pores

Du corps, et traversé les membres et toute la charpente,

Périt, fournissant de lui-même la substance

Pour une autre nature, donc l'âme et l'esprit,

Bien qu'entier et nouveau dans un corps en marche,

Sont pourtant, en s'infiltrant, dissous,

Tandis que, comme à travers les pores, passe à tout le cadre

Les particules à partir desquelles est créé

Cette nature de l'esprit, désormais maîtresse de notre corps,

Né de cette âme qui a péri, une fois divisée

Le long du cadre. C'est pourquoi il semble que cette âme

A à la fois une heure natale et une heure funéraire.

En plus, il y a des graines d'âme laissées derrière

Dans le corps essoufflé, ou pas ? S'ils sont là,

On ne peut pas à juste titre le considérer comme immortel,

Depuis, dépouillé de quelques parties perdues, cela s'en est allé :

Mais si, emporté avec des membres non corrompus,

'Cela s'est enfui absolument complètement

Il ne laisse rien de lui-même

Derrière le corps, d'où viennent donc les cadavres,

De leur chair putride exhalent les vers,

Et d'où vient une telle masse d'êtres vivants,

Désossé et exsangue, sur le cadre gonflé

Bulle et essaim ? Mais si par hasard tu penses

Que les âmes de l'extérieur en vers puissent s'enrouler,

Et chacun dans un corps séparé vient,

Et je ne me demande pas pourquoi tant de milliers d'âmes

Collectionnez là où un seul est parti,

Voici en effet un point qui semble nécessaire

Enquête et mise à l'épreuve :

Que les âmes partent à la recherche de graines

Des vers pour construire leur demeure,

Ou bien entrez dans des corps tout faits, comme s'ils étaient.

Mais pourquoi eux-mêmes devraient-ils faire et travailler dur

C'est difficile à dire, puisque, étant libre de son corps,

Ils voltigent, harcelés par aucune maladie,

Ni froid ni famine ; pour les travaux du corps

Par plus de parenté avec ces défauts de la vie,

Et l'esprit au contact de ce corps souffre

Tant de maux. Mais accorde que ce soit pour eux

Pourtant utile pour construire un corps

Il est clair qu'ils ne peuvent pas y entrer.

Alors, les âmes pour elles-mêmes ne sont ni cadres ni corps,

Il n'y a pas non plus comment ils pourraient entrer une fois dans

Aux corps tout faits, car ils ne peuvent pas

Soyez bien entrelacé avec le même,

Et il n'y aura aucune interaction de sens

Commun à chacun.

Encore une fois, pourquoi n'y a-t-il pas

Une rage impétueuse avec une morosité de race de lion,

Et rusé avec les renards, et avec les cerfs, pourquoi étant donné

La peur ancestrale et la tendance à fuir,

Et pourquoi en bref faire tout le reste des traits

Engendrer dès le début de la vie

Dans les membres et la mentalité, sinon

Parce qu'un certain pouvoir d'esprit est venu

De sa propre graine et de sa propre race, la même cire

Avec tout le corps ? Mais était-ce que l'esprit

Immortel, s'il avait l'habitude de changer de corps,

Comme les créatures terrestres agiraient à l'envers !

Le chien Hyrcan fuyait souvent l'attaque

Du cerf aux bois, le faucon précipité tremblerait

Au gré des vents de l'air, vers la colombe qui arrive,

Et les hommes adoreraient, et les bêtes sauvages seraient sages ;

Car faux le raisonnement de ceux qui disent

L'esprit immortel est changé par le changement de corps—

Car ce qui est changé se dissout et donc meurt.

Car les pièces sont réutilisées et quittent leur commande ;

C'est pourquoi ils doivent également être capables

De la dissolution à travers le cadre enfin,

Qu'ils périssent tous avec leur corps.

Mais certains devraient-ils dire que toujours les âmes des hommes

Entrez dans les corps humains, je demanderai :

Comment un sage peut-il devenir un idiot ?

Et pourquoi un enfant n'est-il jamais une âme prudente ?

Et la pouliche de la jument pourquoi ne pas s'être si bien entraînée

Aussi robuste qu'un cheval ? Nous pouvons être sûrs

Ils prendront refuge dans la pensée que cet esprit

Devient un faible dans un cadre de faible.

Quoi qu'il en soit, il est nécessaire de l'avouer

L'âme mais mortelle, depuis, si modifiée maintenant

Tout au long du cadre, il perd la vie et le sens

C'était le cas auparavant. Ou comment l'esprit peut-il devenir fort

Coégalement avec le corps et atteindre

La fleur de vie tant désirée, à moins que ce ne soit le cas

Le collègue du corps dans ses origines ?

Ou quel est le but de sa sortie

De membres âgés ? — craint peut-être de rester,

Enfermé dans un corps émietté ? Ou de peur que sa maison,

Épuisé par la durée vénérable des jours,

Peut-il tomber dessus ? Mais en effet

Car il n'y a pas de périls immortels.

Encore une fois, aux parturitions de la nature

Et aux rites de l'Amour, que les âmes doivent se tenir

Être prêt à proximité semble assez ridicule—

Immortels attendant leurs membres mortels

En nombre incalculable, se disputant follement

Qui sera le premier et le principal à entrer ! —

A moins que par hasard parmi les âmes il n'y ait

De tels traités établissaient que les premiers à venir

En volant, j'entrerai dans le premier,

Et qu'ils ne fassent pas de rivalités de force !

Encore une fois, dans l'éther, un arbre ne peut pas exister,

Ni nuages dans les profondeurs de l'océan, ni dans les champs

Les poissons ne peuvent-ils pas vivre, ni le sang dans le bois,

Ni sève dans les rochers : fixée et disposée

Où tout peut grandir et avoir sa place.

Ainsi, la nature de l'esprit ne peut pas surgir seule

Sans le corps, ni exister au loin

De la pluie et du sang. Mais si c'était possible,

Ce pouvoir même de l'esprit pourrait bien plutôt

Soyez dans la tête, dans les épaules ou dans les talons,

Et, né en quelque sorte que ce soit, pourtant

Dans le même homme, dans le même vase demeure.

Mais puisque dans ce corps même le nôtre

Se tient fixe et semble bien disposé

Où l'âme et l'esprit peuvent chacun exister et grandir,

Nier, nous devons plus qu'ils peuvent avoir

Durée et naissance, tout à fait hors cadre.

Car, en vérité, le mortel doit se joindre

Avec l'éternel, et pour faire semblant de ressentir

Ensemble, et pouvant fonctionner chacun avec chacun,

Ce n'est que adorer : pour ce qui peut être conçu

De plus dissemblables, discordants, disparates,

Que quelque chose de mortel dans une union s'est joint

Avec un immortel et un laïc

Pour supporter les tempêtes scandaleuses ?

Puis, encore une fois,

Tout ce qui demeure éternel doit en effet

Soit repousser tous les coups, parce que c'est fait

De corps solide et ne permet aucune entrée

De tout ce qui a le pouvoir de diviser de l'intérieur

Les pièces sont compactes, tout comme ces graines de trucs

Dont nous avons déjà exposé la nature ;

Ou bien être capable de traverser le temps

Pour cela : parce qu'ils sont exempts de coups,

Tout comme le vide, qui reste intact,

Détachez-vous d'un quelconque coup ; ou bien parce que

Il n'y a pas de place autour où les choses peuvent,

Dans ce cas, partez tous en dissolution,—

Même si la somme des sommes est éternelle,

Sans ou lieu au-delà duquel les choses peuvent

Éparpillez les mouches ou les corps qui peuvent frapper,

Et ainsi les dissoudre à coups de force.

Mais si par hasard l'âme doit être jugée

Immortel, principalement sur le terrain, il est sécurisé

Dans les forces vitales, soit parce qu'elles viennent

Jamais en rien hostile à son bien,

Ou bien parce que ce qui viendra d'une manière ou d'une autre se retirera,

Repoussés ou avant que nous ressentions le mal qu'ils font,

Car, à part ça, quand le corps est malade,

L'âme aussi est malade, il arrive souvent,

Celui qui le tourmente avec les choses à venir,

Il le tient dans la frayeur et le fatigue de soucis ;

Et même lorsque les mauvais actes appartiennent au passé,

Ronge encore amèrement les vieilles transgressions.

Ajoutez encore cette frénésie particulière à l'esprit,

Et cet oubli des choses qui étaient ;

Ajoutez sa submersion dans les vagues troubles

De somnolence et de torpeur.

FOLIE DE LA PEUR DE LA MORT

Donc mort pour nous

N'est rien et ne nous concerne pas du tout,

Puisque la nature de l'esprit est mortelle à jamais.

Et tout comme dans les temps passés

Nous n'avons ressenti aucun mal, quand tous les côtés autour

L'armée carthaginoise vint au combat,

Et les temps, secoués par une guerre tumultueuse,

Sous les côtes aériennes du ciel arqué

Frissonné et tremblé, et toute l'humanité

Je doutais de savoir à qui l'empire devrait tomber

Par terre et par mer, ainsi quand nous ne serons plus,

Quand vient cette séparation de notre corps et de notre âme

À travers lequel nous sommes façonnés à un seul État,

En vérité, rien pour nous, nous ne sommes plus alors,

Cela peut arriver, rien ne fait bouger nos sens alors...

Non, pas si la terre était confondue avec la mer,

Et la mer avec le ciel. Mais si effectivement je me sens

La nature de l'esprit et l'énergie de l'âme,

Après leur séparation de ce corps qui est le nôtre,

Pourtant, rien n'est à nous qui sommes dans les liens

Et le mariage de l'âme et du corps vit,

Grâce à quoi nous sommes façonnés à un seul État.

Et même si le temps collecté après le décès

La question de nos cadres et tout régler

De nouveau en place comme maintenant, et si encore

La lumière de la vie nous a été donnée, ô encore

Ce processus ne nous concernerait pas non plus,

Quand autrefois l'auto-succession de nos sens

A été brisé. Et maintenant et ici,

Assez peu, nous sommes occupés avec nous-mêmes

Nous étions autrefois, et, à leur sujet,

Souffrez d'une vive détresse. Car devrais-tu regarder

À rebours à travers tous les hiers du temps

L'incommensurable, pensant combien il est multiple

Les mouvements de la matière sont, alors pourrais-tu bien

Créditez-le aussi : souvent ces mêmes graines

(Dont nous sommes aujourd'hui) d'autrefois ont été définis

Dans le même ordre qu'aujourd'hui...

Pourtant, nous ne pouvons pas nous en souvenir

Grâce à l'esprit qui se souvient. Car il y a eu

Une pause de vie interposée, et large

Tous les mouvements ont erré partout

De là nos sens. Car si malheur et malheur

Peut-être sont-ils vers l'homme à qui

Le fléau peut arriver, il faut qu'il soit là

En même temps. Mais la mort l'empêche,

Interdisant la vie à celui sur qui pourrait se presser

Tant de contrariété et de soucis ; et il est vrai qu'il faut savoir :

Nous n'avons rien à craindre dans la mort,

Pas de misère pour celui qui n'est plus,

Le même domaine comme si je n'étais jamais né auparavant,

Quand la mort immortelle a pris la vie mortelle.

Par conséquent, là où tu vois un homme affligé parce que

Quand il est mort, il pourrit avec son corps déposé,

Ou périt dans les flammes ou dans la gueule des bêtes,

Sachez-le bien : il ne sonne pas vrai, et cela en dessous

Il exerce toujours une piqûre invisible sur son cœur,

Cependant, il nie croire.

Il aura quelque chose à ressentir après la mort.

Car il, j'imagine, n'accorde pas ce qu'il dit,

Ni ce que cela suppose, et il échoue

Pour s'arracher toutes ses racines à la vie

Et rejette ce moi, sans le savoir

En feignant qu'il reste des restes.

Car quand dans la vie on s'imagine

Son corps mort par les bêtes et les vautours déchirés,

Il plaint son état, ne se divise pas

De là, ne retirant pas assez le soi

Du corps jeté, imaginant

Lui-même ce corps, et s'y projetant

Son propre sens, alors qu'il se tient à ses côtés : d'où

Il regrette d'être né mortel et ne marque pas

Que dans la vraie mort, il n'y a pas de second moi

Vivant et capable de regretter son autodestruction,

Ou rester debout à déplorer que le moi soit là

Mutilé ou brûlant. Car si c'est un mal

Mort pour être secoué par la mâchoire et les crocs

Parmi les brutes sauvages, je ne vois pas pourquoi il n'y en avait pas

Amer de s'allonger sur le feu et de rôtir dans les flammes,

Ou suffoquer dans le miel, et, allongé

Sur l'oblong lisse d'une dalle glacée,

Devenir raide dans le froid ou couler avec une charge de terre

Écrasement par le haut.

"Toi maintenant plus

La joyeuse maison et la meilleure des épouses seront les bienvenues,

Ni les petits fils ne courent arracher leurs baisers

Et touche avec un bonheur silencieux ton cœur.

Tu n'accéléreras pas davantage tes entreprises,

Et ne sois plus le gardien des tiens.

Pauvre misérable, disent-ils, une heure hostile a pris

Malheureux de ta part tous les nombreux guerdons de la vie, "

Mais n'ajoute pas : "pourtant plus à toi

Reste pour eux un vestige de désir"

Si seulement ils percevaient bien cela avec l'esprit

Et suivis de maximes, ils libéreraient

Leur état d'homme d'angoisse et de peur.

"O même si tu es ici, endormi dans la mort,

Alors tu dormiras le reste du temps,

Libéré de toutes les douleurs. Mais nous,

Nous t'avons pleuré d'un malheur insatiable,

Debout à côté alors que j'étais sur l'horrible bûcher

Tu es devenu cendre ; et aucun jour ne prendra

Pour nous, la tristesse éternelle du sein. »

Mais demande à la personne en deuil quelle est l'amertume

Cet homme devrait se perdre dans un chagrin éternel,

Si, après tout, il ne s'agissait que de dormir et de se reposer ?

Car quand l'âme et le corps ensemble sont coulés

Dans le sommeil, personne ne se réclame alors

Ou être. Eh bien, ce sommeil peut être éternel,

Sans désir de plus d'individualité,

Pour tout ce qui compte pour nous endormis.

Pourtant, ces germes primordiaux ne le font pas du tout

Parcourez nos membres, à cette heure-là, au loin

De leurs propres mouvements qui produisent nos sens -

Depuis, quand il sursaute de son sommeil, un homme

Rassemble ses sens. La mort est donc pour nous

Beaucoup moins, s'il peut y avoir moins que ça

Ce qui en soi n'est rien : car il vient

Dur à la mort une dispersion plus grande

De la foule de la matière, et aucun homme ne se réveille

Sur qui tombe une fois la pause glaciale de la vie.

Cela aussi, ô souvent, les hommes disent de l'âme :

Le long de leurs canapés tenant les tasses,

Avec des visages ombragés par des couronnes fraîches de travers :

"Bref est ce fruit de joie pour l'homme mesquin,

Bientôt, bientôt parti, et par la suite, non,

Il se peut qu'il ne soit pas rappelé. "- Comme si, en vérité,

C'était leur apogée dans la grande mort

Pour dessécher, pauvres langues, la soif et la sécheresse aride,

Ou irriter pour tout manque.

Encore une fois, si la nature

Devrait-il tout à coup envoyer une voix à l'étranger,

Et elle-même s'insurge contre nous ainsi :

"Mortel, qu'as-tu de si grave souci

Que tu te livres à des plaintes trop maladives ?

Pourquoi cette mort déplorante et pleurante ?

Car si ta vie avant et après

Je t'étais reconnaissant, et pas tout ton bien

A été entassé comme dans un tamis pour s'écouler

Et périr en vain, pourquoi pas,

Même comme un banqueteur, quittez les salles,

Chargé de vie ? pourquoi pas avec l'esprit content

Prends maintenant, imbécile, ton repos sans affliction ?

Mais si tout ce que tu as apprécié a été

Prodigué et perdu, et la vie est maintenant une offense,

Pourquoi chercher à ajouter davantage, ce qui à son tour

Périra-t-il horriblement et tombera-t-il en vain ?

O pourquoi ne pas plutôt mettre fin à la vie,

Du travail ? Pour tout ce que je peux imaginer ou trouver

Te faire plaisir n'est rien : tout est

Le même pour toujours. Même si ton corps n'est pas encore

Se ride avec les années, et le cadre ne s'épuise pas encore

Dépassées, les choses restent les mêmes, même si

Tu continues à conquérir tout le temps

Avec de longs jours, oui, si tu ne meurs jamais "-

Quelle a été notre réponse, sinon que la Nature ici

Demande instamment de s'adapter et, dans ses mots, s'allonge

Véritable cause d'action ? Pourtant, faut-il se plaindre,

Plus mûr en années et plus âgé, et se lamentent,

Pauvre diable, sa mort est plus douloureuse qu'elle ne l'exige,

Alors, avec plus de droit, ne s'en prendrait-elle pas à lui

Criez en invectivant d'une voix plus aiguë :

« Arrête tes larmes et étouffe tes gémissements, bouffon !

Tu es ridé - après avoir eu la somme

Des guéridons de la vie ; pourtant, puisque tu as toujours envie

Ce qui n'est pas à portée de main, au mépris du bien présent,

Cette vie s'est échappée, imparfaite

Et inutile pour toi. Et maintenant,

Ou avant que tu ne l'aies deviné, la mort à côté de ta tête

Se tient debout - et avant que tu puisses rentrer chez toi

Rassasié et chargé du bon festin.

Mais maintenant, abandonne tout ce qui est étranger à ton âge,—

Debout, de bonne grâce ! faites de la place pour les fils : tu le dois.

À juste titre, je pense, raisonnerait-elle ainsi :

Invectivez et ceignez à juste titre : depuis toujours le vieux

Dépassé par les nouveaux cède la place, et toujours

Une chose parmi les autres est réparée.

Et aucun homme n'est envoyé dans l'abîme

Du Tartare, le noir. Car les choses doivent être,

Qu'ainsi les générations suivantes grandissent, -

Bien que ceux-ci, leur vie terminée, te suivent ;

Et ainsi, toutes les générations sont comme toi :

Déjà tombé, ou quelque temps pour tomber.

Ainsi une chose surgit toujours d'une autre ;

Et en fief simple, la vie n'est donnée à personne,

Mais pour tous, simple usufruit.

Regarde en arrière:

Rien pour nous n'était tout à fait acquis

Du temps éternel, avant que nous ayons une naissance.

Et la nature tient ça comme un miroir

Du temps à venir quand nous serons morts et partis.

Et qu'est-ce qui apparaît de si horrible ?

Maintenant, qu'y a-t-il de si triste dans tout cela ?

N'est-ce pas plus serein que n'importe quel sommeil ?

Et en vérité, ces tortures qu'on dit être

Dans l'Achéron, les profondeurs, ils sont tous à nous

Ici, dans cette vie. Pas de Tantale, engourdi

Avec une terreur sans fondement, comme le racontent les fables,

Peur de l'énorme rocher suspendu dans les airs :

Mais plutôt, dans la vie, une peur vide des Dieux

Exhorte à la mortalité, et chacun craint

Quelle chute de fortune pourrait lui arriver.

Ni manger les vautours dans Tityus

Prosternés dans l'Achéron, ils ne trouvent pas,

En vérité, à travers les âges éternels, rien

Pour fouiller dans ce sein puissant.

Même s'il étend énormément sa masse...

Qui n'a pas neuf acres pour membres étendus,

Mais la terre entière — il ne pourra pas

Supporter une douleur éternelle ni fournir de la nourriture

De son propre cadre pour toujours. Mais pour nous

Un Tityus est celui que les vautours déchirent

Prosterné amoureux, que ronge l'angoisse inquiète,

Qui trouble des désirs inassouvis

Déchirure en morceaux. Nous avons sous les yeux

Ici dans cette vie aussi un Sisyphe

En celui qui cherche le peuple

Les tiges, les haches sont tombées, et toujours

Il prend sa retraite, un homme battu et sombre.

Car rechercher le pouvoir — un nom vide de sens,

Ni donné du tout - et toujours dans la recherche

Endurer un monde de labeur, oh, c'est ça

Pousser une pierre avec l'épaule en haut de la colline

Qui revient pourtant du haut,

Et tête baissée, nous nous dirigeons vers les niveaux de la plaine.

Puis nourrir toujours un esprit ingrat,

Rempli de bonnes choses, jamais satisfaisant—

Tout comme les saisons de l'année pour nous,

Quand ils reviennent et amènent leur progéniture

Et des charmes variés, et on n'est jamais comblé

Avec les fruits de la vie - oh ça, j'imagine, c'est

Pour verser, comme ces jeunes vierges du conte,

Eaux dans un tamis, jamais rempli.

Cerbère et Furies, et ce manque de lumière

Tartare, éructant de sa bouche la vague

D'une chaleur horrible - celles qui ne sont nulle part, ni

C'est effectivement possible : mais dans cette vie, il y a la peur

Des rétributions justes et des expiations

Pour les actes malfaisants : le donjon et le saut

De ce terrible rocher d'infamie, les rayures,

Les bourreaux, le chevalet de chêne,

Les plaques de fer, le bitume et le chalumeau.

Et même si ceux-ci sont absents, l'esprit,

Avec une conscience intrépide, agite ses aiguillons

Et brûle sous les cils, sans voir entre-temps

Quel terminus des maux, quelle fin du pin

Peut-être jamais, et craint que la même chose

Mais devenez plus lourd après la mort. De la verité,

La vie des insensés, c'est l'Achéron sur terre.

Cela aussi pour toi-même parfois

Répétez tu peux : "Voici, même le bon Ancus est parti

Le soleil avec ses yeux, en diverses choses

Un homme meilleur que toi, ô biche sans valeur ;

Et bien d'autres rois et seigneurs

Par la suite, nous avons coulé, une fois qui a influencé

O'er des peuples puissants. Et lui aussi, il...

Qui, à son époque, ouvrait une route sur la mer,

Et a donné la voie à ses légionnaires

Le long des profondeurs, et leur a appris à traverser

Les flaques de saumure étaient à pied et méprisaient,

Le piétinant avec sa cavalerie,

Les mugissements de l'océan ont versé son âme

Du corps mourant, alors que sa lumière était prise.

Et le fils de Scipion, la foudre de la guerre,

Horreur de Carthage, donna ses ossements à terre,

Comme le vilain le plus humble de la maison.

Ajoutez les découvreurs des sciences et des arts ;

Ajoutez les camarades des dames héliconiennes,

Parmi lesquels Homère, sceptre sur tous,

Il est maintenant plongé dans un sommeil profond avec les autres.

Et puis Démocrite, quand le champ fut mûr

L'a réprimandé, sa mémoire a disparu,

De son propre gré, il a offert sa tête à la mort.

Même Épicure y est allé, sa lumière de vie

Sortez, l'homme de génie qui a surpassé

La race humaine, éteignant toutes les autres,

Comme le soleil, toutes les étoiles sont nées dans l'éther.

Voudrais-tu donc te plaindre lentement pour partir ?

Pour qui déjà la vie est comme morte,

Pendant que tu vis et regardes ? — qui dans le sommeil

Gâche ta vie - la majeure partie du temps et ronfle

Même éveillé, et je cesse de ne pas voir

L'étoffe des rêves, et l'esprit est assailli

Par une terreur sans fondement, ni par une découverte fréquente

Qu'as-tu, quand, comme un misérable,

Tu es bousculé par de nombreux soucis de foule,

Et le vagabond chancelle, l'esprit nageant. »

Si les hommes, de la même manière que dans l'esprit

Ils sentent la charge qui fatigue sous son poids,

Pourrait aussi connaître les causes d'où cela vient,

Et pourquoi tant de maux de cœur,

Oh, ce n'est pas ainsi qu'ils vivraient leur vie,

Comme maintenant nous les voyons tellement, sans le savoir

Qu'est-ce qu'ils veulent, et cherchent toujours et toujours

Un changement de lieu, comme pour se débarrasser du fardeau.

L'homme qui a mal à la maison s'en va,

Quittant ses splendides salles et revenant tout droit,

J'ai le sentiment que ma foi n'est pas mieux à l'étranger.

Il court, conduisant ses poneys gaulois,

Jusqu'à sa villa, follement, comme en toute hâte

Pour dépêcher des secours dans une maison en feu.—Immédiatement

Il bâille, dès que le pied a touché le seuil,

Ou s'en va somnolent et cherche

L'oubli, ou peut-être l'agitation

Et repart pour la ville. De telle manière

Chaque humain se fuit lui-même, un soi en vérité,

Il se trouve qu'il ne peut en aucun cas s'échapper ;

Et bon gré mal gré, il s'y attache et le déteste,

Malade, malade, et je ne devine pas la cause de tout.

Mais s'il ne voyait que cela, ô alors surtout,

Laissant tout le reste, il étudierait pour deviner

La nature des choses, puisqu'ici est en débat

Le temps éternel et non l'heure unique,

La succession du mortel dans tout ce qui reste

Après une grande mort.

Et aussi, en fin de compte,

Quel mauvais désir de vivre est-ce si grand

Nous soumet à la vie, si terriblement désemparés

En périls et en alarmes ? une extrémité fixe

De la vie demeure pour la condition mortelle ;

La mort n'est pas à éviter, et nous devons aller à sa rencontre.

En plus, nous sommes occupés avec les mêmes appareils,

Toujours et à jamais, et nous y sommes toujours,

Et il n'y a aucun nouveau plaisir qui puisse être forgé

En vivant. Mais tandis que la chose à laquelle nous aspirons

Il manque, cela semble bien avant tout ;

Après, quand on l'a touché, autre chose

Nous aspirons à; toujours une soif égale de vie

Nous saisit bouche bée. Et je doute que ce soit quelle fortune

Les temps futurs peuvent porter, ou quoi que ce soit

Cette chance peut apporter, ou quel est le prochain problème

Nous attend. Ni en prolongeant la vie

Éloigne-nous le moins du temps de la mort,

Nous ne pouvons pas non plus arracher un instant, grâce auquel

Pour minimiser les éons de notre état de mort.

C'est pourquoi, ô homme, en vivant, accomplis

Autant de générations que tu peux :

La mort éternelle y attendra encore ;

Et celui qui est mort avec la lumière d'hier

Le temps ne sera pas plus bref dans le No-more de la mort

Que celui qui a péri des mois ou des années auparavant.

LIVRE IV

PRÉFACE

J'erre au loin, prospère dans une pensée solide,

À travers les repaires inconnus des Pierides,

Piétiné par personne auparavant. je suis heureux

Pour y venir sur des fontaines immaculées,

Les drainer en profondeur ; J'ai la joie de cueillir de nouvelles fleurs,

Pour chercher pour ma tête une couronne de signal

Des régions où les Muses n'ont encore jamais

Ont décoré les tempes d'un homme :

Premièrement, puisque j'enseigne des choses puissantes,

Et continuez à vous détacher de l'esprit

Les liens serrés de la religion redoutable ;

Ensuite, puisque, concernant des thèmes si sombres, j'encadre

Chanson si claire, touchante d'un bout à l'autre

Même avec le charme des Muses qui, à ce qu'il semblerait,

N'est pas sans motif raisonnable :

Car en tant que médecins, lorsqu'ils cherchent à donner

Jeunes garçons, l'absinthe nauséabonde, touchez d'abord

Le bord autour de la tasse avec le jus sucré

Et le jaune du miel, pour que

L'âge irréfléchi de l'enfance soit cajolé

Jusqu'aux lèvres, et en attendant avale

Le breuvage amer de l'absinthe, et, bien que trompé,

Ne soyez pas seulement dupé, mais plutôt ainsi

Redevenez fort grâce à une santé recréée :

Alors maintenant, moi aussi (puisque ma doctrine semble

En général, quelque peu triste pour ceux

Qui ne l'a pas eu en main, et depuis la foule

il en revient avec horreur) j'ai désiré

Pour t'exposer notre doctrine en chant

Parlant doucement et Pierian, et, comme c'était le cas,

Le toucher avec le doux miel de la Muse—

Si par une telle méthode je pouvais tenir

Ton esprit sur nos lignes,

Jusqu'à ce que tu apprennes la nature de toutes choses

Et comprenez leur utilité.

EXISTENCE ET CARACTÈRE DES IMAGES

Mais puisque j'ai déjà enseigné de quelle sorte

Les graines de toutes choses sont, et combien distinctes

Sous diverses formes, ils voltigent d'eux-mêmes,

Remué par un mouvement éternel,

Et dans quel mode les choses sont-elles créées,

Et depuis que j'ai enseigné quelle est la nature de l'esprit,

Et de quoi s'agit-il avec le corps tricoté

Et prospère en force, et par quel mode déchiré

Cet esprit retourne à ses primordiaux,

Maintenant, vais-je entreprendre un argument...

Un pour ces questions de préoccupation suprême :

Qu'il existe ces quelque peu que nous appelons

Les images des choses : celles-là, comme les films

Écaillé le plus en dehors des choses,

Volez ici et là à travers l'atmosphère,

Et la même chose terrifie notre intellect,

Venant sur nous éveillé ou endormi,

Quand souvent nous regardons de merveilleuses formes étranges

Et des images de gens avides de lumière,

Ce qui nous a souvent horriblement réveillé lorsque nous étions allongés

Dans le sommeil, nous ne pourrons peut-être plus jamais

Supposons que les âmes se détachent d'Achéron,

Ou les ombres flottent parmi les vivants,

Ou aucun de nous n'est laissé pour compte à la mort,

Quand le corps et l'esprit, détruits ensemble, chacun

Le retour à ses propres primordiaux s'en va.

Et ainsi je dis que les effigies des choses,

Et des formes ténues proviennent des choses,

Du plus grand extérieur aux choses,

Qui ressemblent à des films ou peuvent s'appeler une croûte,

Parce que l'image a une apparence et une forme

Avec ce que le corps a perdu, il s'agite en avant -

Un fait que tu peux faire, aussi ennuyeux que soit ton esprit,

Eh bien, apprenons-en : principalement, parce que nous voyons

Même parmi les objets visibles, il y en a beaucoup

Qui envoient des corps, vaguement certains diffusés—

Comme la fumée des bûches de chêne et la chaleur des incendies,

Et quelques autres entrelacés et condensés—

Comme quand les sauterelles en été

Enlevez leurs tuniques brillantes, ou quand les mollets

À la naissance, déposez les membranes de la surface de leur corps,

Ou quand, encore une fois, le serpent glissant s'en va

Ses vêtements parmi les épines - car nous voyons souvent

Les breres augmentés de leurs dépouilles volantes :

Puisque cela se produit, c'est également certain

Que des images ténues des choses sont envoyées,

Du plus grand extérieur aux choses.

Pourquoi ces espèces devraient-elles disparaître et se séparer des choses,

Plutôt que d'autres ténus et maigres,

Aucun homme n'a le pouvoir d'ouvrir la bouche pour le dire ;

D'autant plus qu'en dehors des choses

Y a-t-il des corps nombreux et minuscules qui pourraient,

Dans le même ordre qu'ils avaient auparavant,

Et avec la figure de leur forme préservée,

Être jeté à l'étranger, et bien plus rapidement aussi,

Etant moins soumis aux obstacles,

Aussi peu nombreux et placés le long du devant.

Pour vraiment beaucoup de choses, nous voyons une décharge

Leurs affaires en général, pas seulement à partir de leurs noyaux

Au plus profond de soi, comme nous l'avons dit plus haut,

Mais de leurs surfaces parfois rien de moins...

Leurs couleurs aussi. Et communément

Les auvents, safran, rouge et bleu sombre,

Étendu au-dessus de nos têtes dans de puissants théâtres,

Sur leurs poteaux et leurs traverses flottant,

Ayez une telle action tout à fait ; car là ils teignent

Et font onduler de toutes leurs teintes

La foule encerclée en bas, et toute la scène,

Et des vêtements riches dans les sièges patriciens.

Et toujours plus les murs sombres du théâtre

Autour d'eux fermés, plus il y a de choses à l'intérieur

Riez dans la diffusion lumineuse d'étranges reflets,

La lumière du jour étant retirée. Et donc, puisque

Les tentures en toile déchargent ainsi leur teinture

Vu de leur surface, les choses en général doivent

De même leurs effigies ténues se déchargent,

Parce que dans les deux cas, ils sont rejetés

De la surface. Il y a donc effectivement

De telles empreintes certaines et vestiges de formes

Qui voltigent, de texture la plus subtile,

Invisible, lorsqu'il est séparé, chacun et un.

Encore une fois, toute odeur, fumée et chaleur, etc.

S'écoule des choses de manière diffuse, parce que,

En venant des profondeurs du corps

Et s'élevant, le long de leur chemin sinueux

Ils sont déchirés et les passerelles ne sont pas droites

De quoi se masser et lutter à l'étranger.

Mais à l'inverse, quand un film aussi ténu

La couleur extérieure est perdue, il n'y a rien

Peut le déchirer, puisqu'il est placé le long du devant

Prêt à portée de main. Enfin ces images

Qui apparaissent à nos yeux dans les miroirs,

Dans l'eau ou sur toute surface brillante,

Doit être, puisque meublé avec le même aspect des choses,

Façonné à partir d'images de choses envoyées.

Il y a donc de ténues effigies de formes,

Comme eux, que personne ne peut deviner

Lorsqu'ils sont pris seuls, qui redonnent pourtant,

Quand par décharge continue et récurrente

Expulsé, une photo du plan des miroirs.

Il semble qu'il ne soit pas non plus possible de les conserver autrement

Si bien conservé qu'il sera ainsi restitué

Les chiffres ressemblent tellement à chaque objet.

Maintenant, apprends

Combien la nature d'une image est ténue.

Et en premier lieu, puisque les primordiaux sont

Jusqu'à présent au-dessous de nos sens, et bien moins

E'en que ces objets qui commencent à grandir

Trop petit pour que les yeux le remarquent, apprenez-en maintenant en quelques minutes

Comme les débuts de toutes choses sont beaux...

Cela aussi, je peux encore le confirmer par la preuve :

Premièrement, les créatures vivantes sont parfois si petites

Que même leur troisième partie ne peut être vue ;

Jugez donc de la taille de tout organe intérieur.

Qu'en est-il de leur cœur sphérique, de leurs yeux, de leurs membres,

Le squelette ? — Comme ils sont minuscules !

Et qu'en plus de ces premières particules

D'où doivent être façonnés l'âme et l'esprit ?

Comme c'est gentil et combien minute ? D'ailleurs, peu importe

Exhale de son corps une odeur piquante—

L'absinthe nauséabonde, ou la panacée,

Bois du sud fort, ou centaurée amère—

Si jamais aussi légèrement avec tes [doigts] deux

Peut-être [tu touches] l'un d'eux

Alors pourquoi ne pas plutôt savoir que les images

Volez ici et là, plusieurs, dans de nombreux modes,

Sans corps et invisible ?

Mais de peur

Peut-être penses-tu que ces images

Qui viennent des objets sont les seuls qui voltigent,

D'autres en effet sont là de leur plein gré

Engendré, auto-formé dans les cieux aériens de la terre,

Qui, moulé sous d'innombrables formes,

Sont portés en l'air et, aussi fluides soient-ils,

Cessez de changer d'apparence et de vous retourner

Dans de nouveaux contours de toutes sortes de formes ;

Alors que nous voyons les nuages s'épaissir en haut

Et ricaner la vision sereine du monde,

Caresser l'air avec des mouvements. Car on voit souvent

Les visages des géants volent au loin

Et traînant une étendue d'ombre ; et parfois

Les puissantes montagnes et les rochers brisés par les montagnes

Aller devant et traverser au soleil,

Après quoi une bête monstrueuse traîne

Et menant aux autres orages.

Maintenant [écoutez] comme ils sont faciles et rapides

Engendré et s'écoulant perpétuellement

Des choses et du vol à voile disparaissent....

Pour toujours, chaque extérieur s'écoule

De tous les objets, puisqu'ils peuvent se décharger ;

Et quand cet extérieur atteint d'autres choses,

Étant principalement du verre, il passe à travers ; mais où

Il atteint les rochers bruts ou les morceaux de bois,

Il y a tellement de loyer qu'il ne peut pas rendre

Une image. Mais quand les objets brillants sont denses,

Comme principalement des miroirs, ont été placés devant lui,

Rien de tel ne se produit. Car ça ne peut pas

Passez comme à travers une vitre, et ne soyez pas encore déchiré : sa sécurité,

En vertu de cette douceur, en être sûr.

C'est donc d'eux que viennent les images

Revenez vers nous ; et comment ça se passe soudainement

Tu places, à tout instant, n'importe quoi

Devant un miroir, là, une image apparaît ;

Prouver cela depuis la surface d'un corps

Faites couler des textures fines et des formes fines de choses.

Ainsi de nombreuses images en peu de temps

Sont sexistes ; donc leur origine est nommée

À juste titre, un rapide. Et même comme le soleil

Doit être envoyé ci-dessous, dans peu de temps, sur terre

Tant de poutres pour garder toutes choses si pleines

De lumière incessante ; ainsi, pour les mêmes raisons,

Des choses doivent découler, de plusieurs manières,

A chaque quart de tour, à l'instant,

Les nombreuses images des choses ; parce que

Quelle que soit la face des choses vers laquelle nous nous tournons

Le miroir, les choses de forme et de teinte identiques

Répondre. En plus, mais un instant depuis

Le temps du ciel était le plus serein,

C'est si férocement soudain qu'il est d'une épaisseur infecte

Pour que vous puissiez penser que tout est sombre

S'était séparé d'Achéron et avait rempli

Les puissantes voûtes du ciel, si douloureusement,

Alors que se rassemble ainsi la nuit horrible des nuages d'orage,

Est-ce que des visages d'horreur noire sont suspendus en haut ?

Quelle est la petite part d'une image

Il n'y a personne à raconter ou à estimer avec des mots.

Maintenant, viens ; avec quel mouvement rapide ils sont portés,

Ces images, et quelle est la vitesse attribuée

Pour eux, à travers les brises nageant—

Pour que sur des longueurs d'espace une petite heure

Seul est gaspillé, vers n'importe quelle région

Chacun avec ses diverses impulsions tend - je vais le dire

Dans des vers plus doux que beaucoup ne le sont ;

Même si la légère note du cygne est bien meilleure

Que cette clameur dispersée des grues

Parmi les nuages aériens du vent du sud. Et d'abord,

On peut souvent voir que les objets légers

Et les martinets sont constitués de corps minuscules ;

Dans quelle classe sont la lumière du soleil et sa chaleur,

Puisque fabriqué à partir de petits éléments primordiaux

Qui, pour ainsi dire, sont projetés en avant

Et à travers les espaces de l'air

Ne tardez pas à passer, poussé par les coups derrière ;

Car lumière par lumière est instantanément fournie

Et la lueur qui suit la lueur est stimulée et motivée.

De même, les images doivent avoir un pouvoir

À travers un espace inimaginable pour accélérer

Dans un certain temps, d'abord parce qu'une cause

Il y a des choses extrêmement petites qui se trouvent à l'arrière

Loin en avant, ils les poussent et les propulsent, là où aussi,

Ils sont portés avec une telle légèreté ailée ;

Et deuxièmement, depuis qu'il a été meublé, une fois expulsé,

Avec une texture d'une telle rareté qu'ils peuvent

À travers des objets quels qu'ils soient, pénétrez

Et suintent, pour ainsi dire, à travers l'air intermédiaire.

En plus, si ces fines particules de choses

Qui du plus profond de soi sont envoyés à l'étranger,

Comme la lumière et la chaleur du soleil glissent

Et se répandirent dans tout l'espace du ciel

À un instant de la journée, et vole

O'er la mer et les terres et inonder le ciel, que se passe-t-il alors

De ceux qui, à l'extérieur, se tiennent prêts,

Quand ils sont expulsés sans rien à vérifier

Leur sortie ? Ne vois-tu pas en effet

À quelle vitesse et jusqu'où doivent-ils aller

Et accélérez à travers toute la longueur de l'espace

Dans le même temps que les rayons du soleil

O'erspread le ciel? Cela semble également être

Exemple chef et vrai avec quelle rapidité

Les images des choses portent sur :

Que toujours sous un ciel ouvert

Est répandue l'eau brillante, d'un seul coup,

S'il y a des étoiles dans le ciel, qui brillent de la terre,

Là, serein et radieux dans l'eau,

Les constellations de l'univers—

Maintenant, tu ne vois pas à quel moment

Une image des rives de l'éther tombe

Jusqu'aux rivages de la terre ? C'est pourquoi, encore une fois,

Et encore une fois, il faut avouer

Avec merveilleux...

LES SENS ET LES IMAGES MENTALES

Des corps qui frappent les yeux, une vision éveillée.

De certaines choses jaillissent toujours des odeurs,

Comme le froid des rivières, la chaleur du soleil et les embruns

Des vagues de l'océan, mangeur des murs

Autour des côtes. Ni cesser de voler

Les voix variées, les sons dans les airs.

Et puis ça rentre parfois dans la bouche

Le goût humide d'un sel, au bord de la mer

Nous errons; et ainsi, chaque fois que nous regardons

Le mot de ver étant mélangé, il pique amèrement.

À tel point que chaque chose est issue de toutes choses

Porté en continu et envoyé partout

Dans toutes les régions rondes ; et subventions nature

Ni repos ni répit du flux en avant,

Puisque c'est sans cesse que nous nous sentons avoir,

Et tout le temps on souffre pour déceler

Sentez tout ce qui est à portée de main et entendez-le sonner.

D'ailleurs, puisque la forme examinée par nos mains

Dans l'obscurité, on sait que c'est le même

Comme cela est perçu par les yeux dans la lumière

Et un jour brillant, le toucher et la vue doivent être

Par une cause semblable suscitée. Donc si on teste

Un carré et nous envoie son stimulus

Dans l'obscurité, dans la lumière, quel carré

Peut tomber à notre vue, sauf un carré

Cela représente les choses ? C'est pourquoi il semble

La source de la vision est dans les images,

Et sans cela, rien ne peut être vu.

Maintenant, ces mêmes films que je nomme sont nés

Et jeté et dispersé dans toutes les régions.

Mais puisque nous percevons uniquement à travers les yeux,

Il s'ensuit donc que vers où nous nous tournons

Notre vue, tout s'y oppose

Avec forme et teinte. Et à quelle distance de nous

Chaque chose peut être absente, l'image cède

À nous le pouvoir de voir et la chance de dire :

Car quand il est envoyé, aussitôt il avance

Et roule dans les airs qui sont dans l'espace

Entre cela et nos yeux. Et donc cet air

Tout glisse à travers nos globes oculaires, et, comme si,

Brosse nos pupilles et ainsi

Passe à travers. C'est pourquoi il vient, nous voyons

À quelle distance de nous chaque chose peut-elle être éloignée,

Et plus il y a d'air qui a été chassé auparavant,

Et aussi, plus la brise du brossage dure longtemps

Contre nos yeux, plus on s'éloigne

Chaque chose apparaît comme étant : en vérité, cette œuvre

Avec un ordre extrêmement rapide, tout continue,

Pour qu'en un instant nous puissions voir

Quel type d'objet et à quelle distance.

Cela ne doit pas non plus être considéré comme trop merveilleux

Dans ces affaires, même si les films qui frappent

Sur les yeux, on ne peut pas voir un seul,

Les choses elles-mêmes peuvent être perçues. Car ainsi

Quand le vent nous frappe coup par coup

Et quand le froid intense coule, ce n'est pas notre habitude

Pour ressentir chaque particule privée du vent

Ou de ce froid, mais plutôt d'un seul coup ;

Et ainsi nous voyons comment les coups affectent notre corps,

Comme si une chose battait sur la même chose

Et nous donnant la sensation de son propre corps

En dehors de nous. Encore une fois, chaque fois que nous cognons

Du bout du doigt sur une pierre, nous touchons

Mais la surface du rocher et la teinte extérieure,

Ne ressentez pas cette teinte par contact, mais ressentez plutôt

La dureté même au plus profond de la roche.

Maintenant viens, et pourquoi au-delà d'un miroir

Une image peut être vue, perçue. Pour vu

C'est effectivement le cas, éloigné de l'intérieur.

C'est le même genre que les objets observés

Dehors dans leur vraie forme, quand une porte

Donne par lui-même un lieu d'échange ouvert,

Et nous permet de voir tant de choses dehors

Au-delà de la maison. Aussi cette vue est faite

Par un double air jumeau : car le premier est vu

L'air à l'intérieur des montants de porte ; ensuite les portes,

Les deux à gauche et à droite ; et après

Une lumière au-delà vient effleurer nos yeux,

Puis un autre air, puis des objets observés

Dehors dans leur vraie forme. Et ainsi, quand pour la première fois

L'image du verre se projette,

Quant à notre regard il vient, il avance

Et roule dans les airs qui sont dans l'espace

Entre cela et nos yeux, et réalise

Que l'on perçoit l'air avant encore le verre.

Mais quand on a aussi vu le verre lui-même,

Immédiatement cette image qui vient de nous

Atteint le verre, et y est rejeté à nouveau

Revient à nos yeux, et la conduite roule

Devant lui un autre air, qui alors

C'est cela que nous voyons devant lui-même, et ainsi

Cela semble si loin derrière la vitre.

C'est pourquoi, encore une fois, il n'y a rien d'étonnant

Dans ceux qui rendent depuis le plan du miroir

Une vision en arrière, puisque chaque chose arrive

Au moyen des deux airs. Maintenant, dans le verre

La partie droite de nos membres est observée

A gauche, parce que, quand vient l'image

Frappant contre le niveau du verre,

Il n'est pas revenu sans changement ; mais forcé de partir

Vers l'arrière en ligne directe et non oblique,—

Exactement comme celui qui a son masque en plâtre

Devrait se précipiter, avant qu'il ne soit sec, sur un poteau ou une poutre,

Et il devrait tout de suite continuer, s'y accrochant,

Sa forme, inversée, face à celui qui lançait,

Et ainsi remodeler les fonctionnalités qu'il redonne :

Il arrive que maintenant l'œil droit soit le gauche,

La gauche la droite. Une image aussi peut être

De miroir en miroir transmis,

Jusqu'à ce que des films d'idoles soient même cinq ou six

Ont donc été genrés. Pour toutes les choses

Je me cacherai là-bas dans la maison, le même,

Même si éloigné de manière tortueuse,

Peut encore être produit à travers des chemins courbes

Et par ces plusieurs miroirs, on voit

Dans la maison, puisque la nature l'exige

Toutes choses doivent être portées en arrière et jaillir

À des angles égaux par rapport à toutes les autres choses.

À tel point que l'image transparaît

De miroir en miroir ; où c'était laissé

Il s'avère que c'est le bon, et puis encore

Revient et change de tour vers la gauche.

Encore une fois, ces petits côtés de miroirs courbés

Proportionné au renflement de notre propre flanc

Renvoyez-nous leurs idoles avec le droit

À droite ; et c'est ainsi parce que

Soit l'image est transmise

De miroir en miroir, et ensuite,

Lorsqu'il s'enfuit deux fois, il revient vers nous-mêmes ;

Ou bien l'image tourne sur elle-même,

Quand une fois au miroir il est venu,

Puisque la surface courbe lui apprend à tourner

Vers nous. De plus, tu pourrais bien croire

Que ces idoles du cinéma nous accompagnent

Et mettre leurs pieds à l'unisson avec les nôtres

Et imitez notre voiture, car à partir de là

Partie d'un miroir d'où tu t'es retiré

Aucune image ne peut être renvoyée dans l'immédiat.

De plus, nos globes oculaires ont tendance à fuir la lumière

Et évitez de le regarder ; le soleil aveugle même,

Si tu continue à les lui tendre,

Parce que sa force est grande et que les films

Fortement vers le bas depuis le haut sont supportés

À travers l'éther pur et les vents invisibles,

Et frappe les yeux, désordonnant leurs articulations.

Alors le lustre brûle souvent les yeux,

Parce qu'il contient de nombreuses graines de feu

Ce qui, en pénétrant dans les yeux, engendre de la douleur.

Encore une fois, peu importe ce que pensent les personnes atteintes de jaunisse

Devient jaune pâle, car de leur corps

Faites couler de nombreuses graines jaune pâle pour les rencontrer

Les films des choses, et beaucoup aussi sont mixés

Dans leurs yeux, qui par contagion peignent

Toutes choses avec tristesse. Encore une fois, nous voyons

Des recoins sombres, les choses qui se dressent dans la lumière,

Parce que, lorsque le premier est entré et a possédé

Les yeux ouverts, cet air sombre plus proche,

Rapidement l'air brillant et lumineux

Suit, qui purge alors les yeux

Et disperse cet autre air

Les ombres de sable, car dans une large mesure

Cet air est plus agile, plus agréable et plus fort.

Et dès que jamais cela s'est rempli et a fonctionné de lumière

Les voies des globes oculaires, qui auparavant

L'air noir s'était bloqué, je suis là tout de suite

Ces films de choses remarquables à la lumière,

Provoquer une vision : ce que nous ne pouvons pas faire

De la lumière avec des objets dans l'obscurité,

Parce que cet air sombre et plus dense derrière

Suit et remplit chaque ouverture

Et bloque ainsi les voies des yeux

Qu'il n'y a aucune image de quoi que ce soit

Peut être jeté et agiter les yeux.

Et quand de loin nous voyons

Les tours carrées d'une ville, souvent

Ils semblent arrondis, — à cause de cela parce que

Chaque angle lointain est perçu comme obtus,

Ou plutôt, on ne le perçoit pas du tout ;

Et périt son coup ni à nos regards

Arrive son coup, car à travers une telle longueur d'air

Sont portés le long des idoles que l'air

Rend émoussé l'idole du point d'angle

Par de nombreux heurts. Quand ainsi

Les angles de la tour chacun et tous

Ayant complètement échappé au sens, les pierres apparaissent

Comme frotté et arrondi sur un tour de tourneur,

Mais pas comme les objets proches et véritablement ronds,

Mais avec un semblant d'eux, vaguement.

De même, notre ombre au soleil apparaît

Pour avancer et suivre nos propres pas

Et imite notre voiture, si tu penses

L'air ainsi privé de lumière peut marcher,

Suivre la démarche et le mouvement de l'humanité.

Pour ce que nous utilisons pour nommer une ombre, bien sûr

N'est-ce que de l'air privé de lumière. Pas étonnant :

Parce que la terre d'un endroit à l'autre est remaniée

Progressivement de la lumière du soleil, à chaque fois

En nous déplaçant, nous nous mettons sur son chemin,

Alors que n'importe quel coin de terre que nous avons abandonné

Est à nouveau rempli de lumière, à cause de cela

Il arrive que ce qui était l'ombre du corps

Il semble que ce soit toujours le même qui nous suive

En un seul parcours. Depuis, versez toujours

De nouvelles lumières de rayons, et périssent alors les anciennes,

Tout comme la laine attirée par la flamme.

C'est pourquoi la terre est facilement gâchée par la lumière

Et facilement rempli et autonome

Lave complètement les ombres noires.

Et pourtant, nous ne concédons rien du tout

Que les yeux soient trompés. Pour leur tâche, c'est

A noter en quelque lieu que ce soit léger,

Dans quoi être l'ombre : que ce soit ou non les lueurs

Soyez toujours le même, et si l'ombre qui

Tout à l'heure, voici celui qui passe par là,

Ou si les faits sont ceux que nous avons dit ci-dessus,

C'est après tout le raisonnement de l'esprit

Cela doit décider; nos yeux ne peuvent pas non plus savoir

La nature de la réalité. Et ainsi

N'attache pas ce défaut d'esprit aux yeux,

Ni penser à la légère nos sens partout

Sont chancelants. Le navire sur lequel nous naviguons

Est porté, bien qu'il semble tenir debout ;

Le navire qui attend en rade est censé

Là pour passer. Et des collines et des champs

Semble fuir rapidement vers l'arrière, au-delà duquel nous exhortons

Le navire et voler sous les voiles ventrales.

Les étoiles, chacune, semblent s'arrêter, apposées

Aux cavernes éthérées, bien qu'elles soient toutes

Sont toujours en mouvement, émergeant

Et de là revisitant leurs lointaines descentes

Quand ils ont mesuré avec leur corps brillant

L'étendue du ciel. Et aussi le soleil et la lune

Semblent attendre dans une rade, des objets qui,

Comme le prouve les faits, ils sont réellement supportés.

Entre deux montagnes au loin

Du milieu du tourbillon des eaux se trouvent des mensonges ouverts

Une sortie béante pour la flotte, et pourtant

Ils semblent réunis en une seule île.

Quand les garçons eux-mêmes auront arrêté de tourner,

Les couloirs semblent encore tourbillonner et les poteaux chanceler,

Jusqu'à maintenant, ils doivent presque penser aux toits

Menacez de les ruiner sur la tête.

Et maintenant, quand la nature commence à s'élever

La splendeur rouge du soleil et les feux tremblants,

Et élève-le au-dessus des sommets des montagnes, de ces montagnes...

O'er qu'il te semble alors être,

Son moi brillant durement en les mangeant

Avec son propre feu, ils sont encore loin de nous

A peine deux mille coups de flèche, en effet

Souvent à peine cinq cents coups de fléchette ;

Bien qu'entre ces montagnes et le soleil

S'étendent les immenses plaines de l'océan en dessous

Les vastes rivages de l'éther, et intervenir

Mille terres possédées par de nombreux peuples

Et des générations de bêtes sauvages. Encore,

Une mare d'eau d'à peine un doigt de profondeur,

Qui se trouve entre les pierres le long du pavé,

Offre une vision vers le bas dans la terre

Aussi loin que la terre s'étend en haut

Les golfes du ciel ; que c'est ainsi que tu sembles voir

Les nuages en bas et les corps célestes plongés

Merveilleusement au paradis sous terre.

Et puis aussi, au milieu du ruisseau

Colle vite notre cheval fringant, et nous regardons vers le bas

Dans les vagues rapides de la rivière, une certaine force

Semble alors porter le corps du cheval,

Bien qu'immobile, à l'envers de sa trajectoire,

Et poussez rapidement vers l'amont. Et où que ce soit

Nous jetons nos yeux dessus, tous les objets semblent

Ainsi, être porté et couler le long

De la même manière que nous. Un portique,

Même s'il est bien soutenu d'un bout à l'autre

Sur des colonnes égales, parallèles et grandes,

Se contracte par étages dans un cône étroit,

Quand d'un bout on voit le tout, très long, —

Jusqu'à ce que, joignant le plafond au sol,

Et tout le côté droit avec le gauche, ça dessine

Ensemble jusqu'au point presque invisible d'un cône.

Aux marins sur la grand-voile, le soleil semble

Des vagues pour s'élever, et dans les vagues

Pour installer et enterrer sa lumière, car en effet

Ils ne regardent que l'eau et le ciel.

Encore une fois, aux observateurs ignorants de la mer,

Les navires au port semblent, comme avec des crottes cassées,

S'appuyer sur l'eau, tout à fait ému;

Pour toute partie des rames relevée

Au-dessus, le jet saumâtre est droit et droit

Les gouvernails d'en haut. Mais d'autres parties,

Ceux coulés, immergés sous la ligne de flottaison,

Semble tout cassé et plié et incliné

En pente vers le haut, et je me suis retourné pour flotter

Presque au dessus de l'eau. Et quand les vents

Transportez les dérives éparses dans le ciel

Dans la nuit, puis semblent glisser

Les constellations rayonnantes contre les nuages

Et là-haut, pour prendre une bien autre direction

De là, en vérité, ils sont nés. Et puis,

Si peut-être notre main était placée sous un œil

Et appuyez en bas dessus, puis à notre regard

Chaque objet que nous regardons semble être,

Par une sensation deux-puis deux lumières

Des lampions fleuris en fleurs de flammes,

Et deux meubles dans toute la maison,

Doublez les visages des semblables,

Et leurs corps en deux. Et encore une fois, quand je dors

A enfermé nos membres dans un sommeil doux

Et tout le corps repose dans un profond repos,

Pourtant, nous semblons être éveillés

Et déplacez nos membres ; et dans l'obscurité aveugle de la nuit

On pense marquer la lumière du jour et le soleil ;

Et, enfermés dans une pièce, nous semblons toujours

Pour changer nos cieux, nos océans, nos rivières, nos collines,

Traverser les plaines à pied et entendre de nouveaux sons,

Même si toujours le silence austère de la nuit

Demeure autour de nous, et pour répondre,

Bien que sans voix. Autres cas du genre

Nous en voyons étonnamment beaucoup, et tous

Cherchez, pour ainsi dire, à blesser la foi dans le sens.

En vain, car la plus grande partie d'entre eux

Trompe par de simples opinions de l'esprit,

Ce que nous ajoutons nous-mêmes, feignant de voir

Ce que les sens ne voient pas du tout.

Car rien n'est plus difficile que de se séparer

Des faits simples à des faits douteux, que l'esprit

S'ajoute tout seul.

Encore une fois, si l'on suppose

Que rien n'est connu, il ne sait pas si cela

Lui-même peut être connu, puisqu'il

N'avoue rien savoir. Donc avec lui

Je renonce à la discussion - qui a mis la tête

Même là où devraient être ses pieds. Mais permettez-moi d'accorder

Qu'il sait cela, je me demande : d'où il sait

Qu'est-ce que savoir et ne pas savoir tour à tour,

Et qu'est-ce qui a créé le concept de la vérité,

Et quel appareil s'est avéré douteux

Différer du certain ? — puisque dans les choses

Il n'a jusqu'ici rien vu de vrai. Tu trouveras

Ce qui a d'abord été créé à partir des sens

Concept de vérité, et les sens ne peuvent pas non plus être

Réfuté. Il faut trouver le critère

Digne d'une plus grande confiance, qui vaincra

Par sa propre autorité, le faux devient vrai ;

Que doivent donc y avoir d'autre que nos sens ?

Digne d'une plus grande confiance ? Doit raisonner, jailli

D'un faux sens, prévaut pour contredire

Ces sens, nés comme l'est toute la raison

Des sens ? — Pour que cela ne soit pas vrai,

Toute raison est alors également fausse.

Ou les oreilles auront-elles le pouvoir de blâmer les yeux,

Ou encore le toucher aux oreilles ? Encore une fois, je goûterai

Accusez ce contact ou le nez réfutera-t-il

Ou les yeux le vaincre ? Je ne pense pas que ce soit le cas :

Car chacun a été divisé

Sa fonction à part, son pouvoir à chacun ;

Et donc nous sommes toujours contraints de percevoir

Le doux, le froid, le chaud à part, à part

Toutes les teintes diverses et tout ce qu'il y a

Conjointement avec des teintes. De même la langue de dégustation

A son propre pouvoir à part et sent à part

Et les sons à part sont connus. Et c'est ainsi

Qu'aucun sens ne peut jamais en convaincre un autre.

Aucun sens n'aura non plus le pouvoir de se blâmer,

Parce que cela doit toujours être considéré comme le même,

Digne d'une confiance égale. Et donc quoi

À tout moment, ces sens ont montré,

La même chose est vraie. Et si la raison est

Impossible de nous démêler la cause

Pourquoi les objets qui étaient carrés à portée de main, au loin

Cela semblait arrondi, mais cela nous est encore plus utile,

Manquer de raison, prétendre une cause

Pour chaque configuration, que de laisser

De nos mains échappent les choses évidentes

Et blesser la foi primitive dans les sens, et détruire

Toutes ces fondations sur lesquelles reposent

Notre vie et notre sécurité. Pour non seulement la raison

S'effondrerait; mais même notre vie

S'effondrerait immédiatement, à moins que nous n'osions

Faire confiance à nos sens et se tenir à l'écart

Des hauteurs vertigineuses et des lieux à éviter

D'un même péril, et à chercher avec rapidité

Leurs opposés ! Encore une fois, comme dans un immeuble,

Si le premier fil à plomb est de travers, et si

Le carré trompeur s'écarte des lignes exactes,

Et si le niveau vacille mais pour le moins

Dans n'importe quelle partie, toute la construction alors

Ça doit s'avérer défectueux - étagères et de travers,

Penché en arrière et en avant, incongru,

Que maintenant certaines portions semblent sur le point de tomber,

Et tombe tout d'ici peu - trahi en effet

Par des premières estimations trompeuses : il en va de même

Tes calculs dans les affaires de la vie

Doit être de travers et faux, s'il est créé pour toi

Des sens faux. Alors toute cette troupe de mots

Mener une campagne contre les sens est bien vain.

Et reste maintenant à démontrer en toute simplicité

Comment les autres sens perçoivent chacun leurs choses.

Tout d'abord, un son et chaque voix sont entendus,

Quand, entrant dans les oreilles, ils frappent le sens

Avec leur propre corps. Pour avouer, nous devons

Même la voix et le son doivent être corporels,

Parce qu'ils sont capables de frapper avec le sens.

D'ailleurs la voix gratte souvent la gorge,

Et les cris en sortant rendent encore plus dur

La trachée, assez naturellement, me semble-t-il,

Quand, par l'étroite sortie, s'élevant

En plus grande foule, ces germes primitifs de voix

Ont ainsi commencé à émettre. En vérité,

La porte de la bouche est également grattée

[Par air soufflé vers l'extérieur] à partir de [joues] distendues.

Et ainsi il n'y a aucun doute que cette voix et ces mots

Constitué d'éléments corporels,

Avec le pouvoir de faire souffrir. Et tu n'ignores pas

De même, quelle partie du corps a été enlevée,

Combien de théories et de pouvoirs des hommes

Peut être retiré par une conversation régulière, prolongée

Même depuis la splendeur naissante du matin

Aux ombres du soir noir, surtout

Si ce n'est pas déversé avec les cris les plus excessifs.

Il faut donc que la voix soit corporelle,

Puisque le long bavard perd de son cadre

À part.

De plus, la rugosité du son

Vient de la rugosité des germes primitifs,

Comme un son doux à partir de sons doux est créé ;

Ces éléments n'ont pas non plus la même forme

Quand l'atout gronde avec un rugissement creux,

Comme lorsque la pipe barbare de Berecynthian

Bourdonne avec des booms rauques, ou quand les cygnes

De nuit depuis les rives glacées d'Helicon

Avec des voix gémissantes, ils élèvent leur chant funèbre liquide.

Ainsi, lorsque du plus profond de notre corps nous forçons

Ces voix, et par la bouche les expulsent,

La langue mobile, artisane des mots,

Les rend articulés, ainsi que les lèvres

Par leurs formations, ils contribuent à les façonner.

Par conséquent, lorsque l'espace est court par rapport au point de départ

Là où arrive cette voix, les mots mêmes

Doit aussi être clairement entendu, distinctement marqué.

Car alors la voix conserve sa propre formation,

Conserve sa forme. Mais si l'espace entre

Être plus long qu'il ne convient, les mots doivent être

À travers beaucoup d'air confus et la voix

Désorganisé dans sa fuite à travers les vents,

Et il se trouve que tu peux percevoir,

Mais il ne faut pas déterminer ce que les mots peuvent signifier ;

À un tel degré confus et encombré

La voix s'approche de nous. Encore une fois, un mot,

Envoyé de la bouche du crieur, peut réveiller toutes les oreilles

Parmi la population. Et donc une seule voix

Se disperse en plusieurs voix,

Puisqu'il se divise pour des oreilles séparées,

Forme de mot empreinte et ton clair.

Mais quelle partie des voix ne parvient pas à frapper

Les oreilles elles-mêmes périssent, portées au-delà,

Diffusé paresseusement parmi les vents. À part,

Battant sur des portiques solides, rejetés en arrière

Renvoie un son ; et parfois il se moque de l'oreille

Avec un simple fantôme de mot. Quand ceci

Tu as bien noté, tu peux rendre compte

Pour vous-même et pour les autres, pourquoi

Le long des endroits solitaires que les rochers

Redonnez des formes de mots comme,

Quand nous cherchons des camarades errants

Parmi les montagnes ombragées, et à haute voix

Appelez-les, les dispersés. J'ai vu

Des spots qui rendaient même les voix six ou sept

Pour celui qui a été jeté, car ainsi les collines elles-mêmes,

Les projetant contre les collines, j'ai continué

Avec leurs réverbérations. Et ces endroits

La campagne voisine feint d'être

Repaires des satyres aux pieds de bouc et des nymphes ;

Et vous dit qu'il y a des faunes, dont le bruit nocturne

Et des réjouissances antiques là-bas, déclarent-ils

Les silences sans voix sont souvent rompus,

Et les sons des cordes sont émis et les gémissements sont doux

Dont le tuyau, battu du bout des doigts des joueurs,

Se déverse ; et partout dans le monde la race des agriculteurs

Commence à entendre, quand, en secouant les vêtements

De pin sur sa tête de demi-bête, dieu-Pan

Avec la lèvre plissée qui coule souvent de plus en plus

Les roseaux ouverts, de peur que la flûte ne cesse de couler

La musique des bois ! Autres prodiges

Et des merveilles de cet acabit qu'ils aiment raconter,

De peur qu'on pense qu'ils habitent dans des endroits isolés

Et même abandonné par les dieux. C'est pourquoi

Ils se vantent de merveilles dans leurs récits ;

Ou pour une autre raison, ils sont poussés à...

Avide, comme toute l'humanité l'a toujours été,

Bavarder des fables dans les oreilles.

Encore,

Il ne faut pas se demander comment cela se produit

Qu'à travers ces lieux (à travers lesquels les yeux ne peuvent pas

Afficher les objets manifestes) les sons peuvent encore passer

Et assaille les oreilles. Car souvent nous observons

Les gens conversent, même si les portes sont fermées ;

Ce n'est pas étonnant non plus, puisque toutes les voix sont indemnes

Peut s'enrouler à travers les ouvertures pliées des objets,

Tandis que les films d'idoles refusent de le faire car ils sont loués,

À moins qu'ils nagent le long d'ouvertures droites,

Comme ceux en verre, à travers lesquels toutes les images

Survolez-le. Et pourtant cette voix elle-même,

En traversant les pièces fermées d'une maison,

Est émoussé, et en désordre entre dans les oreilles,

Et nous semblons entendre bien plus que des mots.

De plus, une voix est dans toutes les directions

Divisés, puisque éloignés les uns des autres

De nouvelles voix naissent lorsqu'une voix

A une fois bondi, démarrant dans plusieurs—

Souvent, une étincelle de feu jaillit

Lui-même dans ses différents feux. Et ainsi,

Les voix remplissent ces endroits cachés derrière,

Qui sont tous dans un brouhaha alentour,

Remuer avec le son. Mais les films d'idoles ont tendance à

Comme une fois envoyé, dans des directions droites tous ;

C'est pourquoi on ne peut rien voir à l'intérieur d'un mur,

Pourtant, captez les voix d'au-delà.

Ni la langue ni le palais, par lesquels nous ressentons le goût,

Présentez plus de problèmes pour plus de travail de réflexion.

Tout d'abord, on sent une saveur en bouche,

Quand nous le pressons, en mâchant notre nourriture, -

Alors que quelqu'un commence par hasard à serrer

Avec la main et séchez une éponge imbibée d'eau.

Ensuite, tout ce que nous pressons est répandu

Le long des pores et des chemins entrelacés

De la langue à texture lâche. Et ainsi, quand c'est lisse

Les corps à la saveur suintante, puis

Délicieusement ils touchent, délicieusement

Ils traitent toutes les taches, autour des zones humides et ruisselantes

Enceintes de la langue. Et au contraire,

Ils piquent et font mal aux sens avec leur assaut,

Selon la rugosité, ils sont fournis.

Ensuite, ce n'est qu'au palais que réside le plaisir

Venant de la saveur; car en vérité quand je suis à terre

'Cela a plongé le long de la gorge, aucun plaisir n'est,

Tandis que dans tout le cadre, il se propage ;

Peu importe avec quelle nourriture on nourrit

Le corps, si seulement tu peux prendre ce que tu prends

Répartir le bien digéré sur le cadre

Et gardez l'estomac dans une carrière humide.

Maintenant, comment se fait-il que nous voyons de la nourriture pour certains,

D'autres pour d'autres....

Je vais me dévoiler, ou pourquoi quoi à certains

Est immonde et amer, mais pareil pour les autres

Cela peut sembler délicieux à manger, pourquoi ici

La distance et la différence sont si grandes

Ce qui est de la nourriture pour certains devient

Un poison féroce, comme un certain serpent

Qui, touché par les crachats d'un homme, gaspillera

Et finir par ronger sa bobine.

Encore une fois, l'hellébore est un poison féroce

Pour nous, mais met la graisse sur les chèvres et les cailles.

Afin que tu saches par quels moyens cela

Est provoqué, en chef tu dois te rappeler

Ce que nous avons dit auparavant, à savoir que les graines sont conservées

Engagé dans les choses selon divers modes. Encore,

Comme toutes les créatures respirantes qui se nourrissent

Sont extérieurement différents et coupés extérieurement

Et le contour de leurs membres les délimite,

Chacun étant différent genre par genre, ils consistent donc

De graines de forme variable. Et en plus,

Puisque les graines diffèrent, les plongeurs doivent également être

Les interstices et les chemins (que nous appelons

Les ouvertures) dans tous les membres, même

En bouche et en palais également. Certains doivent donc être

Plus petits ou encore plus grands, certains à trois coins

Et d'autres carrés, et bien d'autres ronds,

Et certains d'entre eux sont également multiformes

Dans de nombreux modes. Car, comme la combinaison

Et le mouvement de leurs diverses formes exige,

Les formes des ouvertures doivent être diverses

Et les chemins doivent varier selon leurs murs

Cela les a liés. C'est pourquoi, quand ce qui est doux à certains,

Devient amer pour les autres, pour celui à qui

C'est doux, les particules les plus douces doivent être nécessaires

Ont pénétré en caressant les pores du palais.

Et au contraire, avec ceux à qui ce doux

Est aigre dans la bouche, sans aucun doute

Les particules rugueuses et barbelées ont

Dans les rétrécissements des ouvertures.

Maintenant, il est facile de savoir grâce à ces affaires

Peu importe...

En effet, là où l'on a une bile trop abondante

Est frappé de fièvre, ou d'une autre manière

Ressent la violence éveillée d'une maladie,

Là, tout le cadre est maintenant bouleversé, et là

Toutes les positions des graines sont changées,—

Pour que les corps qui étaient auparavant en forme

Pour provoquer la saveur, maintenant nous ne sommes plus aptes,

Et maintenant, d'autres sont plus aptes à être capables

Pour entrer dans les pores et le sexe aigre.

Les deux sortes, en effet, sont mélangées dans le miel :

Ce que nous t'avons déjà prouvé ci-dessus.

Maintenant viens, et je t'indiquerai ce qui est sage

Impact de l'odeur sur les touches des narines.

Et d'abord, il faut qu'il y ait beaucoup de choses

D'où le flux continu d'odeurs variées

Peut rouler, et nous sommes contraints de penser

Ils coulent, se précipitent et s'aspergent

Impartialement. Mais pour certaines créatures respirantes

Une odeur est plus appropriée, une autre une autre...

En raison des différentes formes de graines et de pores.

Ainsi encore et encore le long des abeilles zéphyrs

Sont menés par l'odeur du miel, les vautours aussi

Par des carcasses. Encore une fois, la puissance vers l'avant

L'odeur des chiens guide le chasseur

Où que se trouve le pied écarté de la bête sauvage

A accéléré sa carrière ; et l'oie blanche,

Le sauveur de la citadelle romaine,

Forescents au loin l'odeur de l'humanité.

Ainsi, diversement aux divers est donné

Odeur particulière qui entraîne chacun

À sa propre nourriture ou le fait sursauter

D'un poison répugnant, et c'est ainsi que nous sommes

Les générations du sauvage préservées.

Pourtant, cette piquante n'est-elle pas seule dans les odeurs

Ou dans la classe des saveurs ; mais, de même,

L'apparence des choses et les teintes ne conviennent pas à tout le monde

Tellement bien avec les sens pour tous, mais ça

Certains seront à certains, à contempler,

Plus vif et douloureux. Voici, les lions furieux,

Ils n'osent pas faire face et regarder le coq

Qui a l'habitude de battre des ailes la nuit

De hors de la scène, et appelle le matin radieux

Avec une voix de clairon - et des lions tout de suite ainsi

Pensez à la fuite, car, voyez-vous,

Dans le corps des coqs, il y a

Certaines graines qui, aux yeux des lions

Injecté, percé profondément dans les pupilles

Et provoquent une douleur si perçante qu'ils ne peuvent pas résister

Contre les coqs, si féroces soient-ils...

Même si ces graines ne peuvent pas nuire le moins du monde à notre regard,

Soit parce qu'ils ne pénètrent pas,

Ou puisqu'ils ont une sortie libre des yeux

Dès qu'il pénètre, pour qu'ainsi

Ils ne peuvent en aucun cas blesser nos yeux

Par là restant.

Pour parler encore une fois d'odeur ;

Quoi qu'il arrive aux narines, certains peuvent voyager

Un chemin plus long que d'autres. Aucun d'entre eux,

Cependant, c'est porté en ce qui concerne le son ou la voix...

Bien que j'omette toute mention de telles choses

Comme frapper la vue et attaquer la vision.

Car lentement sur un parcours errant, il vient

Et périt plus tôt, peu à peu absorbé

Facilement dans tous les vents de l'air ; -

Et d'abord parce que du plus profond de la chose

Il est déchargé du travail (pour le fait

Que chaque objet, quand il frémit, s'écrase,

Ou émietté par le feu, sentira le plus fort

Est-ce le signe que les odeurs coulent et se séparent

Des régions intérieures des choses). Et ensuite,

Tu peux voir que l'odeur est créée

De germes primitifs plus gros que la voix, parce que

Il n'entre pas par des murs de pierre, par lesquels

Infailliblement, la voix et le son sont portés ;

C'est pourquoi, d'ailleurs, tu remarqueras que ce n'est pas

Si facile à retrouver à n'importe quel endroit

L'objet odorant est. Car, traîner sur

Au gré des vents, les particules se refroidissent,

Et puis les messagers précipités des choses

Arrivent nos sens, quand ils ne sont plus chauds.

C'est pourquoi les chiens s'égarent souvent et recherchent l'odeur.

Maintenant, marquez et écoutez quels objets bougent l'esprit,

Et apprends, en peu de choses, d'où vient l'intellect

Arrive ce qui arrive. Et d'abord je te dis ceci :

Que de nombreuses images d'objets errent

Dans de nombreux modes, dans toutes les régions du monde :

Si mince qu'il est facile de s'unir avec l'autre,

Quand une fois qu'ils se rencontrent, s'unissent dans les airs,

Comme du papier d'aluminium ou de la feuille d'or. Car, en effet,

Leur tissu est bien plus fin que

Ces images qui s'emparent des yeux

Et frappe la vision, car à travers les pores du corps

Ils pénètrent et remuent intérieurement

La nature subtile de l'esprit et frappe les sens.

Ainsi, les Centaures et les membres de Scyllas, ainsi

Les visages de Cerbère des chiens que nous voyons,

Et des images de personnes disparues avant...

Des hommes morts dont la terre a nourri les os il y a longtemps ;

Parce que les images de toutes sortes

Sont partout autour de nous supportés - en partie

Ceux qui sont genrés dans l'air même

De son propre gré, en partie ces autres qui

De diverses choses se séparent, et celles-là

Qui sont composés, fabriqués à partir de leurs formes.

Car véritablement, d'aucun centaure vivant n'est

Ce fantôme genré, puisqu'aucune race de bête

Comme il l'a toujours été ; mais, quand les images

Le cheval et l'homme se sont rencontrés par hasard,

Ils se coordonnent facilement, comme indiqué ci-dessus,

A la fois, par nature subtile et tissu fin.

De la même façon, d'autres de cet acabit

Les créés sont. Et quand ils sont rapidement portés

Dans leur extrême légèreté, facilement

(Comme je l'ai montré plus tôt) une image subtile,

Composé, bouge d'un seul coup l'esprit,

Lui-même si subtil et si étrangement rapide.

Que ces choses arrivent pendant que j'enregistre,

De là tu peux facilement comprendre :

Dans la mesure où l'un est semblable à l'autre,

Voir avec l'esprit aussi bien qu'avec les yeux

Cela doit se produire dans une mode qui n'est pas sans rappeler.

Eh bien, maintenant que j'ai montré que je percevais

Peut-être un lion à travers ces films d'idoles

Tel qui assaille mes yeux, c'est à toi de le savoir

L'esprit est également ému de la même manière,

Et voit, ni plus ni moins que les yeux ne voient

(Sauf qu'il perçoit des films plus subtils)

Le lion et tout le reste à travers les films d'idoles.

Et quand le sommeil a bouleversé notre corps,

L'intelligence de l'esprit est désormais éveillée,

Toujours pour aucune autre raison, si ce n'est que ces...

Les mêmes films que lorsque nous sommes éveillés—

Assaillir nos esprits, à tel point en effet

Que nous semblons voir avec certitude l'homme

Qui, vide de vie, maintenant la mort et la terre ont gagné

Fini la domination. Et la nature l'impose

Se réaliser parce que les sens du corps

Se reposent, contrariés par tous les membres,

Impossible maintenant de vaincre le faux par le vrai ;

Et la mémoire est couchée et languit

En sommeil, ni ne proteste que lui, l'homme

Que l'esprit feint de voir vivant, depuis longtemps

Cela a été le gain de la mort et de la dissolution.

Et de plus, ce n'est pas étonnant que les idoles bougent

Et jettent leurs bras et les autres membres autour

Dans un temps rythmé - et souvent dans le sommeil des hommes

Il se peut que cela donne une image ;

En effet, quand périt l'ancienne image,

Et l'autre est genré d'une autre pose,

Ce premier semble avoir changé de geste.

Bien entendu, le changement doit être conçu comme étant rapide ;

Tellement grande la rapidité et tellement géniale le magasin

Des choses d'idoles, et (en un instant bref

Comme l'esprit peut le marquer) tellement génial, encore une fois, le magasin

Des pièces d'idole séparées pour apporter des fournitures.

Il arrive aussi qu'il soit fourni

Parfois une image pas du même genre ;

Mais ce qu'était avant la femme, maintenant à portée de main

On le voit se tenir là, transformé en mâle ;

Ou un autre visage, un autre âge réussit ;

Mais le sommeil et l'oubli prennent garde

Cela ne nous étonnera pas.

Et beaucoup de choses dans ces affaires exigent une enquête,

Et bien plus encore, l'illumination - si nous avons envie

Avec simplicité pour exposer les faits. Et d'abord,

Pourquoi l'esprit de celui à qui le caprice

Penser que cette chose est immédiatement apparue ?

Ou les idoles veillent-elles sur notre volonté,

Et une image nous apparaît-elle,

Directement nous désirons - si le cœur préfère

La mer, la terre, ou après tout le ciel ?

Assemblées de citoyens, défilés,

Banquets et batailles, tout cela et tout ce qu'elle fait,

La nature, créer et meubler sur parole ?—

Maugrer du fait qu'au même endroit et au même endroit

L'esprit d'un autre médite des choses

Tout cela est très différent. Et encore une fois, que dire de ceci :

Quand nous dormons, voyons les idoles marcher,

Dans la mesure, en avant, en bougeant les membres souples,

Pendant qu'ils avançaient tour à tour chaque bras souple

Avec un mouvement rapide et avec des têtes regardantes

Répéter le mouvement, car le pied garde le temps ?

En vérité, les idoles sont imprégnées d'art,

Et errez çà et là, bien instruit, —

Ainsi pour pouvoir à l'heure de la nuit

Pour faire de tels jeux ! Ou la vérité sera-t-elle la suivante :

Parce qu'au moindre instant que nous marquons...

C'est-à-dire l'émission d'un seul son...

De nombreux moments se cachent encore, dont la raison

Découvre qu'il existe, donc il vient

Que, dans un instant aussi bref que vous le serez,

Les idoles des plongeurs sont à proximité et prêtes

Chacun à sa place est diversifié ? Tellement grande la rapidité,

Tellement génial, encore une fois, le magasin d'objets d'idoles,

Et ainsi, quand périt l'ancienne image,

Et l'autre est genré d'une autre pose,

Le premier semble avoir changé de geste.

Et comme ils sont si ténus, l'esprit peut marquer

Seuls ceux qu'il s'efforce de voir ;

Et ainsi tous les autres périssent,

Sauvez ceux pour lesquels l'esprit se prépare.

De plus, il se prépare effectivement,

Et j'espère voir ce qui suit après chacun...

D'où ce résultat. Car n'as-tu pas observé

Comment les yeux, essayant de percevoir l'amende,

Va tendre pendant la préparation, sinon

Incapable de percevoir clairement ?

Pourtant, sache que tu peux que, même dans les objets clairs,

Si tu n'y participes pas, c'est pareil

Comme si c'était toujours éloigné et lointain.

Quelle merveille alors que l'esprit perde le reste,

Sauver ceux à qui s'est livré ?

C'est pourquoi nous conjecturons à partir de petits signes

Les choses sont larges et importantes, et nous impliquent

Dans des grognements d'auto-tromperie.

QUELQUES FONCTIONS VITALES

Dans ces affaires

Nous aspirons à ce que tu fuies passionnément

La seule offense, et je l'éviterai avec anxiété

L'erreur de présumer que les lumières sont claires

Des yeux créés pour que nous puissions voir ;

Ou les cuisses et les genoux posés sur les pieds,

Ainsi pouvons-nous nous pencher, afin que nous puissions marcher

Avec de bons progrès en avant ; ou avant-bras joints

Aux dessus robustes ou aux mains de service

De chaque côté ont été donnés, afin que nous puissions faire

Les propres exigences de la vie. Toutes ces interprétations

Est-ce avant-avant avec un raisonnement inverse,

Puisque rien ne naît dans le corps pour que nous

Peut utiliser la même chose, mais la naissance engendre l'utilisation :

Pas de vision avant la naissance des lumières des yeux,

On ne parlait pas avant que la langue ne soit créée ;

Mais l'origine de la langue est venue bien avant

Le discours des mots et les oreilles créées étaient

Bien avant qu'aucun son ne soit entendu ;

Et tous les membres, semble-t-il, étaient là

Avant d'en avoir leur usage : et donc, ils

Ne peut pas être genré pour des raisons d'utilisation.

Mais au contraire, lutter dans le combat

Avec main à main, et déchirement des articulations,

Et l'encrassement des membres par le sang était là,

Ô bien avant que les lances brillantes ne volent ;

Et la nature a poussé l'homme à éviter une blessure,

Devant le bras gauche à l'aide de l'art

Opposé à la cible de blindage. Et en vérité,

Cédant au repos le corps fatigué,

Bien plus ancien que les coussins des lits moelleux,

Et étancher la soif est plus précoce que les tasses.

Ces objets, donc, qui pour l'usage et la vie

Ont été conçus, peuvent être conçus tels que trouvés

Par souci d'utilisation. Mais à part ça

Sont tous ceux qui sont nés en premier et ensuite

Donné connaissance de leur propre utilité—

Chef dans lequel nous notons les sens, les membres :

C'est pourquoi, encore une fois, c'est tout à fait au-delà de ton pouvoir

Soutenir que ceux-ci auraient ainsi pu être créés

Pour bureau d'utilité.

De même,

Il n'y a rien d'étrange que toutes les créatures respirantes

Rechercher, même par la nature de leur constitution, leur nourriture.

Oui, puisque je t'ai appris que d'après les choses

Diffusez et quittez d'innombrables corps

Dans des modes innombrables aussi ; mais la plupart

Ce doivent être les corps des vivants qui jaillissent...

Quels corps, toujours tourmentés par le mouvement,

Sont exhalés par la bouche d'innombrables,

Quand les créatures fatiguées halètent ou à travers la sueur

Pressé d'innombrables du plus profond de l'intérieur.

Ainsi le corps se raréfie, tellement miné

Dans toute sa nature, la douleur accompagne son état.

Et donc la nourriture est prise sous-estimée

Les articulations chancelantes, et par son interfusion

Pour recréer leurs pouvoirs, et là s'arrêter

Le désir, bouche ouverte dans les membres et les veines,

Pour manger. Et l'humidité ne s'en va pas moins

Dans toutes les régions qui demandent de l'humidité ;

Et de nombreuses particules de chaleur entassées,

Qui provoquent de telles brûlures dans nos ventres,

Le liquide en arrivant se dissipe

Et éteint comme un feu cette chaleur desséchante

Il n'est désormais plus possible de brûler le cadre. Et ainsi,

Tu vois comment la soif haletante est emportée

De notre corps, comment la sensation de faim

Cela aussi a apaisé.

Maintenant, comment se fait-il que nous,

Quand nous le souhaitons, nous pouvons avancer à grands pas,

Et comme il est donné de bouger nos membres,

Et quel appareil a l'habitude d'aller de l'avant

C'est la grosse charge de notre corps corporel,

Je te dirai : fais attention à ce qui est dit.

Je dis que d'abord quelques films d'idoles de marche

Dans notre esprit tombe et frappe l'esprit,

Comme dit précédemment. Ensuite la volonté surgit ;

Car personne ne commence à faire quoi que ce soit, avant

L'intellect prévoit ce qu'il veut ;

Et ce qu'il prévoit là-bas dépend

Sur ce qu'est cette image. Quand donc l'esprit

Se remue tellement qu'il le fera

Aller et marcher, ça frappe tout de suite

Cette énergie de l'âme qui est semée

Dans tout le corps, à travers les membres et le corps :

Et c'est une réalisation facile, puisque

L'âme est étroitement liée à l'esprit.

Ensuite, l'âme à son tour frappe le corps, et peu à peu

Ainsi toute la masse est poussée et déplacée.

Alors aussi le corps se raréfie, et l'air,

Toujours aussi agile,

Arrive et pénètre abondamment

À travers les pores ouverts, et est ainsi saupoudré autour

Dans tous les plus petits endroits de notre cadre.

Ainsi donc, par ces deux facteurs, individuellement,

Le corps est porté comme un bateau avec les rames et le vent.

Il n'y a pas non plus de quoi s'étonner dans ces affaires

Ces particules si fines peuvent tourbillonner

Un si grand corps et tournons notre poids ;

Car le vent, si ténu avec son corps subtil,

Pourtant, il pousse, conduisant sur le puissant navire

D'un volume considérable ; une main dirige la même chose,

Quel que soit son élan, et un seul gouvernail

Le fait tourner, où bon vous semble ; et des charges,

Nombreux et énormes, sont déplacés et hissés haut

Par l'ingénierie des poulies et des roues,

Avec mais une légère tension.

Maintenant, par quels modes ce sommeil

Verse à travers nos membres des eaux de repos

Et libère la poitrine des soucis de l'esprit, je vais le dire

Dans des vers plus doux que beaucoup ne le sont ;

Même si la légère note du cygne est bien meilleure

Que cette clameur dispersée des grues

Parmi les nuages aériens du vent du sud. Fais-tu

Donnez-moi des oreilles fines et un esprit sagace,—

Afin que tu ne puisses pas nier les choses qui doivent être

Dont je parle, et ne m'éloigne pas

Avec un cœur méprisant ces vérités dites,

Toi-même en faute incapable de percevoir.

Le sommeil vient principalement lorsque l'énergie de l'âme

A maintenant été dispersé à travers le cadre, et une partie

Expulsé à l'étranger et parti, et partie

Entassé et s'installant profondément dans le cadre—

Après quoi, nos membres relâchés s'affaissent.

Car le doute n'existe que par le travail de l'âme

Existe en nous ce sens, et quand par sommeil

Ce sentiment est contrecarré, nous sommes obligés de penser

L'âme confondue et expulsée à l'étranger...

Mais pas entièrement, sinon le cadre mentirait

Trempé dans le froid éternel de la mort.

En vérité, où aucune partie de l'âme n'est restée

Tapi parmi les membres, même comme le feu

Se cache enseveli sous de nombreuses cendres, d'où

Je pourrais sentir qu'un main ravivée est parmi les membres,

Comme la flamme peut renaître d'un feu invisible ?

Par quels dispositifs cet état étrange et nouveau

Peut être occasionné, et par quoi l'âme

Peut être confondu et le cadre s'évanouit,

Je vais démêler : veille à ce que je

Ne répandez pas mes paroles aux vents vides.

En premier lieu, le corps sur ses parties extérieures :

Puisque ceux-ci sont touchés par les rafales aériennes voisines—

Doit-il être frappé et caressé par des coups d'air

À plusieurs reprises. Et donc presque tout

Sont recouverts soit de peaux, soit de coquilles,

Ou avec le cal corné, ou avec l'écorce.

Pourtant ce même air fouette leurs parties intérieures,

Lorsque les créatures inspirent ou expirent.

C'est pourquoi, puisque le corps est ainsi fouetté

À l'intérieur et à l'extérieur, et souffle

Viens sur nous par les petits pores

Même à l'intérieur des parties primitives de notre corps

Et les éléments primordiaux arrivent

Petit à petit, le long de nos membres alors,

Une sorte de renversement ; car alors confondu

Est-ce que ces arrangements des germes primitifs

Du corps et de l'esprit. Cela arrive

Cette prochaine partie de l'âme est expulsée à l'étranger,

Une partie se retire dans des recoins cachés,

Une partie aussi, éparpillée tout autour du cadre,

Ne peut pas s'unir ni s'engager

En échange de mouvement. La nature maintenant

Ainsi des haies entourent les approches et les sentiers ;

Et ainsi le sens, ses mouvements tous dérangés,

Se retire au plus profond de lui-même; et comme il n'y a rien,

Comme si, pour soutenir le cadre, le corps s'affaiblit,

Et tous les membres languissent, et les bras

Et les paupières tombent, et, pendant que vous vous couchez,

Même là, les branches s'affaisseront et perdront leur puissance.

Encore une fois, le sommeil suit la nourriture, car

La nourriture produit le même résultat que l'air,

Tout en étant dispersé dans toutes les veines ;

Et le plus lourd est ce sommeil qui,

Plein ou fatigué, tu prends ; puisque c'est alors

Que la plupart des corps se dérèglent,

meurtri par les durs travaux. Et de la même manière,

Ce triple changement : un forçage de l'âme

Plus profondément, plus une projection de celui-ci,

Un mouvement plus divisé en ses parties

Et dispersé davantage.

Et quelle que soit la poursuite

Un homme s'accroche le plus, absorbé, ou quelles sont les affaires

Sur lequel nous nous sommes beaucoup attardés jusqu'à présent,

Et l'esprit s'est tendu d'autant plus, il nous semble

Il n'est pas rare d'aller en même temps dans le sommeil.

Les avocats semblent plaider et citer des arrêts,

Commandants, ils doivent se battre et s'affronter,

Des marins pour vivre au combat contre les vents,

Et c'est nous-mêmes en effet pour faire ce livre,

Et toujours chercher la nature du monde

Et déposez-le, une fois découvert, ici

Dans ces feuilles de mon pays. Ainsi toutes les poursuites,

Tous les arts en général semblent dormir pour se moquer

Et maîtrisez l'esprit des hommes. Et quiconque

Jour après jour, les jeux ont donné longtemps

Attention indivise, ils gardent toujours

(Nous le constatons souvent), même lorsqu'ils ont cessé de comprendre

Ces jeux avec leurs propres sens, ouvrent des chemins

Dans l'esprit à travers lequel les films d'idoles

C'est justement ces jeux qui peuvent venir. Et c'est ainsi

Pendant plusieurs jours après, ceux-ci apparaissent

Flottant devant les yeux, qui même s'éveillent

Ils croient voir les danseurs bouger

Leurs membres souples, et attrapent avec les deux oreilles

Le chant liquide de la harpe et des accords parlants,

Et visualisez le même montage sur les sièges,

Et les multiples gloires éclatantes de la scène—

Si grande l'influence de la poursuite et du zeste,

Et des affaires dans lesquelles c'était l'habitude

Des hommes à fiancer, ni seulement des hommes,

Mais doucement tous les animaux. Voir,

Tu verras les chevaux robustes, bien que tendus,

Pourtant transpirant dans leur sommeil et haletant toujours,

Et en mettant toute sa force, comme pour un prix,

Comme si, avec les barrières ouvertes maintenant...

Et des chiens de chasseurs souvent en doux repos

Pourtant, ils remuèrent soudain toutes leurs jambes,

Et grognent et aboient, et avec leurs narines reniflent

Les vents encore, encore, comme si effectivement

Ils avaient capté les empreintes parfumées des bêtes sauvages,

Et même réveillés, ils poursuivent souvent

Les images fantômes des cerfs, comme si

Ils les avaient déjà aperçus en train de fuir,

Jusqu'à ce que l'illusion soit secouée et que les chiens

Revenez à eux-mêmes. Et une race flatteuse

Les petits élevés en maison ressentent le besoin soudain

Pour secouer leurs corps et repartir du sol,

Comme si je contemplais des visages inconnus.

Et plus le stock est féroce, plus

Dans le sommeil, la même chose est toujours vouée à faire rage.

Mais fuyez les diverses tribus d'oiseaux et vexez-vous

Avec des ailes soudaines la nuit, les bosquets des dieux,

Quand dans leur doux sommeil ils ont rêvé

Des faucons en chasse, se précipitant pour le combat.

Encore une fois, l'esprit des mortels qui exécutent

Avec de puissants mouvements, de puissantes entreprises,

Souvent, dans le sommeil, je ferai et j'oserai la même chose

D'une manière semblable. Les rois prennent d'assaut les villes,

Succombez à la capture, combattez sur le terrain,

Poussent un cri sauvage comme si leurs gorges étaient tranchées

Même alors et là. Et beaucoup luttent

Et gémir de douleurs, et remplir toutes les régions alentour

Avec des cris puissants et sauvages, comme s'ils étaient ensuite rongés

Par des crocs de panthère ou de lion féroce.

Beaucoup, dans leur sommeil, parlent de

Leurs puissantes entreprises, et ont souvent

Assez pour devenir la preuve de leurs propres crimes.

Beaucoup rencontrent la mort ; beaucoup, comme à corps perdu

Des hautes montagnes tombant sur terre

De toute leur charpente, ils sont frénétiques de frayeur ;

Et après le sommeil, comme s'il était encore fou d'esprit,

Ils viennent à peine à eux, confus comme ils sont

Par fermentation de leur charpente. L'homme assoiffé,

De même, il est assis à côté d'une délicieuse source

Ou une rivière et il engloutit la gorge béante

Près de tout le ruisseau. Et souvent des jeunes innocents,

Par le sommeil maîtrisé, je pense qu'ils soulèvent leur robe

Par seau ou en Jordanie publique, puis nul

L'eau filtrait tout leur corps

Et trempe les couvertures babyloniennes,

Magnifiquement lumineux. Encore une fois, ces mâles

Dans les canaux déferlants de dont les années

Maintenant, la première a transmis la graine (engendrée

Au sein de leurs membres par les jours mûris)

Sont dans leur sommeil confrontés de l'extérieur

Par des images d'idoles d'une certaine forme juste -

Des nouvelles d'un visage glorieux et d'une belle floraison,

Qui remuent et aiguisent les régions turgescentes maintenant

Avec des graines abondantes ; de sorte que, pour ainsi dire

Avec toute l'affaire dûment réglée,

Ils déversent les flots d'un puissant ruisseau

Et tache leur vêtement.

Et comme dit précédemment,

Cette graine est réveillée en nous quand une fois mûre

A rendu notre corps fort...

Comme diverses causes donnent à diverses choses

Impulsion et irritation, donc une seule force

Dans le genre humain, la semence humaine suscite

jaillir de l'homme. Dès que ça sort,

Forcé de ses premières demeures, il passe

Dans tout le corps, à travers les membres et la charpente,

Réunis dans certaines régions de nos thews,

Et remue les organes génitaux de l'homme.

Les régions aiguillonnées se gonflent de graines, et alors

Vient le plaisir de se lancer de la même manière vers quoi

Le désir fou aspire tellement et le corps cherche

Cet objet d'où l'esprit est transpercé par l'amour.

Car presque chacun tombe vers sa blessure,

Et notre sang jaillit même vers l'endroit d'où

Le coup dont nous sommes frappés, et si en effet

L'ennemi est proche, le jet rouge l'atteint.

Ainsi, celui qui reçoit un coup des flèches de Vénus...

Qu'il s'agisse d'un garçon aux membres efféminés

Agressez-le, ou une femme qui lance l'amour

De tout son corps, celui-là s'efforce d'obtenir

Même à la chose par laquelle il est frappé et aspire

Se joindre à lui et se fondre dans son cadre

Le fluide puisé même à l'intérieur du sien.

Car l'envie muette présage du plaisir.

LA PASSION DE L'AMOUR

Cette envie, c'est Vénus pour nous :

De là engendrent tous les attraits de l'amour,

De là, O a d'abord pénétré dans les cœurs humains

A fait couler cette goutte de joie qui bientôt

Est-ce que les soins par refroidissement ont réussi. Puisque, en effet,

Même si celle que tu aimes est maintenant loin,

Pourtant, ses images d'idole sont proches

Et le doux nom flotte à ton oreille.

Mais il faut fuir ces images ;

Et effraie au loin tout ce qui nourrit ton amour ;

Et tourne ton esprit ailleurs ; et évacuer le sperme,

En toi rassemblés, en corps divers,

Ni, avec tes pensées toujours occupées par un seul amour,

Gardez-le pour un seul délice, et rangez-le ainsi

Prenez soin de vous et de la douleur inévitable.

Car voilà, l'ulcère rien qu'en nourrissant

Grandit vers plus de vie avec une profonde invétération,

Et de jour en jour la fureur s'enflamme,

Et le malheur s'aggrave de jour en jour...

A moins que tu ne détruises même par de nouveaux coups

Les anciennes blessures de l'amour et les guérir

Pendant qu'ils sont encore frais, en errant librement

Après la Vénus en liberté errante, ou

Tu ne peux pas conduire ailleurs les tumultes de ton esprit.

Et cet homme qui s'éloigne de l'amour ne

Il manque pourtant les fruits de Vénus ; prend plutôt

Ces plaisirs qui sont exempts de pénalités.

Pour les délices de Vénus, en vérité,

Sont plus purs pour les mortels sains d'esprit

Que pour ceux qui ont le cœur malade et qui se languissent d'amour.

Oui, au moment même de posséder,

La chaleur des amants va et vient,

Rétif, incertain ; et ils ne peuvent pas réparer

Sur quoi apprécier en premier avec les yeux et les mains.

Les parties qu'ils cherchaient, celles qu'ils serrent si fort,

Et fais souffrir le corps de la créature, ferme ses dents

Souvent contre ses lèvres, et frappe avec un baiser

Bouche dans bouche, parce que ce même délice

N'est pas sans mélange ; et en dessous il y a des piqûres

Ce qui pousse un homme à faire du mal à cette chose même,

Quoi qu'il en soit, d'où surgit pour lui

Ces germes de folie. Mais avec un toucher doux

Vénus dompte les affres de l'amour,

Et le mélange d'une joie caressante

Doth freine les morsures de la passion. Car ils espèrent

Que par le corps même d'où ils ont attrapé

Les ardeurs de l'amour peuvent éteindre leurs flammes.

Mais la nature proteste : il en est tout autrement ;

Pour ce même amour, c'est la seule chose

Dont, plus nous en avons, plus les brûlures sont féroces

La poitrine avec un désir tombé. Pour manger et boire

Sont prises au sein de nos membres ; et, puisqu'ils

Peut boucher certaines pièces, donc facilement

Le désir d'eau et de pain est saturé.

Mais voilà, du visage humain et de la belle floraison

Rien ne pénètre dans notre cadre pour être apprécié

Sauvez les images d'idoles fragiles et les vaines—

Un triste espoir que souvent les vents dispersent.

Comme quand l'homme assoiffé et endormi cherche

Boire, et l'eau ne lui est jamais accordée

De quoi apaiser la chaleur de ses membres,

Mais après que les idoles des liquides s'efforcent

Et travaille en vain, et a soif même pendant qu'il avale

Au milieu du torrent, donc amoureux

Vénus trompe avec des images d'idoles

Les amoureux. Ils ne peuvent pas non plus assouvir leur désir

En regardant simplement les corps, ni

Ils ne peuvent pas frotter avec leurs paumes et leurs doigts

Puissant de chaque membre tendre, pendant qu'ils s'éloignent

Incertain sur tout le corps. Alors,

Enfin, avec des membres entrelacés, quand ils

Profitez de la fleur de leur âge, quand maintenant

Leurs corps ont de doux présages de joies vives,

Et Vénus s'apprête à semer les champs

De la femme, ils verrouillent avidement leurs cadres,

Et mélangez l'esclave de leurs bouches, et respirez

L'un contre l'autre, pressant les dents sur la bouche—

Mais en vain, puisqu'ils sont impuissants

Pour effacer quoi que ce soit, ou pénétrer et passer

Avec le corps entier dans le corps - pour souvent

Ils semblent s'efforcer et lutter pour y parvenir ;

Avec tant d'empressement ils s'accrochent aux liens de Vénus,

Tandis que fondent leurs membres, surmontent

Par la violence du délice. Mais quand enfin

La luxure, rassemblée dans les thews, s'est épuisée,

Il y a une brève pause dans la chaleur torride...

Mais ensuite une folie revient quand même

Et cette vieille fureur les visite à nouveau,

Quand une fois de plus ils cherchent et aspirent à atteindre

Ils ne savent quoi, tous impuissants à trouver

L'artifice pour subjuguer le fléau.

Dans un état si incertain, ils dépérissent

Avec une blessure invisible.

Auxquels s'ajoute également,

Ils gaspillent leurs pouvoirs et, avec le travail, ils diminuent ;

Ajoutons qu'ils passent leurs années futiles

Sous l'influence et l'appel d'autrui ; leurs devoirs

La langueur négligée et leur nom honnête

Reeleth est malade, malade ; et pendant ce temps leurs domaines

Sont perdus dans les tapisseries babyloniennes ;

Et des onguents et de délicates chaussures sicyoniennes

Riez debout; et (comme vous pouvez en être sûr)

De grosses émeraudes de lumière verte sont serties d'or ;

Et une riche robe violet de mer par un port constant

Devient minable et tout trempé de la sueur de Vénus ;

Et la propriété ancestrale bien méritée

Devient des bandeaux, des coiffes et bien d'autres fois

Les manteaux, ou vêtements Alidensiens

Ou de l'île Céan. Et les banquets, mis en place

Avec des étoffes et des viandes les plus rares, sont préparés :

Et des jeux de hasard, et bien des gobelets,

Et des onguents, des couronnes et des guirlandes. Tout cela en vain,

Puisque du milieu de la source des délices

Des bulles d'une goutte d'amer pour tourmenter

Parmi les fleurs mêmes - quand peut-être l'esprit

Se ronge, maintenant frappé de remords

Pour des années de paresse et une ruine en baudels,

Ou bien parce qu'elle l'a laissé dans le doute

En lançant quelque mot sournois, qui aime encore le feu

Il vit sauvagement, attaché à son cœur ardent ;

Ou bien parce qu'il pense qu'elle lance ses yeux

Trop de choses et regarde un autre,——

Et sur son visage, on voit des traces de rire.

Ces maux se trouvent dans un amour prospère et vrai ;

Mais dans un amour croisé et impuissant, il y en a

Comme à travers les paupières fermées tu peux encore comprendre...

Des maux innombrables ; donc c'est mieux de loin

A regarder au préalable, comme je l'ai montré,

Et protégez-vous des tentations. Pour éviter

Une chute dans les pièges de l'amour

Ce n'est pas si difficile que de sortir,

Lorsqu'il s'est emmêlé dans les filets mêmes et a éclaté

Les cordes solidement nouées d'Aphrodite.

Pourtant, même lorsqu'il est empêtré dans des pieds emmêlés,

Tu peux toujours échapper au danger, de peur qu'en effet

Tu fais obstacle à ton propre bien,

Et néglige d'abord toutes les imperfections

De l'esprit et du corps de ton préféré,

Dame désirable. Car c'est ce que font les hommes,

Eyeless avec passion, et assignez-leur

Des grâces qui ne leur appartiennent pas en fait. Et ainsi nous voyons

Des créatures à bien des égards, tordues et laides

Les amoureux prospères en haute estime ;

Et les amants se ceignent et se conseillent

Pour apaiser Vénus, puisque leurs amis sont amoureux

Avec une passion basse, des misérables dupes

Qui marquent rarement leur pire fléau.

La jeune fille à la peau noire est « fauve comme le miel » ;

Le « négligé » sale et fétide ;

L'œil de chat, c'est « une petite Pallas », elle ;

Le nerveux et le ratatiné est « une gazelle » ;

Le grassouillet et le pygmée sont "piquants,

Une des Grâces, bien sûr » ; le grand et encombrant

O elle est « une Admiration, imposante » ;

Le bégaiement et la langue liée « zézaient doucement » ;

La « modeste » de la fille muette ; et les bavards,

Le méchant crachant du feu est « un esprit pétillant » ;

Et elle qui ne vit guère pour la maigreur

Devient « un chéri élancé » ; "délicat"

C'est elle qui est presque morte d'une quinte de toux ;

La femelle bourse aux seins protubérants

Elle est « comme Cérès lorsque la déesse lui donna

Le jeune Bacchus est nul" ; la dame-amour au nez camus

« Une Satyresse, un Silène féminin » ;

Les lèvres grasses sont "un seul baiser succulent"—

Un moment fatiguant pour raconter l'ensemble.

Mais laissez son visage posséder tout le charme que vous voudrez,

Que la gloire de Vénus s'élève de tous ses membres,

Certes, il y en a encore d'autres ; et bien sûr

Avant, nous vivions sans elle ; et bien sûr

Elle fait les mêmes choses - et nous savons qu'elle le fait -

Tout comme la vilaine créature, et elle sent,

Oui, elle, sa misérable aux parfums vils ;

Que même ses servantes fuient et rient

Derrière son dos. Mais lui, l'amant, en larmes

Parce que exclu, couvre son seuil

Souvent avec des fleurs et des guirlandes, et des onctions

Ses montants hautains de marjolaine,

Et des gravures, le pauvre, des baisers sur les portes...

Admis enfin, ne serait-ce qu'une bouffée

Je l'atteignais en approchant, il cherchait

De bonnes excuses pour sortir immédiatement ;

Et sa plainte, longuement réfléchie, tomberait alors

Sur ses talons ; et là, il se damnerait

Pour sa fatuité, observant comment

Il avait assigné à cette même dame davantage...

Ce qu'il convient de concéder aux mortels.

Et nos Vénus en sont conscientes.

C'est pourquoi ils ont d'autant plus de mal à se cacher

Tous les coulisses de la vie de ceux

Qu'ils désirent garder dans des liens d'amour -

En vain, puisque tu peux néanmoins par la pensée

Faites glisser toute la matière vers la lumière

Et bien cherchons la cause de tous ces sourires ;

Et si elle est d'esprit gracieuse et gentille,

A ton tour, néglige-le,

Et permettent ainsi une faible mortalité.

Et la femme ne soupire pas toujours avec un amour feint,

Qui relie son corps au corps de l'homme verrouillé

Et le tient fermement, rendant ses baisers mouillés

Avec des lèvres aspirées dans les lèvres ; car elle agit souvent

Même par désir et, recherchant des joies mutuelles,

L'y incite à parcourir le parcours de l'amour.

Autrement, le bétail, les oiseaux, les bêtes sauvages,

Et les brebis et les juments se soumettent aux mâles,

Sauf que leur propre nature est en chaleur,

Et brûle abondamment et prend avec joie

Encore une fois la Vénus des mâles en montée.

Et tu ne vois pas comment ceux dont le plaisir mutuel

Les liés ont-ils été torturés dans leurs liens communs ?

Combien de fois aux carrefours des chiens qui halètent

Pour se séparer, tendez-vous avec impatience

Avec la plus grande puissance ? — Quand pendant tout ce temps ils sont rapides

Dans les liens robustes de Vénus. Mais ils ne le feraient jamais

Alors tirez, sauf qu'ils connaissaient ces joies mutuelles...

Si puissant pour les jeter dans des pièges

Et tenez-les liés. C'est pourquoi, encore une fois,

Même comme je le dis, il y a un plaisir commun.

Et quand par hasard, en mêlant la semence à la sienne,

La femelle a surpassé la force du mâle

Et par une aventure soudaine, il l'a saisi rapidement,

Puis viennent les descendants, issus en majorité de la semence maternelle,

Plutôt leurs mères ; comme, de la postérité des pères,

Ils sont comme les pères. Mais qui semble être

Partenaires de chaque forme, un mélange égal

Parmi les caractéristiques des parents, celles-ci sont générées

Du corps des pères et du sang des mères,

Quand la chaleur mutuelle et harmonieuse s'est envolée

Ensemble des graines, suscitées le long de leurs cadres

Par les aiguillons de Vénus, et aucun des deux

Mastereth ou est maîtrisé. Cela arrive aussi

Que parfois une progéniture peut naître

À l'image de leurs grands-pères, et rapporter

Souvent les formes des pères des grands-pères, car

Leurs parents conservent souvent dans leur corps

Caché de nombreux germes primitifs, mélangés

Dans de nombreux modes, qui, à commencer par le stock,

Le père transmet au fils, lui-même père ;

D'où Vénus par un hasard variable

Engendre des formes, et ramène diversement

Des traits ancestraux, des voix aussi et des cheveux.

Une génération féminine se lève

De la semence paternelle et du corps de la mère

Il existe des mâles créés : puisque le sexe se déroule

Pas plus par l'unicité de la graine que par les visages

Ou nos corps ou nos membres : pour chaque naissance

Est issu d'une double graine ; et ce qui est créé

Hath, de ce parent auquel il ressemble le plus,

Plus que sa part égale ; comme tu peux le marquer,—

Que la race soit mâle ou femelle.

Les pouvoirs divins n'en veulent pas non plus à aucun homme.

Les fruits de ses semailles, afin que jamais

Il sera appelé "père" par ses doux enfants,

Et terminer ses jours dans un amour stérile pour toujours.

Ce que beaucoup d'hommes supposent ; et sombre

Ils aspergent les autels d'un sang abondant,

Et rends les hautes plates-formes odorantes de cadeaux brûlés,

Pour rendre grosses par une semence abondante leurs femmes,

Et la peste contre les divinités vaines et les lots sacrés.

Car ces hommes sont stériles à cause de la semence trop épaisse,

Ou bien trop liquide et trop liquide.

Parce que le mince est impuissant à fendre

Rapidement aux bons endroits, immédiatement

Cela coule d'eux et, de nouveau,

Se retire de manière avortée. Et puis depuis la graine

On dépense plus de choses grossières et solides que ce qui conviendra

Pour certains hommes, soit il ne s'envole pas

Avec une poussée assez prolongée, sinon ça échoue

Pour entrer convenablement aux bons endroits,

Ou, étant entrée, la graine est faiblement mélangée

Avec graine de la femme : harmonies de Vénus

Sont considérés comme très importants ici ; et certaines

Imprégnez-en certains plus facilement, et de certains

Certaines femmes conçoivent plus facilement et deviennent

Enceinte. Et beaucoup de femmes, stériles avant

Dans plusieurs lits conjugaux, j'ai encore par la suite

Obtenu les partenaires avec lesquels ils pourraient concevoir

Les bébés garçons, et avec une douce progéniture

Devenez riche. Et même pour les maris (dont les propres femmes,

Bien que issus de ventres fertiles, je les ai portés

Aucun bébé dans la maison) sont également trouvés

Des natures concordantes pour qu'elles enfin

Peuvent protéger leur vieillesse avec de bons fils.

Une question de grand moment, c'est en vérité,

Que les graines puissent se mêler facilement aux graines

Adapté à la procréation, et aussi épais

Il faut mélanger avec des graines fluides, avec un liquide épais.

Et dans cette affaire, cela revêt une certaine importance

De quel régime la vie se nourrit :

Pour certains aliments épaississent les graines chez nos membres,

Et d'autres les éclaircissent et dépérissent.

Et dans quels modes le plaisir affectueux lui-même

Cela se poursuit – cela aussi a une grande importance.

Car on pense généralement que les femmes conçoivent

Plus volontiers à la manière des bêtes sauvages,

Selon la coutume des races à quatre pieds,

Parce que c'est dans cette posture, avec les seins en dessous

Et les fesses alors relevées, les graines peuvent prendre

Leurs véritables places. Ce n'est pas non plus le moindre besoin

Que les épouses utilisent les gestes de flatterie ;

Car ainsi la femme gêne et résiste

Sa propre conception, même si elle est trop joyeuse

Elle soigne elle-même la Vénus de l'homme

Avec les hanches soulevées et de toute sa poitrine

Maintenant cédant comme les vagues de la mer,

Oui, d'après la trajectoire et la trace régulières du soc

Elle jette le sillon, et depuis les endroits appropriés

Dévie le jet de graine. Et les courtisanes

Sont ainsi habitués à agir pour leurs propres fins,

Pour éviter la grossesse et le coucher,

Et pendant tout ce temps pour rendre Vénus plus

Un plaisir pour les hommes, ce qui me semble

Nos femmes n'en ont jamais besoin.

Parfois aussi

Cela arrive - et sans aucune divinité

Ni les flèches de Vénus, c'est un truc désolé

De peu de grâce sera aimé par l'homme;

Car parfois elle-même, par ses actes,

Par ses manières dociles et ses habitudes soignées,

T'habituera facilement à passer

Avec elle, ta vie, et en plus, voilà,

Une longue habitude peut engendrer l'amour humain,

Même en tant qu'objet frappé de plus en plus

Par des coups, même légers, mais enfin

Est vaincu et vacille. Tu ne vois pas,

En plus, comment les gouttes d'eau tombent

Contre les pierres, enfin, percer les pierres ?

LIVRE V

PRÉFACE

O QUI peut construire avec une poitrine puissante une chanson

Digne de la majesté de ces belles trouvailles ?

Ou qui avec des mots si forts qu'il peut encadrer

Les éloges dignes de ses mérites

Qui nous a laissé héritiers de si vastes prix,

Par son propre sein découvert et recherché ?

Il n'y en aura aucun, je pense, de souche mortelle.

Car s'il faut lui donner un nom, le nom

Exigé par la majesté désormais connue

Parmi ces choses élevées, il était donc un dieu :

Écoute-moi, illustre Memmius, un dieu ;

Qui le premier et le chef a découvert ce plan de vie

Ce qu'on appelle maintenant philosophie, et qui

Par des embarcations astucieuses, issues de vagues si puissantes,

De ces ténèbres si puissantes, la vie amarrée

Dans des havres si sereins, dans une lumière si claire.

Comparez ces vieilles découvertes divines

D'autres : voici, selon le conte,

Cérès établi pour la mortalité

Le grain et le jus de Bacchus du raisin de la vigne,

Même si la vie pourrait encore subsister sans ces choses,

Même comme le dit le rapport, certains peuples vivent désormais.

Mais le bien-être de l'homme était impossible

Sans sein, tout est gratuit. C'est pourquoi plus

Cet homme nous paraît à juste titre un dieu,

De qui les doux réconforts de la vie, au loin

Distribué sur des domaines très peuplés,

Maintenant, apaisez l'esprit des hommes. Mais si tu penses

Les travaux d'Hercule excellent de la même manière,

Tu es bien plus loin du vrai raisonnement.

Car qu'est-ce qui pourrait nous blesser maintenant, cette puissante gueule

Du Lion de Némée, ou du Sanglier

Qui s'est hérissé en Arcadie ? Ou encore,

O qu'est-ce que le taureau crétois, ou l'hydre, pourrait ravager

De Lerne, entourée de vipères venimeuses ?

Ou quelle est sa puissance à trois seins

Le triple Géryon...

Les voyageurs dans les marais stymphaliens

Alors offensez-nous terriblement, ou les coursiers

De Diomède thrace crachant du feu

De leurs narines le long des zones

Bistonien et Ismarien ? Et le Serpent,

Le redoutable observateur féroce, gardien du doré

Et les pommes brillantes des Hespérides,

Enroulé autour du tronc d'arbre avec une masse énorme,

O que pourrait-il, encore une fois, nous infliger

Le long de la côte atlantique et des étendues marines ?

Où aucun de nous ne s'approche

Ni aucune entreprise barbare. Et le reste

De tous ces monstres tués, même vivants,

Encore invaincus, quel mal pourraient-ils faire ?

Aucun, comme je suppose. C'est ainsi que la terre est saturée

Grouille encore maintenant de bêtes sauvages, même maintenant

Est rempli de terreurs anxieuses à travers les bois

Et les montagnes puissantes et les profondeurs de la forêt—

C'est à nous en général d'éviter les quartiers.

Mais pour que la poitrine ne soit pas purgée, qu'est-ce qui entre alors en conflit,

Quels périls devons-nous affronter malgré nous !

Oh alors, comme les soucis de la luxure sont grands et vifs

Cela a divisé l'homme désemparé ! Quelles craintes sont grandes !

Et voici, l'orgueil, l'avidité sinistre et l'impudence...

Comme c'est grand les massacres à leur suite ! et voilà,

Débauches et toutes sortes de paresseux !

C'est pourquoi cet homme qui les a soumis,

Et de l'esprit expulsé, par les mots en effet,

Pas d'armes, oh, cela ne lui conviendrait-il pas

Se rendre digne en se plaçant au rang des dieux ?

Et d'autant plus qu'il avait l'habitude de donner,

Concernant les dieux immortels eux-mêmes,

De nombreuses déclarations avec une langue divine,

Et de dévoiler par ses déclarations tout

La nature du monde.

ARGUMENT DU LIVRE ET NOUVEAU PROEM
CONTRE UN CONCEPT TÉLÉOLOGIQUE

Et je marche maintenant

Dans ses propres traces, je poursuis

Ses raisonnements et ses déclarations enseignent

L'alliance par laquelle toutes choses sont encadrées,

Comment, sous cette alliance, ils doivent respecter

Ni jamais réussir à abroger les éons

Des décrets inexorables, — comment (comme nous l'avons constaté),

Dans la classe des objets mortels, par-dessus tout,

L'esprit existe à partir d'un cadre né sur terre et crée

Et impuissant à demeurer indemne

À travers les puissants éons, et comment se fait-il

Dans le sommeil, ces apparitions d'idoles,

C'est tellement tromper l'intelligence quand nous

Semblez voir un homme que la vie a quitté.

Jusqu'ici nous sommes allés ; l'ordre de mon plan

Cela m'a amené maintenant au point où je

Faut faire rapport comment, aussi, l'univers

Constitué d'un corps mortel, né dans le temps,

Et dans quels modes ces trucs rassemblés

S'est établi comme terre et ciel,

Océan, étoiles, soleil et boule de lune ;

Et puis quelles créatures vivantes sont sorties de là

Les vieux lieux telluriques, et lesquels

Nous ne sommes jamais nés du tout ; et dans quel mode

La race humaine a commencé à nommer ses choses

Et utilisez le discours varié d'homme à homme ;

Et dans quels modes s'est-il enfoncé dans leurs seins

Cette crainte des dieux, qui sanctifie dans tous les pays

Fanes, autels, bosquets, lacs, idoles des dieux.

Aussi je vais démêler par quel pouvoir

La nature timonière guide les courses du soleil,

Et les méandres de la lune, de peur que nous,

Percase, je devrais imaginer cela de mon plein gré

Ils encerclent leurs parcours pérennes,

Chronométrer leurs mouvements pour augmenter les récoltes

Et les créatures vivantes, ou de peur que nous ne pensions

Ils suivent n'importe quel plan des dieux.

Même pour les hommes qui ont très bien appris

Que les divinités mènent une longue vie sans soucis,

Si pourtant en attendant ils se demandent par quel plan

Les choses peuvent continuer (et surtout ces choses élevées

Observé au-dessus des côtes éthérées),

Encore une fois, nous sommes précipités vers les peurs

De l'ancienne religion et adopter à nouveau

Maîtres durs, réputés tout-puissants, misérables hommes,

Sans savoir ce qui peut être et ce qui ne peut pas être,

Et par quelle loi à chacun son champ d'application prescrit,

Sa borne qui s'accroche si profondément dans le Temps.

Mais pour le reste, de peur que nous ne te retardions ici

Plus longtemps par des promesses vides - voici,

Avant tout, les mers, les terres, le ciel :

Ô Memmius, leur triple nature, voici,

Leurs corps trois, trois aspects si différents,

Trois cadres si vastes qu'un seul jour donnera

Jusqu'à l'anéantissement ! Alors va s'écraser

Cette forme massive et ce tissu du monde

Soutenu pendant tant d'éons ! Moi non plus

Je ne parviens pas à percevoir à quel point c'est étrange et merveilleux

Ce fait doit frapper l'intellect de l'homme, -

Anéantissement du ciel et de la terre

Cela doit être, et avec quel labeur de mots

C'est à moi de prouver la même chose ; comme cela arrive souvent

Quand une fois vous offrirez aux oreilles attentives de l'homme

Quelque chose d'inouï auparavant, mais peut-être pas

Soumettez-le à la vue des yeux pour lui

Ni le mettre en main - la vue et le toucher,

Par lequel les routes ouvertes de la croyance

Mène le plus directement dans le sein humain

Et les régions du renseignement. Mais encore

Je vais m'exprimer. Le fait lui-même, peut-être,

Forcera la croyance en ces paroles, et toi

Je pourrai voir, en peu de temps, énormément

Avec les agitations croissantes des terres, toutes choses

Tremblant en morceaux, loin de nous

Qu'elle, le timonier de la Nature, guide : et qu'elle

La raison, ô plutôt que le fait lui-même,

Persuadez-nous que tout peut être renversé

Et couler avec une casse affreuse !

Mais avant cela, je fais un pas pour exprimer

Des oracles plus saints et plus solides

Que jamais le Pythien a prononcé pour les hommes

Du trépied et du laurier de Delphes,

Je te dévoilerai des mots appris

Bien une consolation, peut-être par hasard,

Toujours bridé par la religion, tu supposes

Terres, soleil et ciel, mer, constellations, lune,

Doit durer éternellement, selon un cadre divin -

Et donc conclure que c'est juste que ceux-là,

(A la manière des Géants), tous devraient-ils

Payer les énormes pénalités pour un crime monstrueux,

Qui, par leurs raisonnements, ébranlent

Les remparts de l'univers et du souhait

Là pour éteindre le splendide soleil du ciel,

Marquer avec des paroles mortelles des choses immortelles—

Bien que ces mêmes choses soient encore si éloignées

De toute touche de divinité et semble

Jusqu'ici indigne de compter parmi les dieux,

On peut donc penser qu'ils fournissent plutôt

Un bon exemple du genre de choses

Il manque le mouvement vivant, le sens vivant.

Bien sûr, c'est tout à fait hors de propos de penser

Ce jugement et la nature de l'esprit

Dans n'importe quel type de corps peut exister...

Tout comme dans l'éther un arbre ne peut pas exister,

Ni nuages dans la mer salée, ni dans les champs

Les poissons ne peuvent-ils pas vivre, ni le sang dans le bois,

Ni sève dans les rochers : fixée et disposée

Où tout peut grandir et avoir sa place.

Ainsi, la nature de l'esprit ne peut pas surgir seule

Sans le corps, il n'est pas non plus loin

De la pluie et du sang. Mais si c'était possible ?

Ce pouvoir même de l'esprit pourrait bien plutôt

Soyez dans la tête, dans les épaules ou dans les talons,

Et, né en quelque sorte que ce soit, pourtant

Dans le même homme, dans le même vaisseau demeure

Mais puisque dans ce corps même le nôtre

Se tient fixe et semble bien disposé

Où l'âme et l'esprit peuvent chacun exister et grandir,

Nous devons nier d'autant plus qu'ils peuvent durer

Hors du corps et de la forme respiratoire

Dans les mottes de terre pourries, dans le feu du soleil,

Dans l'eau ou sur les côtes célestes.

Par conséquent, ces choses ne sont en rien fournies

Avec un sens divin, car ils ne pourront jamais l'être

Avec une force vitale accélérée.

De même, tu ne peux jamais

Croyez que les sièges sacrés des dieux sont ici

Dans toutes les régions de ce monde banal ;

En effet, la nature des dieux, si subtile,

Si loin de nos sens, à peine

Est vu même par l'intelligence de l'esprit.

Et comme ils ont toujours échappé au contact et à la poussée

Des mains humaines, ils ne peuvent pas atteindre pour saisir

C'est quelque chose de tangible pour nous. Pour ce qui ne peut pas

Lui-même être touché à son tour ne pourra jamais toucher.

C'est pourquoi aussi leurs sièges doivent être

Contrairement à nos sièges, même subtils aussi,

Comme rendez-vous pour l'essence subtile - comme je vais le prouver

Désormais à toi avec un grand discours.

De plus, dire que pour le bien des hommes

Ils voulaient préparer la magnificence de ce monde,

Et c'est donc un devoir et une obligation

Pour louer l'œuvre des dieux comme une louange digne,

Et c'est un sacrilège pour les hommes de secouer

Jamais par n'importe quelle force depuis leur siège

Qu'est-ce qui a été établi par la prévoyance ancienne

Pour l'éternité des races humaines,

Et c'est un sacrilège d'attaquer par des mots

Et renversez tout de la base à la poutre,—

Memmius, de telles idées à concocter et à empiler,

C'est en vérité – adorer. Notre gratitude,

O quels émoluments cela pourrait-il conférer

Sur les Immortels et sur les Bienheureux

Qu'ils devraient faire un pas pour gérer quoi que ce soit

Pour notre bien ? Ou quel nouveau facteur pourrait,

Après si longtemps, incitez-les...

Le jusqu'ici reposant - désirer

Changer leur ancienne vie ? Car plutôt il

Qui les vieilles choses irritent semblent susceptibles de se réjouir

A neuf ; mais celui qui, dans le temps passé

N'a rencontré aucun malheur au cours de ses belles années,

O qu'est-ce qui pourrait jamais enflammer un tel homme

Passion pour les expériences étranges ? Ou quoi

Quel mal pour nous, si nous n'étions jamais nés ?

Comme si, en vérité, dans des royaumes sombres et malheureux

Notre vie mentait jusqu'à l'aube

Le jour-printemps de la création ! Quiconque

A été engendré et veut forcément rester

Dans la vie, aussi longtemps que le plaisir affectueux retient ;

Mais quiconque n'a jamais goûté à l'amour de la vie,

Et jamais cela n'a été compté parmi les êtres vivants,

Qu'est-ce qui lui fait mal de ne jamais être né ?

D'où, en outre, le premier fut planté dans les dieux

L'archétype du genre du monde

Et la première idée de ce à quoi ressemble l'homme,

Pour qu'ils sachent et préconçoivent avec esprit

Juste ce qu'ils voulaient faire ? Ou comment étaient-ils connus

Toujours les énergies des germes primitifs,

Et que sont ces germes, par échange de lieu,

Pourrait ainsi produire, si la nature n'avait pas

Un exemple donné pour tout créer ?

Car de cette manière les primordiaux des choses,

Beaucoup dans de nombreux modes, agités par les coups

Depuis des éons immémoriaux, en mouvement aussi

Par leurs propres poids, ont toujours été habitués

Pour être ainsi emporté et dans tous les modes

Se retrouver et essayer toutes sortes

Qui, en combinant les uns avec les autres, ils

Sont puissants pour créer, c'est ainsi qu'il en est

Ce n'est pas étonnant maintenant, s'ils sont également tombés

Dans de tels arrangements, et s'ils sont passés

Dans des vibrations telles que celles par lesquelles

Cette somme de choses se poursuit aujourd'hui

Par renouvellement fixe. Mais je savais que je n'avais jamais quoi

Les graines étaient primordiales, mais oserais-je

Ceci pour affirmer, même à partir de jugements profonds basés

Sur les voies et la conduite des cieux :

Ceci est soutenu par de nombreux faits en plus :

Que la nature de toutes choses n'est en aucun cas

Pour nous a été façonné par une puissance divine -

Tant les défauts dont il est encombré sont grands.

Tout d'abord, marquez toutes les régions qui sont couvertes

Par les étendues prodigieuses du ciel :

Une partie béante des chaînes de montagnes

Et les forêts des bêtes ont et tiennent ;

Et les falaises, les marais du désert et les étendues marines

(Qui brise au loin les plages des terres)

Possédez-le simplement ; et, encore une fois, celui-ci

Près des deux tiers d'une chaleur intolérable

Et une chute perpétuelle de gel vole

Du genre mortel. Et que reste-t-il à labourer,

Même si la force de la nature dépasserait

Aux ronces, la force humaine ne s'est-elle pas opposée,—

Depuis longtemps, j'ai l'habitude de gémir et de transpirer pour gagner ma vie

Sur la pioche à deux dents et pour fendre

Le sol en deux en appuyant sur la charrue.

A moins que, par le soc de la charrue retournant les mottes fructueuses

Et en pétrissant le moule, nous vivifions dans la naissance,

[Les récoltes] n'ont pas pu germer spontanément

Dans l'air libre et lumineux. Même alors, parfois,

Quand les choses acquises par le labeur le plus dur

Sont maintenant en feuilles, sont maintenant tous en fleurs,

Soit le soleil céleste avec des chaleurs funestes

Dessèchements, ou pluies soudaines ou givre glacial

Détruit, ou défauts de vents avec tourbillon furieux

Tourment et torsion. A côté de ces questions, pourquoi

La nature nourrit-elle et nourrit-elle sur terre et sur mer

La terrible race de bêtes sauvages, les ennemis

Du clan humain ? Pourquoi les saisons apportent-elles

Des maladies de Carré avec eux ? C'est pourquoi les tiges sont en liberté

La mort, si inopportune ? Et puis encore une fois, le bébé,

Comme le naufragé des vagues déchaînées,

Gisant nu sur le sol, sans voix, dans le besoin

De toute aide à la vie, quand la nature prime

L'a répandu sur les rivages de la lumière

Avec les douleurs de l'accouchement dans le ventre de la mère,

Et avec un gémissement plaintif, il remplit la place :

Aussi bien digne de celui pour qui reste

Dans la vie, un voyage à travers tant de maux.

Mais tous les troupeaux et toutes les bêtes sauvages

Sortez et grandissez, vous n'avez pas besoin des petits hochets,

Il ne faut pas non plus subir le traitement de l'infirmière humoristique.

Cher bavardage brisé ; ils ne cherchent pas non plus des vêtements divers

Pour s'adapter aux cieux changeants ; ni besoin, enfin,

Ni armes, ni hauts remparts, pour lesquels

Les leurs à garder, parce que la terre elle-même

Et la nature, artisane du monde, engendre

Abondamment tout pour tous.

LE MONDE N'EST PAS ÉTERNEL

Et d'abord,

Depuis le corps de terre et d'eau, le léger souffle de l'air,

Et des exhalaisons enflammées (dont quatre

Cette somme de choses est considérée comme compacte)

Donc tous ont une naissance et une charpente périssable,

Ainsi, toute la nature du monde lui-même

Doit également être conçu comme périssable.

Car en vérité, ces choses dont nous voyons

Les parties et membres pour naître à temps

Et les formes périssables, celles-là mêmes que nous marquons

Être invariablement né à temps

Et né pour mourir. Et donc quand je vois

Les membres les plus puissants et les parties de ceci

Notre monde a été consumé et engendré à nouveau,

C'est à moi de savoir que le ciel est aussi au-dessus

Et la terre en dessous a commencé autrefois dans le temps

Et, avec le temps, il sombrera dans le désastre.

Et de peur que dans ces affaires tu ne me considères

D'avoir saisi ce point par un tour de passe-passe pour servir

Mon propre caprice, parce que j'ai supposé

Que la terre et le feu sont en effet des choses mortelles,

Et je n'ai pas douté de l'eau et de l'air

Tous deux périssent aussi et ont affirmé la même chose

Être de nouveau engendré et grandir—

Notez bien l'argument : en premier lieu, voilà,

Certaines parties de la terre, gravement desséchées

Par des soleils incessants et piétinés

Par une vaste foule de pieds, expirez à l'étranger

Une brume poudreuse et des nuages de poussière volants,

Que les vents violents dispersent dans tout l'air.

Une partie, en outre, de son gazon et de sa terre

Est appelé à l'inondation par les pluies ;

Et les rivières broutent et creusent les berges.

D'ailleurs, tout ce qui participe

En favorisant et en augmentant [rien]...

Est restitué ; et puisque, sans aucun doute,

La Terre, la mère de tout, est considérée comme étant

De même le sépulcre commun des choses,

C'est pourquoi tu la vois privée de son abondance,

Et puis à nouveau augmenté avec une nouvelle croissance.

Et pour le reste, cette mer, ces ruisseaux et ces sources

Pour toujours avec de nouvelles eaux débordantes,

Et que les fluides soient toujours bien,

N'a pas besoin de mots - le puissant flux lui-même

Des eaux innombrables tout autour

Le déclare. Mais qu'est-ce que l'eau d'abord

Les ruisseaux sont toujours immédiatement emportés,

Et ainsi il arrive que dans l'ensemble

Il n'y a pas de débordement ; en partie parce que

Les vents violents (qui balayent trop le reste)

Et le soleil céleste (qui avec ses rayons se dissout)

Réduisez les mers plates ; en partie parce que

L'eau est diffusée sous terre

À travers tous les pays. La saumure est filtrée,

Et puis le liquide réapparaît

Et tous se rassemblent aux sources des rivières,

D'où il coule dans les courants d'eau douce

Sur les terres, dans les canaux qui

Étaient fendus autrefois et autrefois percés

Les inondations aux pieds liquides.

Maintenant, alors, de l'air

Je parlerai, qui heure par heure dans tout son corps

Est changé à l'infini. Pour quoi que ce soit

S'échappe en poussière ou en vapeur d'objets,

La même chose est toujours portée avec moi

Dans le puissant océan de l'air ;

Et n'a pas diffusé à son tour les choses

Corps, et ainsi les recruter au fur et à mesure de leur flux,

À ce moment-là, tout était résolu.

Et transformé en air. C'est pourquoi il n'est jamais

Cesse d'être engendré par des choses

Et pour revenir aux choses, puisque en vérité

En flux constant, toutes choses circulent.

De même,

La source abondante de la lumière liquide,

Le soleil éthéré inonde le ciel

Avec un flux constant d'éclat toujours nouveau,

Et avec une lumière fraîche remplace la lumière,

À l'instant. Quelle que soit l'éclat

A coulé le premier, peu importe où il tombe,

Est perdu au soleil. Et c'est à toi

A savoir à partir de ces exemples : dès que les nuages

J'ai commencé à passer sous le soleil,

Et comme pour déchirer les rayons de lumière

En deux, à la fois la partie inférieure

Est entièrement perdu et la terre est couverte

Là où les orages roulent—

Alors sache que tu peux avoir besoin de choses pour toujours

Une nouvelle reconstitution d'éclat et d'éclat,

Et chaque rayonnement, le plus éclatant, jaillit,

Périsse un par un. Ni autrement

Les choses peuvent-elles être vues au soleil, de peur d'être toujours

La source de lumière apporte une lumière nouvelle.

En effet vos phares terrestres de la nuit,

Les lampions suspendus et les torches, lumineuses

Aux lueurs jaillissantes et denses de suie livide,

Dépêchez-vous de la même manière de fournir

Avec la chaleur qui nous dispense, une nouvelle lumière apparaît ;

Sont tous vivants pour frémir de leurs feux,—

Sont si vivants qu'ainsi la lumière ne quitte jamais

Les endroits où il brille, comme s'il se louait en deux :

Sa destruction est si rapidement voilée

Par la naissance rapide des flammes de tous les feux.

Ainsi donc, nous devons supposer que le soleil et la lune

Et les étoiles projettent leur lumière depuis les sous-naissances

Toujours et toujours nouveau, et ainsi de suite, des flammes

Les premiers qui se lèvent périssent toujours un à un,

De peur que tu ne penses peut-être qu'ils endurent chacun

Inviolable.

Encore une fois, je ne perçois pas

Comment les pierres sont-elles aussi conquises par le Temps ?

Pas comment les hautes tours s'effondrent,

Et les rochers s'effondrent ? Pas comment les sanctuaires des dieux

Et les idoles craquent-elles? — Et comment, en effet,

La sainte influence n'a encore aucun pouvoir

Là pour reporter les Terminaux du Destin,

Ou faire des progrès contre les décrets fixes de la nature ?

Encore une fois, voici, nous ne sommes pas les monuments

Des héros, aujourd'hui en ruines, nous demandant,

A leur tour aussi, si nous ne croyons pas

Ils vieillissent aussi avec l'âge ? Voici, nous ne sommes pas

Le basalte déchiré ruine l'amain

Descendant des hautes montagnes, impuissant

Pour endurer et attirer les puissantes forces là-bas

D'un temps fini ? - car ils ne tomberaient jamais

Déchiré soudainement, s'il vient d'un passé infini

Ils avaient prévalu contre toutes les ingénieries

Des éons attaquants, sans fracas.

Encore une fois, regardez maintenant Ceci, qui est rond, ci-dessus,

Contient la terre entière dans son unique étreinte :

Si de lui-même il engendre toutes choses,

Comme certains hommes le disent - et les prend pour lui

Une fois détruit, il doit être entièrement

De naissance et de corps mortels ; pour quoi que ce soit

De l'extérieur, il donne à d'autres choses

Augmentation et nourriture, la même force doit être

Minished, puis recruté quand il le faut
Les choses reviennent en elles-mêmes.

En plus de tout cela,
S'il n'y avait pas eu d'origine à la naissance
Des terres et du ciel, et ils ont toujours été
L'éternel, eh bien, avant la guerre thébaine
Et les obsèques de Troie ont d'autres bardes
Vous n'avez pas également chanté d'autres hautes affaires ?
Où ont coulé tant d'actes
Des héros ? Pourquoi ces actes ne vivent-ils plus,
Ingrevé dans les monuments éternels
De gloire ? En vérité, je suppose, parce que
La Somme est nouvelle, et d'une date récente
La nature de notre univers, et avait
Il n'y a pas si longtemps, son propre exorde.
C'est pourquoi, même maintenant, certains arts sont encore
Raffiné, encore augmenté : maintenant aux navires
De nombreux nouveaux appareils sont ajoutés ;
Et mais l'autre jour musicien-folk
A donné naissance aux sons méliques de l'orgue;
Et puis cette nature, ce récit des choses
A été découvert récemment, et je
Moi-même n'ai été découvert que maintenant,
Comme premier parmi les premiers, capable de tourner
La même chose dans le langage romain ancestral.
Pourtant, si tu estimes qu'avant cela
Toutes choses existaient de la même manière, mais cela
Les cycles de la race humaine ont péri

Dans des exhalaisons enflammées, ou les villes tombèrent

Par un terrible tremblement de terre du monde,

Ou des rivières en furie, après des pluies constantes,

Avait plongé à travers les terres de la terre

Et tu as submergé les villes - alors, tu dois d'autant plus

Avouer, vaincu par l'argumentation,

Qu'il y aura aussi l'anéantissement

Des terres et du ciel. Car à l'heure où les choses

Étaient taxés par des maladies si graves,

Et de grands périls, si quelque cause tombait davantage

Les avait alors assaillis, ils allaient partout

Sont allés au désastre et à l'effondrement suprême.

Et pour aucune autre raison nous ne sommes

Considéré comme mortel, sauf que nous tous

Malade à son tour avec ces mêmes maladies

Avec quoi ont rendu malades dans le passé ces hommes

Que la nature a retiré de la vie.

gagner,

Tout ce qui demeure éternel doit en effet

Soit repousser tous les coups, parce que c'est fait

De corps solide et ne permet aucune entrée

De tout ce qui a le pouvoir de diviser de l'intérieur

Les pièces sont compactes, tout comme ces graines de trucs

Dont nous avons déjà exposé la nature ;

Ou bien être capable de traverser le temps

Pour cela : parce qu'ils sont exempts de coups,

Tout comme le vide, qui reste intact,

Détachez-vous d'un quelconque coup ; ou bien parce que

Il n'y a pas de place autour où les choses peuvent,

Dans ce cas, partez tous en dissolution,—

Même si la somme des sommes est éternelle,

Sans ou lieu au-delà duquel les choses peuvent

Éparpillez les mouches ou les corps qui peuvent frapper,

Et ainsi les dissoudre à coups de force.

Mais pas de corps solide, comme je l'ai montré,

Existe la nature du monde, parce que

Dans les choses se mêle un vide ;

Le monde n'est pas encore comme le vide, et il ne l'est pas non plus.

De plus, il manque des corps qui, par exemple,

S'élevant de l'infini, peut tomber

Avec des tourbillons de fureur toute cette somme de choses,

Ou provoquer sur eux un autre cataclysme

D'un péril étrange; et là-bas aussi, demeure

L'espace infini et l'abîme profond—

Où voici les remparts du monde

Peut encore être frissonné. Ou un autre pouvoir

Peut les frapper jusqu'à ce qu'ils périssent tous.

Ainsi est la porte du malheur, ô nullement barrée

Contre le ciel, contre le soleil et la terre

Et des eaux profondes, mais des peuplements grands ouverts

Et se réjouit d'eux, monstrueux et agapé.

C'est pourquoi, encore une fois, il est nécessaire d'avouer

Que ces mêmes choses naissent dans le temps ; pour des choses

Qui sont de corps mortel pourraient en effet

Jamais d'un passé infini jusqu'à aujourd'hui

Ont repoussé les innombrables assauts

Des éons incommensurables anciens.

Encore une fois, depuis la bataille si féroce les uns contre les autres

Les quatre membres les plus puissants du monde,

Réveillé dans une guerre totalement impie,

Je ne pense pas qu'il puisse y avoir une fin pour eux

Du long conflit ? — Ou quand le soleil du ciel

Et toute la chaleur a conquis la domination

Toutes les eaux aspirées ? — Et c'est ce qu'ils essaient

Encore à accomplir, même s'ils échouent encore,—

Car les ruisseaux fournissent en abondance

Nouvelle réserve d'eaux, c'est plutôt elles

Qui menacent le monde d'inondations immenses

De là les gouffres non sondés de la mer.

Mais vain, puisque les vents (qui balayent excessivement)

Et le soleil céleste (qui avec ses rayons se dissout)

Minimisez les mers plates et faites confiance à leur pouvoir

Pour tout sécher, avant que les eaux ne puissent

Arriver au bout de leur effort.

Respirant une guerre si vaste, ils prétendent

Dans un conflit équilibré, l'un avec l'autre encore

Concernant des questions importantes, même si en effet

Le feu fut une fois plus victorieux,

Et une fois, comme le dit le conte, l'eau a gagné

Un royaume dans les champs. Pour le feu maîtrisé

Et j'ai léché beaucoup de choses et brûlé,

A quelle heure les impétueux chevaux du Soleil

Il a arraché Phaéthon de plein fouet à sa route céleste.

Dans tout l'éther et sur toutes les terres.

Mais le Père tout-puissant en colère

Puis avec le coup soudain de la foudre

A-t-il chassé le héros à l'esprit puissant

Ces chevaux à terre. Et Sol, son père,

Le rencontrant alors qu'il tombait, rattrapé par la main

Le lampion toujours flamboyant du monde,

Et y conduisons pêle-mêle les chevaux

Et les a tous attelés à trembler, et à demeurer,

Les guidant sur leur propre ancienne route,

Restauré le cosmos, comme nous l'entendons

D'après les chants des anciens poètes grecs :

Une histoire trop éloignée de la vérité, me semble-t-il.

Car le feu peut gagner quand il vient de l'infini

A soulevé une plus grande foule de particules

De trucs enflammés ; et puis ses pouvoirs succombent,

D'une manière ou d'une autre, à nouveau maîtrisé, ou bien enfin

Il se ratatine dans les atmosphères torrides du monde entier.

Et tandis que l'eau commençait aussi à gagner—

Comme le dit l'histoire, quand elle a été submergée

La vie des hommes aux vagues ; et ensuite,

Quand toute cette force d'eau qui sort

De l'infini était surgi

Je me suis maintenant retiré, comme s'il s'était détourné d'une manière ou d'une autre,

Les tempêtes de pluie cessèrent et les ruisseaux leur fureur s'arrêta.

FORMATION DU MONDE ET
QUESTIONS ASTRONOMIQUES

Mais dans quels modes ce mélange de premiers éléments

A trouvé l'univers infini

De la terre, du ciel et des profondeurs insondées

De l'océan et des cours du soleil et de la lune,

Je vais maintenant le dire dans l'ordre. Pour une vérité

Ni l'un ni l'autre par l'avocat, les germes primitifs

'S'établir, comme par un acte d'esprit vif,

Chacun à sa place ; ils n'ont pas non plus fait,

En vérité, un contrat sur la manière dont chaque germe doit se déplacer ;

Mais voilà, parce que les primordiaux des choses,

Beaucoup dans de nombreux modes, agités par les coups

Depuis des éons immémoriaux, en mouvement aussi

Par leurs propres poids, ont toujours été habitués

Pour être ainsi emporté et dans tous les modes

Se retrouver et essayer toutes sortes

Qui, en combinant les uns avec les autres, ils

Sont puissants à créer : à cause de cela

Il arrive que ces primordiaux,

Diffusé partout à travers de puissants éons,

Pendant que les syndicats essaient, et les motions aussi,

De toutes sortes, rendez-vous au dernier amain,

Et c'est ainsi que les débuts conviennent souvent

Des choses puissantes : la terre, la mer, le ciel et la race

Des créatures vivantes.

Il y a si longtemps

La roue du soleil ne pouvait être discernée nulle part

Volant très haut avec sa flamme abondante,

Ni les constellations du monde puissant,

Ni océan, ni ciel, ni même terre, ni air.

Ni rien de semblable à nos choses

On pouvait alors le voir, mais seulement une étrange tempête

Et un prodigieux brouhaha

Composé de toutes sortes de germes primitifs,

Dont les discordes dans le désordre ont gardé

Interstices, et chemins, cohérences,

Et les poids, et les coups, les rencontres et les mouvements,

Car, en raison de leurs formes contrairement

Et de formes variées, ils ne pouvaient pas tous ainsi

Rester conjoints ni harmonieusement

Avoir une interaction de mouvements. Mais à partir de là

Des portions ont commencé à voler en morceaux, et comme

Avec envie de rejoindre et de bloquer un monde,

Et diviser ses membres et disposer

Ses parties les plus puissantes, c'est-à-dire pour sécuriser

Les cieux élevés des terres, et causent

La mer s'étend avec des eaux séparées,

Et des feux d'éther séparés et purs

De même pour se rassembler séparément.

Car, voilà,

Les particules terreuses se sont d'abord réunies

(Comme étant lourd et enchevêtré) là

Dans la région médiane, et tout a commencé à prendre

Les demeures les plus basses ; et toujours plus ils en ont

L'un avec l'autre enchevêtré, plus

Ils ont extrait de leur masse ces particules

Qui devaient former la mer, les étoiles, le soleil,

Et la lune et les remparts du monde puissant...

Car ceux-ci sont constitués de graines plus lisses et rondes

Et d'éléments bien plus petits que la terre.

Et c'est ainsi que cet éther, chargé de feu,

D'abord s'est détaché des parties en terre,

À travers les innombrables pores de la terre,

Et s'est élevé en l'air et avec lui-même

Éliminez légèrement les nombreux feux étoilés ;

Et pas loin sinon on voit souvent

<hr>

Et les lacs calmes et les ruisseaux éternels

Expirez une brume, et même comme la terre elle-même

On le voit parfois fumer, dès l'aube

La lumière du soleil, aux nombreux rayons, commence

Pour rougir en or, sur l'herbe

Engagé de rosée. Quand tout cela sera apporté

Ensemble au-dessus, les nuages en haut

Avec le corps maintenant bétonné, tissez une couverture

Sous les cieux. Et ainsi l'éther aussi,

Léger et diffusant, avec corps bétonné

De tous côtés, il s'est étendu, de tous côtés il s'est plié

Dans un dôme, et diffusé au loin

Dans toutes les régions, de tous côtés,

Ainsi a couvert tout le reste dans son fermoir avide.

Les origines sont venues durement sur l'éther

Du soleil et de la lune, dont les globes tournent dans l'air

À mi-chemin entre la terre et l'éther le plus puissant,—

Car ni l'un ni l'autre ne les a pris, car ils pesaient trop peu

Couler et s'installer, mais trop pour glisser

Le long des rivages les plus élevés ; et pourtant ils le sont

Dans un tel milieu entre les deux

Comme toujours pour faire tournoyer leurs corps vivants,

Et pour toujours durer en tant que parties du vaste Tout ;

De la même manière que certains membres peuvent

En nous, nous restons au repos, tandis que d'autres bougent.

Lorsque ces substances furent donc retirées,

Amain la terre, où s'étendent maintenant les vastes

Zones céruléennes de toutes les mers plates,

Cédé, et le long des creux versés

Les tourbillons de sa saumure ; et jour après jour

Plus les marées d'éther et les rayons de soleil

De chaque côté contraint en une seule masse

La terre en la fouettant encore, encore,

Sur ses bords extérieurs (de sorte qu'alors,

Étant ainsi battu, tout était condensé

A propos de son propre centre), toujours plus

La sueur salée, expulsée de son corps,

Océan augmenté et champs d'écume

En s'infiltrant à travers son cadre, et d'autant plus

Ces nombreuses particules de chaleur et d'air

S'échappant, commença à voler dans les airs et à se former,

Par condensation là-bas, loin de la terre,

Les circuits hautement réflectifs des cieux.

Les plaines commencèrent à s'enfoncer et les pentes venteuses

Des hautes montagnes à agrandir ; pour les roches

Ne pouvait s'affaisser, ni toutes les parties du terrain

Installez-vous là-bas au même niveau.

Ainsi donc, le poids massif de la terre resta ferme

Avec un corps maintenant bétonné, quand (comme c'était le cas)

Toute la bave du monde, lourde et dégoûtante,

Avaient couru ensemble et s'étaient installés au fond,

Comme les lies ou la cale. Puis l'océan, puis l'air,

Puis l'éther elle-même, celles qui étaient pleines de feu, étaient toutes

Laissés avec leurs corps liquides purs et libres,

Et chacun plus léger que le suivant en dessous ;

Et l'éther, le plus léger et le plus liquide des trois,

Flotte au-dessus des longs vents aériens,

Ni avec la bagarre des vents de l'air

Mêle son corps liquide. Ça part

Tout là-bas — ces royaumes inférieurs au-dessous de ses hauteurs —

Là pour être renversé dans des tourbillons sauvages, —

Il laisse tout là pour se bagarrer dans des rafales capricieuses,

Tandis que, glissant toujours avec une impulsion fixe,

Lui-même, il porte ses feux. Car, voilà,

Cet éther peut circuler ainsi régulièrement sur, sur,

Avec une seule envie inchangée, le Pont prouve :

Cette mer qui coule avec des marées fixes,

Garder un ténor en avant pendant qu'il glisse.

Et pour que la terre y demeure au repos

Dans la région centrale du monde, il lui faut

Doit disparaître petit à petit en poids et diminuer,

Et j'ai une autre substance en dessous,

Conjoint à lui dès son plus jeune âge

À l'unisson avec le vaste monde

Royaumes aériens dans lesquels il s'enracine et vit.

Pour cette raison, la terre n'est pas une charge,

Ni n'appuie sur les vents de l'air en dessous ;

De même que pour un homme ses membres sont

Sans tout poids, la tête n'est pas une charge

Jusqu'au cou; nous ne ressentons pas non plus l'ensemble

Centrer le poids du corps dans les pieds.

Mais quels poids nous viennent de l'extérieur,

Des poids qui nous pèsent, qui nous harcèlent et nous irritent,

Bien que souvent beaucoup plus léger. Car à un tel degré

Ce qui compte toujours, ce sont les pouvoirs innés

De n'importe quelle chose donnée peut l'être. La terre

Aucune substance étrangère n'a donc été récupérée ici,

Et d'aucun firmament extraterrestre abattu

Sur un air étranger ; mais a été conçu, comme l'air,

Dans la première origine de ce monde,

En tant que partie fixe du même, comme maintenant

Nos membres sont considérés comme faisant partie de nous.

D'ailleurs, la terre, quand tout d'un coup secoua

Par le grand tonnerre, son mouvement tremble

Tout cela est au-dessus d'elle, ce qu'elle ne pourrait jamais faire

Quoi qu'il en soit, la terre n'était-elle pas solidement liée

Vers les grands royaumes de l'air et du ciel du monde :

Car ils sont liés par des racines communes,

Conjoints tous deux, dès leur plus jeune âge,

À l'unisson enchaîné. Oui, tu ne vois pas

Que cette énergie la plus subtile de l'âme

Soutient notre corps, malgré un poids si lourd,—

Parce qu'en effet, c'est avec lui si conjoint

À l'unisson ? Quelle puissance, en somme,

Peut élever d'un bond agile notre corps en l'air,

Économiser l'énergie de l'esprit qui dirige les membres ?

Maintenant, tu ne vois pas à quel point il peut être puissant

Une nature subtile, lorsqu'elle est conjointe, elle est

Avec un corps lourd, comme l'air l'est avec la terre

Conjoints, et l'énergie de l'esprit avec nous ?

Maintenant chantons ce qui fait bouger les étoiles.

En premier lieu, si la puissante sphère céleste

Tourne en rond, puis nous devons répondre aux besoins

Celui sur le poteau supérieur et inférieur

Presse un certain air, et du dehors

Les confine et les enferme à chaque extrémité ;

Et ça en plus, un autre air au-dessus

S'écoule à travers le sommet de la sphère et tend

Dans la même direction que celle dans laquelle on roule

Les étoiles scintillantes du monde éternel ;

Ou qu'un autre streame encore en dessous

Pour faire tourner la sphère de bas en haut et de dessus

Dans la direction opposée, comme nous le voyons

Les rivières font tourner les roues et les pelles à eau.

Il se peut aussi que les cieux fassent tout

Rester au repos, tout en étant emporté

Les constellations lucides ; Soit parce que

Des marées rapides d'éther sont enfermées dans le ciel,

Et je me retourne, cherchant un passage,

Et partout fais rouler les feux étoilés

À travers les régions summaniennes du ciel ;

Ou bien parce qu'un peu d'air, coulant

D'un quartier éternel au-delà,

Tandis que les feux entraînés, ou alors, parce que

Les incendies eux-mêmes ont le pouvoir de se propager,

Aller partout où leur nourriture les invite et les appelle,

Et nourrissant leurs corps enflammés partout

Dans tout le ciel. Mais laquelle de ces raisons est la cause

Dans notre monde, il est difficile de le dire avec certitude ;

Mais que peut-il y avoir dans tout l'univers,

Dans divers mondes sur divers plans créer,

C'est seulement cela que je montre et je continue

Attribuer aux mouvements des étoiles

Même plusieurs causes, ce qui est possible

Exister à travers le Tout universel ;

Dont pourtant il faut être la cause même ici

Ce qui fait bouger nos constellations.

Reste à décider lequel d'entre eux ce sera

Ce n'est pas la moindre affaire d'homme

Avançant pas à pas avec prudence, comme je.

La roue du soleil ne peut pas non plus être beaucoup plus grande

Ni son propre incendie beaucoup moins qu'il n'y paraît

À nos sens. Pour quels espaces

Les feux ont le pouvoir sur nous de projeter leurs rayons

Et soufflent leurs exhalaisons torrides

Contre nos membres, ces mêmes distances

N'emportez rien à ces intervalles

Du volume des flammes ; et à la vue le feu

Rien n'est rétréci. Par conséquent, puisque la chaleur

Et la lumière épanouie du soleil céleste

Arriver nos sens et caresser nos membres,

La forme aussi et la grandeur du soleil doivent ressembler

Même ici depuis la terre, tels qu'ils sont réellement,

De sorte que tu ne peux presque rien prendre ou ajouter.

Et si la lune en voyage illumine

Les régions rondes avec des poutres bâtardes, ou jettent

De son propre corps sa propre lumière,—

Quoi qu'il en soit, elle voyage avec une forme

Rien de plus grand que la forme ne semble l'être

Ce que nous percevons avec nos yeux. Pour tous

Les objets éloignés de notre regard

Semblent à travers beaucoup d'air confus dans leur regard

Ere minimisés dans leur grandeur. C'est pourquoi, lune,

Puisqu'elle présente un look brillant et une forme nette,

Puisse-t-on voir là-haut sur terre

Tout comme elle l'est avec des limites extrêmes définies,

Et juste de la taille. Et enfin, qu'est-ce qui déclenche

De l'éther, tu vois depuis la terre ces

Tu peux considérer comme éventuellement de taille

Un peu moins, ou plus grand d'un cheveu

Qu'ils apparaissent - depuis quels incendies nous voyons

Ici, sur les terres de la terre, on voit des changements

De temps en temps leur taille diminue ou augmente

Seulement le moins, quand plus ou moins loin,

Tant qu'ils se chamaillent clairement, et toujours

Leur éclat est perçu.

Il n'y en a pas non plus besoin pour les hommes

Étonnement que ce soleil soit si petit

Peut encore émettre une si grande lumière qu'elle remplit

Les océans et toutes les terres et le ciel inondés,

Et avec ses exhalaisons enflammées raides

Le monde en général. Car il se peut en effet que

Cette vaste source qui coule de tout

Un vaste monde d'ici s'est ouvert et a jailli,

Et a projeté sa lumière à l'étranger ; parce qu'ainsi

Les éléments des exhalaisons enflammées

Du monde entier, venez ensemble,

Et ainsi couler dans une masse si grande

Que d'une seule source puisse jaillir

Cette chaleur et cette lumière. Et tu ne vois pas, en effet,

Dans quelle mesure une petite source d'eau peut-elle mouiller

Les prairies parfois et inondent les champs ?

C'est même possible, d'ailleurs, cette chaleur

Du propre feu du soleil, même si ce feu

Ne sois pas un grand, peut imprégner l'air

Avec la chaleur féroce - si, par hasard, l'air

Soyez en condition et donc tempéré alors

Comme s'enflammer, même lorsqu'il est battu

Seulement par de petites particules de chaleur—

Tout comme on voit parfois le grain sur pied

Ou du chaume de paille en cas d'incendie

D'une seule étincelle. Et peut-être le soleil,

Brillant en haut avec le lampion rose,

Possède autour de lui des chaleurs invisibles

Un feu abondant, sans éclat marqué,

Pour qu'il fasse, lui, le Porté de Feu,

Augmentez à ce point la force des rayons.

Il n'y a pas non plus de cause sûre révélée aux hommes

Comment le soleil quitte ses repaires d'été

Vers les tournants du milieu de l'hiver

En Capricorne, le retour s'inverse

Retour aux objectifs solsticiels du Cancer ; ni

Comment se fait-il que la lune se croise chaque mois

Cette même distance qui, en traversant

Le soleil consomme la mesure d'une année.

Je dis, aucune raison claire n'a été donnée

Pour ces affaires. Mais c'est le plus probable

Il semble que la doctrine que la sainte pensée

Le grand Démocrite dit : que jamais

Plus les constellations sont proches de la Terre

Moins ils le peuvent en tourbillonnant dans le ciel

Laissez-vous emporter, car ces puissances célestes

La vitesse en altitude disparaît et diminue

Dans les sous-régions, et le soleil est ainsi

Laissé peu à peu derrière parmi ces signes

Cela suit, depuis que le soleil est couché

Loin au-dessous des signes étoilés qui flamboient ;

Et la lune est encore plus en retard que le soleil :

Dans la mesure où son cours est supprimé

Depuis les cieux supérieurs et jusqu'aux terres proches,

Pour l'instant, elle ne parvient pas à suivre le rythme

Avec des signes étoilés ci-dessus ; pour l'instant

Plus faible est le tourbillon qui la porte,

(Étant en effet encore plus bas que le soleil),

Jusqu'à présent, tous les signes étoilés,

Faire le tour, la dépasser et la dépasser.

Il arrive donc que la lune apparaisse

Plus rapidement pour revenir à n'importe quel signe

Le long du zodiaque, le soleil,

Parce que ces signes lui rendent visite à nouveau

Plus vite qu'ils ne visitent le grand soleil.

Il se peut aussi que deux courants d'air

En alternance à périodes fixes

Soufflez des régions transversales du monde,

Dont l'un peut repousser le soleil

Des signes d'été aux objectifs du milieu de l'hiver

Et les rigueurs du froid, et l'autre alors

Peut le faire revenir des nuances glaciales du froid

Même dans les régions chaudes et les panneaux

Cette flamme le long du zodiaque. De même,

Il faut supposer la lune et toutes les étoiles,

Qui à travers les années puissantes et sidérales

Rouler sur de puissantes orbites, peut être accéléré

Les courants d'air des régions alternent.

Ne vois-tu pas aussi comment les nuages s'accélèrent

Par des vents contraires vers des régions contraires,

Les nuages inférieurs diffèrent-ils des nuages supérieurs ?

Alors, pourquoi ces étoiles là-bas dans l'éther peuvent-elles

Ne soyez pas porté le long de leurs puissantes orbites

Par des courants opposés les uns aux autres ?

Mais la nuit submerge les terres d'une vaste obscurité

Soit quand le soleil, après sa course diurne,

A parcouru les régions ultimes du ciel

Et avec lassitude il a haleté ses feux,

Frissonné par leur long voyage et perdu

En traversant l'air infini,

Ou bien parce que la même force qui m'a poussé

Son orbe au-dessus des terres oblige

Lui alors de tourner son cours sous les terres.

Matuta également à heure fixe

Répand le matin rosé le long

Les côtes du ciel et déploie la lumière,

Soit parce que le même soleil, revenant

Sous les terres, aspire à s'emparer du ciel,

S'efforçant de l'embraser de ses rayons

Avant qu'il apparaisse lui-même, ou bien parce que

Les feux se rassembleront alors et de nombreuses graines

De la chaleur ont l'habitude, même à heure fixe,

Pour diffuser ensemble — toujours plus genré

De nouveaux soleils et de nouvelles lumières. C'est exactement ce que raconte l'histoire

Que l'on voit depuis les sommets des montagnes Idéennes

Feux dispersés au petit jour

Qui se combinent ensuite, pour ainsi dire, en une seule boule

Et formez un orbe. Ni encore dans ces affaires

Il n'est pas étonnant que ces graines de feu

Pourrons ainsi diffuser ensemble à une heure si fixée

Et façonnez à nouveau la splendeur du soleil.

Pour de nombreux faits, nous voyons qui se réalisent

A heure fixe en toutes choses : les arbustes à bourgeons

A heure fixe, et à heure fixe

Ils jetèrent leurs fleurs ; et Eld commande les dents,

Au moment sûrement fixé, pour s'éloigner,

Et la jeunesse commande au garçon qui grandit de s'épanouir

Avec le duvet doux et laissé sur ses deux joues

La barbe douce tombe. Et enfin des éclairs,

Neige, pluies, nuages, vents, selon les saisons de l'année

En aucun cas rien n'est réglé, tout arrive.

Car où, même depuis leur ancien départ primordial

Les causes ont déjà fonctionné de telle manière,

Et où, même depuis la première origine du monde,

C'est ainsi que les choses se sont passées, donc même maintenant

Après un ordre fixe, ils reviennent

En séquence également.

De même, les jours peuvent croître

Tandis que les nuits diminuent et que la lumière du jour diminue

Tandis que les nuits prennent leurs augmentations,

Soit parce que le même soleil, courant

Sous les terres et en deux arcs,

Un plus long et un plus bref s'en va

Les côtes de l'éther et se divisent en deux

Son orbite est inégale, et ajoute :

Aussi rond qu'il soit porté, jusqu'à la moitié là

Autant qu'il est pris de l'autre moitié,

Jusqu'à ce qu'il arrive ce signe du ciel

Où le nœud de l'année rend les nuances de la nuit

Égal aux périodes de lumière.

Car quand le soleil est à mi-chemin de sa course

Entre les souffles du vent du nord et du sud,

Le Ciel maintient ses deux objectifs également séparés,

En raison de la position fixe ancienne

De tout le Zodiaque étoilé, à travers lequel

Ce soleil, pour avancer, met un an,

Illuminer le ciel et toutes les terres

Avec une lumière oblique - comme les hommes nous le déclarent

Qui par leurs diagrammes ont bien tracé

Ces régions du ciel qui sont ornées

Avec les signes disposés du Zodiaque.

Ou bien, parce que dans certaines régions l'air

Sous les terres c'est plus dense, le tremblant

Des rayons de feu brillants vacillent tardivement,

Je ne peux pas non plus pénétrer facilement dans cet air

Ni encore émerger vers leur lieu de montée :

Pour cela, ce sont les nuits d'hiver

Attardez-vous longtemps, avant que viennent les rayons multiples

Badge rond du jour. Ou bien parce que, comme on l'a dit,

En alternance des saisons de l'année

Les incendies, tantôt plus rapides, tantôt plus lents, sont monnaie courante.

Pour couler ensemble, les feux qui font le soleil

S'élever en un seul endroit - c'est donc

Que ces hommes semblent dire la vérité [qui soutiennent

Un nouveau soleil naît à chaque nouvelle aube].

La lune, elle brille peut-être parce que

Frappé par les rayons du soleil, et jour après jour

Puisse tourner vers notre regard sa lumière, plus

Elle s'éloigne de l'orbe du soleil, jusqu'à ce que,

Face à lui à travers le monde,

Elle a brillé avec tout son éclat à l'étranger,

Et, à sa montée alors qu'elle s'élève au-dessus,

Y a-t-il observé son cadre ? de là aussi

Elle a besoin de cacher, pour ainsi dire, sa lumière derrière

Petit à petit, plus elle se rapproche,

Le long du cercle du Zodiaque,

De son endroit lointain vers les feux de là-bas soleil,—

Comme le pensent ces hommes qui feignent que la lune soit

Tout comme un ballon et pour poursuivre un cap

Entre le soleil et la terre. Il y a, encore une fois,

Des raisons de supposer que la lune peut rouler

Avec sa propre lumière, et ainsi afficher

Les formes variées de sa splendeur y brillent.

Car près d'elle se trouve, en effet, un autre corps,

Invisible, car dépourvu de lumière,

Porté et glissant tout le temps avec elle,

Ce qui, dans trois modes, peut bloquer et effacer son disque.

Encore une fois, elle peut tourner sur elle-même,

Comme la sphère d'une balle, si par hasard c'est le cas.

La moitié d'elle est teinte d'une lumière éclatante,

Et par la révolution de cette sphère

Elle peut engendrer pour nous ses différentes formes,

Jusqu'à ce qu'elle transforme cette partie enflammée d'elle-même

Plein à la vue et aux yeux ouverts des hommes ;

De là, par étapes lentes, elle tourne en rond et en arrière,

Retirant ainsi la partie lumineuse

De sa masse sphérique et de sa boule, comme, en vérité,

La doctrine babylonienne des Chaldéens,

Réfutant l'art des astrologues grecs,

Les travaillistes, dans l'opposition, pour en être sûr...

Comme si, en vérité, la chose pour laquelle chacun se bat,

Ce n'est peut-être pas vrai, ou quoi qu'il en soit

C'est pourquoi tu pourrais risquer d'en embrasser un

Plus que l'autre notion. Puis, encore une fois,

Pourquoi une nouvelle lune pourrait ne pas être éternelle

Créé avec des successions fixes là-bas

De formes et de configurations fixes,

Et pourquoi chaque jour cette brillante lune créée

Il se peut qu'il ne fasse pas une fausse couche et qu'un autre soit,

A sa place et à sa place, engendré de nouveau,

C'est difficile à montrer par la raison ou par des mots

Pour s'avérer absurde - puisque, voilà, tant de choses

Peut être créé avec des successions fixes :

Le printemps et Vénus arrivent, et le fils de Vénus,

Le signe avant-coureur ailé, marche devant,

Et durement sur les empreintes de Zephyr, Mère Flore,

Arroseant les chemins devant eux, remplit tout

Avec des couleurs et des odeurs excellentes ;

Ensuite suit une chaleur aride, et il

En compagnie de Cérès, la poussiéreuse,

Et par les brises étésiennes du nord ;

Puis vient l'automne, et avec lui les pas

Lord Bacchus, et puis d'autres Saisons aussi

Et d'autres vents suivent — le grand rugissement

Du grand Volturne et du vent du Sud fort

Avec des coups de foudre. Enfin le jour le plus court de la Terre

Apporte aux hommes les neiges et ramène

Le froid engourdissant. Et Winter la suit,

Ses dents claquaient avec des frissons. Par conséquent, c'est

Moins c'est une merveille, si à heure fixe

Une lune est ainsi engendrée et encore

A heure fixe détruit, car tant de choses

Peut se produire ainsi à heure fixe.

De même, les éclipses du soleil et celles de la lune

Tu peux à juste titre considérer les occultations lointaines

Comme pour plusieurs causes. Car, en effet,

Pourquoi la lune devrait-elle pouvoir s'éteindre

La Terre à la lumière du soleil et sur le côté

Pour tendre vers la terre sa tête haute sous le soleil,

Opposant un orbe sombre à ses rayons lumineux—

Et pourtant, en même temps, on suppose l'effet

Ne pourrait pas résulter d'un autre corps

Quelles glisses dépourvues de lumière pour toujours ?

Encore une fois, pourquoi Sun, affaibli, ne pouvait-il pas

A heure fixe pour perdre ses feux, et puis,

Quand il est décédé dans les airs

Au-delà des régions hostiles à ses flammes,

Cela éteint et tue ses feux, pourquoi ne pouvait-il pas

Renouveler sa lumière ? Et pourquoi la terre devrait-elle à son tour

Avoir le pouvoir de voler la lumière à la lune, et là,

Elle-même en haut, garde le soleil caché en dessous,

Pendant que la lune glisse dans sa course mensuelle

A travers les ombres rigides du cône ?

Et pourtant, en même temps, un autre corps

Je n'ai pas le pouvoir de passer sous la lune,

Ou glissez au-dessus de l'orbe du soleil,

Briser ses rayons et répandre la lumière en deux ?

Et pourtant, si la lune elle-même est lumineuse

Avec son propre éclat, pourquoi ne pouvait-elle pas parfois

Dans quelque un quart du puissant monde

Devenir faible et fatigué, pendant qu'elle traverse

Des régions hostiles aux poutres les siennes ?

ORIGINES DE LA VIE VÉGÉTALE ET ANIMALE

Et maintenant, ce qui reste ! – Puisque j'ai résolu

Par quels arrangements toutes choses arrivent

À travers les régions bleues du monde puissant,—

Comment pouvons-nous savoir quelle énergie et quelle cause

Commencé les différents cours du soleil

Et la lune va, et jusqu'où va

Ils peuvent succomber, tandis que la lumière est contrariée,

Et voile d'ombre les terres sans méfiance,

Quand, pour ainsi dire, ils clignent des yeux, et puis encore

Avec une enquête à œil ouvert dans toutes les régions,

Resplendissant d'un éclat blanc - je le fais maintenant

Retour à l'âge primitif du monde

Et dis ce que d'abord les jeunes champs doux de la terre

Avec une parturition la plus précoce avait décrété

Pour s'élever dans les airs jusqu'aux rivages de lumière

Et à confier aux vents capricieux.

Au commencement, la terre a donné naissance, autour

Les collines et sur toute la longueur des plaines,

La race des herbes et le vert brillant ;

Les prairies fleuries brillaient de mille feux

Avec une couleur verdoyante, et ensuite, voilà,

Aux diverses espèces d'arbres a été donné

Une impulsion émule pour tirer puissamment,

Avec carte blanche, en l'air.

Comme les plumes, les poils et les poils sont engendrés

Le premier sur les membres des races à quatre pieds

Et sur les corps des forts-ailés,

Ainsi donc, la nouvelle Terre a tout d'abord présenté

Des graminées et des arbustes, et ensuite engendré

Les générations mortelles, là-bas, ont surgi...

Innombrable dans des modes innombrables—

Après des modes divergentes. Car du ciel

Ces créatures respiratoires n'auraient jamais pu tomber,

Ni les habitants de la terre ne sont jamais venus

Hors des mares de sel. Comme cela reste vrai,

Dans quelle mesure ce nom adopté est-il mérité

De la terre – « La Mère ! » – puisque de la terre

Sont tous engendrés. Et même maintenant, lève-toi

Des limons, combien d'êtres vivants...

Bétonné par les pluies et la chaleur du soleil.

C'est pourquoi c'est moins étonnant s'ils sautent

Il y a longtemps, plus nombreux et plus grands,

Mûri de ces jours dans les jeunes années fraîches

De la terre et de l'éther. Tout d'abord, la course

Des oiseaux ailés et des oiseaux multicolores,

Éclos au printemps, ils ont laissé leurs œufs derrière eux ;

Comme aujourd'hui en été, les grillons des arbres

Laissez leurs enveloppes brillantes de votre propre gré,

Cherchant leur nourriture et leur vie. Puis c'était

Cette terre qui est à toi a été la première à donner au jour

Les générations mortelles ; pour avoir prévalu

Parmi les champs regorgeant de chaleur et d'humidité.

Et par conséquent, là où une place convenable était donnée,

Il est possible de faire pousser des cavités utérines, par racines

Apposé sur terre. Et quand au temps mûr

L'âge des jeunes à l'intérieur (qui cherchaient l'air

Et j'ai fui les humidités de la terre) avait fait éclater ces ventres, oh alors

La nature y retournerait-elle les pores de la terre

Et lui faire gicler un jus des veines ouvertes

Comme le lait ; même en tant que femme maintenant

Est rempli, au moment de procréer, du lait sucré,

Parce que tout ce flux rapide de nourriture

Est là tourné vers les seins maternels.

Là, la terre fournirait de la nourriture aux enfants ;

La chaleur était leur lange, l'herbe leur lit

Abondant en duvet doux. La nouveauté de la Terre alors

Ne réveillerait pas les sorts austères du froid glacial,

Ni chaleurs extrêmes, ni vents puissants,

Car toutes choses grandissent et se renforcent au fil du temps

Dans des proportions similaires ; et puis la terre était jeune.

C'est pourquoi, encore une fois, comme c'est mérité

Est-ce le nom adopté de la Terre — La Mère ! —

Depuis qu'elle a elle-même engendré le genre humain,

Et à une heure presque fixée, il enfanta

Chaque sein qui s'étend délirant tout autour

Sur les puissantes montagnes et tous les oiseaux

Antenne aux formes très variées.

Mais voici, parce que ses années de procréation doivent prendre fin,

Elle cessa, comme une femme usée par le champ.

Car les éons écoulés changent la nature de

Le monde entier et tout ce qui a besoin doit prendre

Un statut après l'autre, rien ne persiste

Pour toujours comme lui. Toutes choses s'en vont ;

La nature, elle change tout, oblige tout

À la transformation. Lo, ça se décompose,

Un relâchement avec un champ fatigué, et ça, encore une fois,

Prospère dans la gloire, issu du mépris.

Ainsi donc, les éons écoulés changent

La nature du monde entier et de la Terre

Prend un statut après l'autre. Et quoi

Elle a porté autrefois, elle n'en peut plus maintenant,

Et ce qu'elle n'a jamais porté, elle le peut aujourd'hui.

A cette époque aussi le monde tellurique

Je me suis efforcé d'engendrer les monstres qui ont surgi

Avec leurs visages et leurs membres étonnants—

L'homme-femme - une chose entre les deux,

Pourtant ni l'un ni l'autre, et de l'un ou l'autre sexe éloigné…

Quelques Boggles horribles orphelins de pieds,

Certaines veuves des mains, des horreurs stupides aussi

Sans bouche, ou aveugles sans œil,

Ou des vracs tous enchaînés par les jambes et les bras

S'attachant au corps d'avant en arrière,

Ainsi donc, ils ne pourraient jamais faire ni partir,

Ni fuir le désastre, ni accepter le bien qu'ils voudraient.

Et d'autres prodiges et monstres terrestres

C'était alors un engendrement de cette sorte - en vain,

Depuis que la Nature a interdit avec horreur leur multiplication,

Et ils étaient impuissants à atteindre

La fleur convoitée de belle maturité,

Ou pour trouver de la nourriture, ou pour s'entrelacer

Dans les œuvres de Vénus. Car nous voyons qu'il doit

Concourir dans des conditions de vie multiples,

Si jamais la vie consiste à engendrer la vie

Pour forger les générations une à une :

Premièrement, les aliments doivent être ; et, ensuite, un chemin par lequel

Les graines d'imprégnation dans le cadre

Peut suinter, libéré de tous les membres ;

Enfin, la possession de ces instruments

Grâce à quoi le mâle et la femelle peuvent s'unir,

L'un avec l'autre dans des ravissements mutuels.

Et dans les siècles qui ont suivi la mort des monstres,

Forcément, de nombreux stocks ont péri, incapables

Par propagation pour forger une descendance.

Car quelles que soient les créatures que tu vois

Respirer le souffle de la vie, la même chose a été

Même dès leur plus jeune âge, préservés vivants

Par ruse, ou par vaillance, ou du moins

Par vitesse du pied ou de l'aile. Et beaucoup d'actions

Reste encore, à cause de l'utilité de l'homme,

Et donc engagé sous la tutelle de l'homme.

La valeur a sauvé la vie de féroces races de lions

Et bien d'autres races terrorisantes,

Les renards sont rusés et les cerfs à bois s'enfuient.

Chiens au sommeil léger, au cœur fidèle dans la poitrine,

Cependant, et toute espèce engendrée par la graine

Des bêtes de trait, comme aussi des troupeaux laineux

Et tout le bétail à cornes, mon Memmius,

Ont été engagés dans la tutelle des hommes.

Car, anxieux, ils fuyaient les bêtes sauvages,

Et ils recherchaient la paix et leurs nourritures abondantes,

Obtenu sans jamais travailler de leur propre chef,

Que nous leur garantissons comme récompenses dignes

Pour leur bon service. Mais ces bêtes à qui

La nature n'a rien accordé de ces mêmes choses.

Des bêtes tout à fait incapables de prospérer par leur propre volonté

Et vain pour tout service qui nous est rendu

En remerciement pour lequel nous devrions permettre à leur espèce

Pour se nourrir et être sous notre protection en toute sécurité—

Ceux-là, en vérité, avaient l'habitude d'être exposés,

Enchaîné dans les horribles liens du destin,

Comme proie et butin pour le reste, jusqu'à ce que

La nature a réduit ce stock à la mort totale.

Mais les Centaures n'ont jamais existé, et il ne peut y en avoir.

Créatures à double souche et à double charpente,

Compact de membres étrangers en nature,

Pourtant formé avec une fonction égale, une force égale

Dans chaque partie du corps - c'est un fait que vous pouvez

Aussi ennuyeux que soit ton esprit, apprends bien de ceci :

Le cheval, quand ses trois ans se sont écoulés,

Fleurs dans la fleur de leur vigueur ; mais le garçon

Ce n'est pas le cas, car souvent même alors, il tâtonne dans son sommeil

Après les mamelons laiteux des seins,

Un bébé encore. Et plus tard, quand enfin

Les puissances vigoureuses des chevaux et des membres robustes,

Maintenant faible à cause d'une vie qui s'écoule, échoue avec l'âge,

Voici, alors seulement la jeunesse avec ses années de floraison

Commencez pour les garçons et habillez leurs joues rouges

Avec le duvet doux. Alors ne pensez jamais, en fait,

Celui d'un homme et d'une postérité de cheval,

La bête de trait, les centaures peuvent-ils être composés

Ou jamais il n'existera vivant, ni Scyllas ne sera...

Les corps à moitié poisson ceinturés de chiens enragés...

Ni d'autres de ce genre, chez qui nous marquons

Membres discordants chacun avec chacun ; pour jamais

En même temps, ils atteignent leur fleur d'âge

Ou gagner et perdre toute la vigueur de leur corps,

Et ne brûle jamais d'un même désir d'amour,

Et jamais dans leurs habitudes ils ne sont d'accord,

Je ne trouve pas non plus les mêmes aliments tout aussi délicieux.

En vérité, comme on peut souvent voir les chèvres barbus

Battez-vous sur la pruche qui est destinée à l'homme

C'est un poison violent. Encore une fois, depuis la flamme

A l'habitude de brûler et de brûler les masses fauves

Des grands lions autant que des autres espèces

De chair et de sang existant dans les terres,

Comment se fait-il qu'elle, Chimère seule,

Avec un triple corps : devant, un lion ;

Et à l'arrière, un dragon ; et entre-deux, une chèvre...

La bouche pourrait éructer hors du corps

Flamme furieuse ? C'est pourquoi l'homme qui feint

De tels êtres auraient pu être engendrés

Quand la terre était nouvelle et le jeune ciel était frais

(Basant son argument vide de sens sur du nouveau)

Peut babiller avec la même raison, de nombreux caprices

Dans nos oreilles : il dira peut-être qu'alors

Des rivières d'or coulaient à travers chaque paysage,

Que les arbres avaient l'habitude de fleurir avec des pierres précieuses,

Ou que dans ces éons lointains l'homme est né

Avec une longueur et une levée de membres si gigantesques

Quant à pouvoir, en s'appuyant sur ses pieds,

Des océans profonds à chevaucher ou avec ses mains

Faire tourbillonner le firmament autour de sa tête.

Car même si sur terre il y avait beaucoup de graines de choses

À l'époque où ce monde tellurique

Les premières races d'animaux ont été répandues à l'étranger,

Pourtant, ce n'est pas un signe que

De telles créatures hybrides auraient pu être engendrées

Et les membres de toutes les bêtes hétérogènes

Ont été tricotés ensemble ; parce qu'en effet,

Les diverses sortes de graminées et les céréales

Et les arbres délicieux, qui, même maintenant,

Surgissent en abondance du sein de la terre,

Ne peuvent toujours pas être engendrés avec leurs tiges

Greffé en un seul; mais chaque chose unique

Procède selon son habitude

Et tous conservent leurs propres distinctions basées sur

Dans le décret fixe de la nature.

ORIGINES ET PÉRIODE SAUVAGE DE L'HUMANITÉ

Mais homme mortel

Était alors beaucoup plus résistant dans l'ancienne campagne,

C'est aussi bien qu'il devrait l'être, puisqu'une terre plus résistante

L'avait-il engendré ? construit aussi était-il

D'os plus gros et plus solides à l'intérieur,

Et tricoter avec des tendons solides à travers la chair,

Ni facilement saisi ni par la chaleur ni par le froid,

Ou de la nourriture extraterrestre ou tout autre problème.

Et pendant que tant d'éclats du soleil

Roulés à travers le ciel, les hommes menaient une vie

Après l'habitude errante des bêtes sauvages.

Il n'existait pas alors de robustes guides de charrues courbées,

Et personne ne savait alors travailler les champs avec du fer,

Ou planter de jeunes pousses dans des trous de terreau creusé,

Ou coupez avec des couteaux crochus depuis les grands arbres

Les branches d'antan. Quel soleil et quelles pluies

À eux avait donné, quelle terre de son propre gré

Créé à l'époque, c'était une aubaine pour se réjouir

Leurs cœurs simples. Chênes mi-glandés

Voudraient-ils rafraîchir leur corps pour le moment ?

Et les baies sauvages de l'arbutier,

Que tu vois maintenant mûrir rouge pourpre

En hiver, le vieux sol tellurique

Il porterait alors plus abondant et plus gros.

Et de nombreux aliments grossiers aussi, il y a longtemps

La fraîcheur épanouie du rang jeune monde

Produit, assez pour ces pauvres malheureux là-bas.

Et les rivières et les sources les appelleraient autrefois

Pour étancher la soif, comme maintenant depuis les grandes collines

Le courant descendant de l'eau appelle haut et loin

Les générations assoiffées de la nature.

Ils cherchèrent aussi les grottes des Nymphes.

Les repaires forestiers découverts au fur et à mesure de leur éloignement :

D'où ils savaient que les ruisseaux glissants

Avec des jets et des éclaboussures abondantes, les rochers ont été lavés,

Les rochers dégoulinants et coulaient d'en haut

Sur la mousse verdoyante ; et ici et là

A jailli et a éclaté à travers les appartements ouverts.

Jusqu'à présent, ils savaient ne pas allumer le feu

Contre le froid, ni les peaux velues à utiliser

Et revêtez leurs corps de dépouilles de bêtes ;

Mais blotti dans les bosquets, les grottes des montagnes et les bois,

Et parmi les fourrés se cachaient leurs dos sordides,

Lorsqu'il est poussé à fuir les coups des vents

Et les grosses pluies. Ils ne pouvaient pas non plus considérer

Le bien général, et ils ne savaient pas non plus comment l'utiliser

En commun toutes coutumes, toutes lois :

Quelle que soit la fortune du butin pour chacun

Si cela avait été proposé, chacun emporterait seul,

Par instinct, entraîné à prospérer et à vivre.

Et Vénus dans les forêts relierait alors

Les corps des amants ; car la femme a cédé

Soit d'une flamme mutuelle, soit de l'homme

Fureur impétueuse et désir insatiable,

Ou d'un pot-de-vin - comme des noix de gland, des poires de choix,

Ou les baies sauvages de l'arbutier.

Et confiant dans la merveilleuse force des mains et des jambes,

Ils poursuivraient les errants des forêts, les bêtes ;

Et ils en conquériraient beaucoup, mais ils en fuiraient quelques-uns,

Se faufiler dans leurs cachettes...

Avec les pierres jetées et avec le poids pesant

De branche noueuse. Et à l'heure de la nuit

O'ertaken, ils lanceraient, comme des sangliers hérissés,

Leurs membres d'homme sauvage nus sur la terre,

S'enroulant dans les feuilles et les branches froncées.

Ils n'appelleraient pas non plus avec des lamentations bruyantes

Autour des champs pour la lumière du jour et le soleil,

Tremblement et errance dans les ombres de la nuit ;

Mais, silencieux et ensevelis dans le sommeil, ils attendraient

Jusqu'à ce que le soleil avec un flambeau rose apporte

La gloire au ciel. Depuis l'enfance, je n'ai pas l'habitude

J'ai toujours vu l'obscurité et le jour engendré

Dans les temps alternés, ils ne pourraient jamais le être

Wildered par une inquiétude sauvage, de peur qu'une nuit

Éternel devrait posséder les terres, avec la lumière

Du soleil retiré pour toujours. Mais leurs soins

Était-ce plutôt des clans de bêtes sauvages

Rendrait souvent leur temps de sommeil horrible

Pour ces pauvres malheureux ; et, de chez moi, conduit,

Ils fuiraient leurs abris rocheux à l'approche

Du sanglier, aux lèvres écumées, ou du lion fort,

Et à minuit, cède avec terreur

A ces féroces hôtes leurs parterres de feuilles étalées.

Et pourtant, à cette époque, pas beaucoup plus qu'aujourd'hui

Des générations de mortalité

Laissez derrière vous la douce lumière de la vie qui s'estompe.

En effet, à cette époque-là, ici et là, un homme,

Le plus souvent arraché et avalé par les crocs,

J'ai offert aux bêtes une nourriture qui rugissait vivante,

Faisant écho à travers les bosquets, les collines et les arbres forestiers,

Même s'il voyait sa chair vivante ensevelie

Dans une tombe vivante ; tandis que ceux qui fuient

Avait sauvé, les os et le corps mordus, criait,

Pressant leurs paumes tremblantes sur des plaies répugnantes,

Avec des voix horribles pour la mort éternelle—

Jusqu'à ce que, désespéré d'aide, et sans savoir quoi

Pourrait soigner leurs blessures, les douleurs se tordant

Je les ai retirés de la vie. Mais pas à cette époque lointaine

Est-ce qu'un jour solitaire s'abandonnerait au destin

Des milliers de soldats marchant

Sous les bannières de bataille,

Les disjoncteurs rampants des principales mers se précipitent

Des argosies entières et des équipages sur les rochers.

Mais le soulèvement de l'océan délireait souvent en vain,

Sans fin ni résultat, et abandonne

Ses menaces vides de sens sont tout aussi légères ;

Ni les douces séductions d'une mer sereine

Pourrait attirer n'importe quel homme en riant

Vers le désastre : pour la science audacieuse

La navigation en bateau était obscure en ces temps lointains.

Encore une fois, c'est à ce moment-là que le manque de nourriture a cédé

Les membres évanouis des hommes jusqu'à la dissolution : maintenant

C'est beaucoup de choses accablantes. Imprudents, ils

Souvent pour eux-mêmes, ils se déverseraient alors

Le poison; maintenant, avec un art plus joli, eux-mêmes

Ils donnent les brouillons aux autres.

LES DÉBUTS DE LA CIVILISATION

Après,

Quand ils s'étaient procuré des cabanes, des peaux et du feu,

Et quand la femme s'unit à l'homme,

Je me suis retiré avec lui dans une seule demeure,

Étaient connus; et quand ils virent naître une progéniture

De l'extérieur, puis d'abord de la race humaine

A commencé à ramollir. Car c'était maintenant ce feu

Rendu leurs corps frissonnants moins résistants à supporter,

Sous la voûte du ciel, le froid ;

Et l'Amour réduisit leur rusticité hirsute ;

Et les enfants, avec le bavardage et le baiser,

Bientôt, le caractère hautain des parents s'apaisa.

Et puis aussi les voisins se liguaient en amis,

Désireux de ne plus faire de tort ou de souffrir du mal,

Et exhorté pour les enfants et la femme

Miséricorde des pères, avec des cris et des gestes

Ils balbutièrent en laissant entendre à quel point c'était satisfaisant que tout cela

Il faudrait avoir de la compassion pour les faibles. Et encore,

Bien que la concorde ne puisse alors pas dans tous les sens

Être engendré, une bonne, une bonne partie

Une foi gardée inviolée, sinon l'humanité

Depuis longtemps avait été inexprimablement retranché,

Et la propagation n'aurait jamais pu apporter

L'espèce à travers les âges.

De peur que, par hasard,

Sur ces affaires tu réfléchis

Dans une méditation silencieuse, permettez-moi de dire

"C'était la foudre amenée primitivement sur terre

Le feu pour les mortels, et de là s'est propagé

Sur toutes les terres les flammes de la chaleur. Car ainsi

Même maintenant, nous voyons tellement d'objets touchés

Par les flammes célestes, pour briller,

Quand la foudre les a dotés de chaleur.

Mais aussi quand un arbre aux nombreuses branches,

Battu par les vents, se tordant en se balançant d'avant en arrière,

En appuyant sur les branches d'un arbre voisin,

Là, par le pouvoir du puissant frottement et frottement

Le feu est-il engendré ? et parfois des éruptions

La chaleur torride des flammes, quand les branches s'irritent

Contre les malles. Et parmi ces causes, soit

Il se pourrait bien qu'il ait donné le feu aux hommes mortels.

Ensuite, les aliments à cuire et à ramollir dans la flamme

Le soleil leur instruisait, puisqu'ils voyaient si souvent

Comment les objets s'adoucissaient lorsqu'ils étaient submergés par la chaleur

Et par les coups pluvieux des rayons ardents,

À travers tous les champs.

Et de plus en plus chaque jour

Des hommes plus forts de sens, plus sages de cœur,

Apprenez-leur à changer leur mode de vie et leur mode de vie antérieurs

Par le feu et les nouveaux appareils. Les rois ont commencé

Des villes à fonder et des citadelles à établir,

En tant que forteresses et asiles pour eux-mêmes,

Et des troupeaux et des champs à partager pour chaque homme

Après la beauté, la force et le sens de chacun...

Car la beauté importait alors beaucoup, et la force

Avait ses propres droits suprêmes. Par la suite, la richesse

La découverte a été faite, et l'or a été mis en lumière,

Ce qui bientôt dépouilla les forts et les justes de leur honneur ;

Pour les hommes, aussi beaux soient-ils

Ou valeureux, suivra pour l'essentiel

La fête des hommes riches. Et pourtant, si l'homme devait diriger

Sa vie grâce à un raisonnement plus solide, il la posséderait

Des richesses abondantes, si l'esprit est content

Il vivait d'épargne ; car jamais, comme je suppose,

Y a-t-il un manque de peu dans le monde.

Mais les hommes souhaitaient la gloire pour eux-mêmes et le pouvoir

Même si leur fortune repose sur des fondations solides

Pourraient se reposer pour toujours, et qu'eux-mêmes,

Les opulents pourraient mener une vie tranquille—

En vain, en vain ; puisque, dans la lutte pour grimper

Sur les hauteurs de l'honneur, les hommes font

Leur chemin est terrible ; et même quand une fois

Ils les atteignent, envieux comme la foudre

Parfois, je frapperai, ô jetant tête baissée

Au Tartare le plus obscur, avec mépris ; car, voilà,

Tous les sommets, toutes les régions plus élevées que les autres,

Fumée soufflée comme par les éclairs de l'envie ;

Il vaut donc mieux obéir en silence,

Que de désirer la maîtrise principale des affaires

Et la propriété des empires. Qu'il en soit ainsi ;

Et laisse ceux qui sont fatigués transpirer jusqu'à leur mort

Tout cela sans fin, luttant contre la haine

Le chemin étroit de l'ambition de l'homme ;

Puisque toute leur sagesse vient des lèvres des autres,

Et tout ce qu'ils cherchent est connu d'après ce qu'ils ont entendu

Et moins par rapport à ce qu'ils ont pensé. Ce n'est pas non plus une folie

Plus grand aujourd'hui, ni plus grand bientôt,

C'était autrefois.

Et c'est pourquoi des rois furent tués,

Et la majesté immaculée des trônes d'or

Et les sceptres hautains gisaient renversés dans la poussière ;

Et les couronnes, si splendides sur les têtes souveraines,

Bientôt sanglant sous les pieds des prolétaires,

Ils ont gémi pour leurs gloires disparues - pour la première fois

Redouté, par la suite avec un zeste plus gourmand

Piétiné sous le talon de la populace. Ainsi les choses

Jusqu'aux lies les plus viles des foules bagarreuses

A succombé, tandis que chacun cherchait à lui-même

Domination et suprématie. Alors ensuite

Des têtes plus sages ont chargé les hommes de fonder

Le bureau de la magistrature, et a encadré

Des codes auxquels ils pourraient consentir à suivre les lois.

Pour l'humanité, fatiguée d'une vie

Favorisé par la force, il souffrait de ses querelles ;

Et donc le plus tôt, de son plein gré

Cédé aux lois et aux codes les plus stricts. Car depuis

Chaque main prête dans sa colère à prendre

Une vengeance plus féroce que par les justes lois de l'homme

C'est maintenant concédé, les hommes sur ce compte

Détestait l'ancienne vie favorisée par la force. C'est de là

Cette peur des punitions souille chaque prix

Des mauvais jours ; pour le piège de la force et de la fraude

Chaque homme autour, et dans l'ensemble recule

Sur lui d'où ils sont sortis. Ce n'est pas facile

Pour celui qui viole par des actes laids

Les liens de paix commune pour passer une vie

Composé et tranquille. Car même s'il s'échappe

La race des dieux et des hommes, il doit pourtant la redouter

"Cela ne sera pas caché pour toujours - car, en effet,

Tant de gens babillent souvent au milieu de leurs rêves

Ou délirant de maladie, se sont trahis

(Comme le racontent les histoires) et enfin publié

Vieux secrets et péchés.

Mais c'était la nature

A exhorté les hommes à prononcer divers sons de langue

Et le besoin et l'usage ont façonné les noms des choses,

À peu près de la même manière que les années de manque de parole

Contraindre les jeunes enfants à des gestes,

Les faisant pointer du doigt ici et là

À ce qui est devant eux. Car chaque créature ressent

Par instinct, à quoi sert de mettre ses pouvoirs.

Avant encore les cornes à peine engendrées du taureau

Projette au-dessus de ses sourcils, avec eux il gins

Enragé de donner des coups et sauvagement de pousser.

Mais les petits des panthères et les lionceaux

Avec des griffes, des pattes et des morsures sont à la mêlée

Déjà, quand leurs dents et leurs griffes se font rares

Encore engendré. Encore une fois, nous voyons

Toutes les races de créatures ailées font confiance aux ailes

Et de leurs ailes naissantes cherchent à obtenir

Une assistance flottante. Ainsi, penser

Qu'à cette époque, un homme répartissait

Aux choses leurs noms, et c'est de lui que les hommes ont appris

Leur première nomenclature est une sottise.

Car pourquoi pouvait-il tout marquer avec des mots

Et prononce les différents sons de la langue, à quelle heure

Le reste peut être supposé impuissant

Faire la même chose? Et si le reste ne l'avait pas été

Déjà un avec d'autres mots utilisés,

D'où a été implanté chez l'enseignant, alors,

Connaissance préalable de leur utilisation et d'où cela a été donné

A lui seul faculté primordiale

Savoir et voir en esprit ce qu'il voulait ?

En outre, un seul homme pouvait difficilement maîtriser

Une multitude surmaîtrisée à choisir

Pour mémoriser ses noms de choses. Une tâche

Ce n'est en aucun cas facile d'enseigner

Et pour persuader les sourds de ce que

C'est nécessaire à faire. Car jamais ils ne le feraient

Permettre, et ne jamais endurer en aucune façon

Un vain dingdong perpétuel dans leurs oreilles

Des sons parlés inédits auparavant. Et quoi,

Enfin, dans cette affaire si merveilleuse,

Cette race humaine (en qui une voix et une langue

Étaient maintenant en vigueur) devrait par divers mots

Désigne ses objets, comme chaque plongeur le perçoit

Cela pourrait-il inciter ? – puisque même les troupeaux sans voix, oui, depuis

Les générations mêmes de bêtes sauvages

Ne sont pas des sons différents et divers

Pour sortir d'eux, quand il y a de la peur ou de la douleur,

Et quand ils éclatent de joie. Et ceci, en vérité,

C'est à toi de savoir à partir des faits les plus clairs : quand pour la première fois

D'énormes bajoues flasques de chiens molossiens fous,

Montrant leurs dents blanches et dures, ils se mettent à grogner,

Ils menacent, les lèvres furieuses retroussées,

Dans des sons bien autres que ceux avec lesquels ils aboient

Et remplissez de voix toutes les régions alentour.

Et quand, avec leur langue caressante, ils commencent à lécher

Leurs chiots, ou les jettent avec leurs pattes,

Faisant semblant de morsures douces pour rester bouche bée et casser,

Ils crient avec des cris bien différents de ceux-là.

Que quand, seuls dans la maison, ils aboient,

Ou un slink gémissant avec des flancs grinçants sous les coups.

Encore le hennissement du cheval, c'est ça

On ne voit pas de différence de même lorsque le goujon

Dans la fleur enjouée de ses jeunes années, il s'extasie,

Poussé par l'Amour ailé, parmi les juments,

Et quand, les narines élargies, il renifle

L'appel au combat, et quand peut-être il

Des hennissements parfois avec des membres tremblants de terreur ?

Enfin, la race volante, les oiseaux pommelés,

Faucons, balbuzards, mouettes, à la recherche de nourriture et de vie

Au milieu des vagues de l'océan dans la saumure,

Pousser à d'autres moments d'autres cris

Que lorsqu'ils se battent pour se nourrir ou avec leurs proies

Lutte et tension. Et il y a des oiseaux qui changent

Avec le temps changeant, leurs propres chansons rauques—

Comme les générations de corbeaux qui ont vécu longtemps

Ou des troupeaux de freux, quand on leur dit de pleurer

Pour la pluie et l'eau et pour appeler de temps en temps

Pour les vents et les coups de vent. Ergo, si diverses humeurs

Contraindre les brutes, bien que toujours sans voix,

Pour émettre des sons divers, ô vraiment alors

Combien plus probable que ces hommes mortels

À cette époque, avec de nombreux sons différents,

Désignons chaque chose distincte.

Et maintenant, quelle est la cause

A répandu les divinités des dieux à l'étranger

À travers des nations puissantes, et rempli les villes pleines

Des maîtres-autels, et conduit aux pratiques

Des rites solennels en saison, des rites qui

S'épanouir au milieu des grandes affaires de l'État

Et au milieu des grands centres de la vie civique de l'homme,

Les rites d'où une mortalité encore faible

Est greffé cette crainte tremblante qui s'élève en l'air

Toujours les nouveaux temples des dieux d'un pays à l'autre

Et pousse l'humanité à leur rendre visite en foule

Les jours saints, ce n'est pas si difficile à donner

Raison de cela dans le discours. Parce qu'en réalité,

Même à cette époque, la race humaine

Voir d'excellents visages de dieux

Avec l'esprit éveillé; et dans son sommeil, encore plus...

Des corps d'une croissance merveilleuse. Et donc à ces

Les hommes attribueraient-ils du sens, parce qu'ils semblaient

Pour bouger leurs membres et prononcer des déclarations hautes,

Un visage glorieux et de vastes pouvoirs dignes de ce nom.

Et les hommes leur donneraient une vie éternelle,

Parce que leurs visages pour toujours

Étaient là avant eux, et leurs formes sont restées,

Mais surtout parce que les hommes ne penseraient pas

Des êtres dotés de pouvoirs si puissants

Il pourrait bien être maîtrisé par n'importe quelle force.

Et les hommes les penseraient dans leur bonheur

Exceller loin, parce que la peur de la mort

N'a vexé aucun d'entre eux, et depuis

En même temps, dans le sommeil des hommes, les hommes les voyaient faire

Tant de merveilles, et pourtant j'en ressens

Eux-mêmes aucune lassitude. En outre, les hommes ont marqué

Comment, dans un ordre fixe, roulé

Les systèmes du ciel et les temps changés

Des saisons annuelles, et je ne pouvais pas non plus alors

En connaître les causes. C'était donc

Les hommes se réfugieraient en abandonnant tout

Aux divinités, et en feignant tout

A été guidé par leur signe de tête. Et dans le ciel

Ils installèrent les sièges et les voûtes des dieux, parce que

Dans le ciel, la nuit et la lune sont visibles

Pour rouler - la lune, le jour et la nuit et la nuit

De vieilles constellations impressionnantes pour toujours,

Et les boules de feu nocturnes du ciel,

Et les flammes volantes, les nuages, et le soleil, les pluies,

La neige et les vents, les éclairs et la grêle,

Et les grondements rapides et le rugissement creux

De puissantes menaces pour toujours.

Ô humanité malheureuse ! — quand elle attribuait

Aux divinités des actes si impressionnants,

Et couplé à cela les rigueurs d'une colère féroce !

Quels gémissements les hommes ont-ils engendrés en ce triste jour

Même pour eux-mêmes, et ô quelles blessures pour nous,

Quelles larmes pour les enfants de nos enfants ! Ni, ô homme,

Ta vraie piété est-elle là : avec la tête

Sous le voile, il reste à voir se tourner

Faire face à une pierre et toujours s'approcher

À tous les autels ; ni si enclin sur terre

En avant pour tomber, pour écarter les paumes retournées

Devant les sanctuaires des dieux, ni encore jusqu'à la rosée

Autels au sang abondant de bêtes à quatre pieds,

Ni des vœux avec des vœux de lien. Mais plutôt ceci :

Pour regarder toutes choses d'un œil de maître

Et l'esprit en paix. Car quand nous regardons en l'air

Sur les voûtes célestes de ce grand monde

Et l'éther, fixé au-dessus des étoiles scintillantes,

Et dans notre pensée viennent les voyages

Du soleil et de la lune, ô alors dans nos seins,

Déjà accablé par leurs autres maux,

Commence immédiatement à relever sa tête soudaine

Encore une appréhension : de peur que nous, en fait,

C'est le pouvoir incommensurable des dieux

Qui roule, avec des mouvements variés, en rond

Les constellations lointaines et blanches. Pour le manque

L'esprit perplexe éprouve de nombreuses raisons :

Que ce soit jamais une heure de naissance du monde,

Et si, de même, une fin sera

Jusqu'où les remparts du monde peuvent encore

Exceptionnel à cette tension de mouvement toujours excité,

Ou si, divinement avec un bonheur éternel

Dotés, ils peuvent traverser des périodes infinies d'âge

Glissez, défiant les puissances surpuissantes

Des âges incommensurables. Voilà,

Quel homme y a-t-il dont l'esprit a peur des dieux

Les grimaces ne se rapprochent pas, dont les membres sont frappés par un sort de terreur

Ne vous accroupissez pas ensemble, quand la terre desséchée

Tremblements de terre avec l'horrible coup de foudre,

Et les grondements courent à travers le ciel puissant ?

Les peuples et les nations ne tremblent pas,

Et les rois hautains ne serrent pas leurs membres,

Frappé de peur des divinités,

De peur de quelque chose de mal fait ou de dit follement

Le moment lourd est-il maintenant proche de payer ?

Quand aussi la force féroce des vents furieux en mer

Balaie l'amiral d'une marine sur la route principale

Avec ses vaillantes légions et ses éléphants,

Ne recherche-t-il pas la paix des dieux par des vœux,

Et prie dans la prière, vents tremblants et bercés

Et des coups de vent amicaux ? — en vain, puisque, souvent rattrapés

Dans les cyclones furieux, il est emporté,

Pour toutes ses paroles, vers les bancs du malheur.

Ah, donc irrévocablement un pouvoir caché

Piétine à jamais les affaires des hommes,

Et visiblement il broie son talon dans la boue

Les glorieux bâtons et haches des licteurs sont terribles,

Les avoir en dérision ! Encore une fois, quand la terre

D'un bout à l'autre se balance sous les pieds,

Et les villes ébranlées s'effondrent ou menacent

Sur le point, quelle merveille est-ce alors

Que les générations mortelles s'abaissent,

Et aux dieux dans toutes les affaires de la terre

Attribuer en dernier recours des pouvoirs tout-puissants

Et des énergies merveilleuses pour tout gouverner ?

Passons maintenant au reste : le cuivre, l'or et le fer.

On les a découverts, et avec eux le poids de l'argent

Et le pouvoir du plomb, quand avec une chaleur prodigieuse

Les incendies ont brûlé les arbres de la forêt

Parmi les puissantes montagnes, par un éclair

Des éclairs venus du ciel, ou bien parce que

Les hommes, en guerre dans les bois, contre leurs ennemis

Avait lancé du feu pour effrayer et consterner,

Ou encore parce que, par la bonté du sol

Invités, les hommes désiraient défricher les riches champs

Et transforme la campagne en pâturages,

Ou tuez la nature et prospérez grâce au butin.

(Car la chasse au piège et au feu est née

Avant l'art de couvrir le tour secret

Au filet ou en le remuant avec des chiens de chasse.)

Comment en est-il, et pour quelle raison

La chaleur enflammée avec d'horribles craquements et rugissements

Y avait-il dévoré jusqu'à leurs racines les plus profondes

Les arbres de la forêt et la terre cuite au feu,

Puis des veines bouillantes ont commencé à suinter

Ô ruisseaux d'argent et d'or,

Du plomb et du cuivre aussi, bientôt collectés

Dans les creux du sol.

Et quand les hommes virent aussitôt les morceaux refroidis

Pour briller de splendeur sur le sol,

Très pris par ce délice lisse et brillant,

Ils ont commencé à les extraire et ont vu comment chacun

Avait pris une forme semblable à celle de son moule terreux.

Alors, leur viendrait-il à l'esprit que ces mêmes grumeaux,

S'il est fondu par la chaleur, pourrait prendre n'importe quelle forme

Ou la figure des choses soit gérée, et comment, encore une fois,

S'ils sont martelés, ils pourraient être joliment dessinés

Aux points les plus pointus ou aux bords les plus fins, et donc

Cédez les outils des faussaires et donnez-leur du pouvoir

Abattre la forêt, couper les bûches,

Raser les poutres et les planches, en plus de percer

Et percez et percez. Et les hommes ont commencé un tel travail

Au début autant avec des outils d'argent et d'or

Comme avec la force impétueuse du gros cuivre ;

Mais en vain, puisque leur pouvoir trop maîtrisé

Bientôt céderait, incapable de supporter,

Comme le cuivre, un travail si dur. A cette époque-là

C'était le cuivre qui faisait le prix ;

Et l'or restait inutile, émoussé et terne.

Le cuivre est maintenant au plus bas, et l'or est arrivé

Aux plus hauts honneurs. C'est ainsi

Que les âges changent les temps des choses :

Ce qui était autrefois un prix devient enfin

Un écart sans honneur ; tandis qu'un autre

Réussit à la gloire, issu du mépris,

Et de jour en jour on cherche de plus en plus,

Et quand on le trouve, il fleurit dans la louange des hommes,

Des objets d'un merveilleux honneur.

Maintenant, Memmius,

Comment la nature du fer a-t-elle été découverte, tu peux

De ton propre moi divin. Les armes anciennes de l'homme

Les mains, les ongles et les dents, les pierres et les branches aussi...

Bris des arbres forestiers — et flammes et incendies,

Dès que connu. Par la suite force du fer

Et le cuivre découvert l'était ; et l'utilisation du cuivre

Était connu avant le fer, car plus maniable

Sa nature l'est et son abondance encore plus.

Avec des hommes de cuivre pour travailler le sol, le sol commença,

Avec du cuivre pour soulever les vagues tumultueuses de la guerre,

Pour pailler les blessures monstrueuses et saisir

Les troupeaux et les champs d'autrui. Car pour eux,

Ainsi armé, tout est sans défense

Céda facilement. Puis petit à petit

L'épée de fer a réussi, et la forme

De la faucille d'airain s'est transformée en mépris :

Avec du fer pour fendre le sol de la terre, ils ont gané,

Et les conflits d'une guerre incertaine

Ont été rendus égaux.

Et voilà, l'homme n'avait pas l'habitude

Armé pour monter sur les côtes du cheval

Et guide-le avec les rênes et joue

Avec la main droite libre, plusieurs fois avant d'essayer

Périls de guerre sur un char attelé ;

Et les paires attelées de front sont arrivées plus tôt

Que des jougs à quatre ou des chars à faux

Où s'entassent les hommes d'armes. Et ensuite

Les gens puniques dressaient les éléphants...

Ces maudits bœufs lucaniens, hideux,

Les mains de serpent, avec des tourelles sur leur masse...

Pour soigner les blessures de la guerre et des grèves de panique

Les puissantes troupes de Mars. Ainsi Discord est triste

Engendré une chose après l'autre, pour être

La terreur des nations sous les armes,

Et jour après jour aux horreurs de la vieille guerre

Elle a ajouté une augmentation.

Les taureaux aussi ont essayé

Dans les sombres affaires de la guerre ; et j'ai essayé d'envoyer

Des sangliers scandaleux contre les ennemis. Et certaines

Envoyés devant leurs rangs de puissants lions

Avec des entraîneurs armés et des maîtres féroces

Guider et tenir enchaîné — et pourtant en vain,

Depuis charnus par le massacre pêle-mêle, féroces ils volaient,

Et aveuglément fait des ravages à travers les escadrons,

Secouant les effrayantes crêtes sur leurs têtes,

Maintenant ici, maintenant là. Les cavaliers ne pouvaient pas non plus se calmer

Leurs chevaux, paniqués au rugissement,

Et maîtrisez-les pour faire face à l'ennemi. Avec le printemps

Les lions furieuses bondiraient

Maintenant ici, maintenant là ; et qui a réussi

Contre eux, ils les déchireraient au visage ;

Et d'autres, sans le vouloir, par derrière, ils déchireraient

Descendez de leurs montures et enroulez-les autour d'eux, amenez

Tombant sur terre, maîtrisé par la blessure,

Et avec ces crocs puissants et ces griffes crochues

Attachez-les. Les taureaux jetaient leurs amis,

Et piétiner sous les pieds et par en dessous

Déchirez les flancs et le ventre des chevaux avec leurs cornes,

Et avec un front menaçant, bloquez le gazon ;

Et les sangliers encorneraient leurs alliés avec de fortes défenses,

Éclaboussant avec fureur leur propre sang sur des lances

Brisés dans leur propre corps et tomberaient

En déroute et en ruine l'infanterie et la cavalerie.

Car c'est là que les bêtes de selle ont tenté de s'échapper

Les coups sauvages de défense en se dérobant,

Ou se cabrer avec les sabots en l'air.

En vain, puisque là tu pourrais les voir couler,

Leurs tendons ont été sectionnés et, lors d'une lourde chute

Bien arroser le sol. Et ceux d'entre eux comme les hommes

Supposé bien entraîné il y a longtemps à la maison,

Étaient au cœur de l'action vu écumer

Dans la fureur, des blessures, des cris, de la fuite,

La panique et le tumulte ; les hommes non plus

Une grande partie de leur nombre augmente. Pour chaque race

Et diverses bêtes sauvages s'enfuirent

Ici ou là, comme souvent dans les guerres d'aujourd'hui

Fuyez ces bœufs lucaniens, par l'acier

Gravement mutilé, après avoir travaillé

Sur leurs amis, tant de malheurs terribles.

(Si c'était effectivement ainsi qu'ils ont fait :

Mais j'ai du mal à croire que les hommes ne pourraient pas

Avec l'esprit, je sais d'avance et je vois, comme cela viendra certainement,

Un tel désastre ignoble et général.—Ceci

Nous pouvons donc considérer comme vrai dans le grand Tout,

Dans divers mondes sur divers plans, créez,—

Quelque part bien plus probablement que sur

Une certaine terre.) Mais les hommes ont choisi cela pour faire

Moins dans l'espoir de vaincre que de donner

Leurs ennemis sont une bonne cause de malheur,

Même s'ils périrent eux-mêmes,

Parce qu'ils sont faibles en nombre et parce qu'ils veulent des armes.

Maintenant, des vêtements de brins grossièrement tressés

Étaient plus anciens que les revêtements tissés sur métier à tisser ;

Le métier à tisser est tissé plus tard que le fer de l'homme,

Puisque le fer est nécessaire à l'art du tissage,

Il ne peut pas non plus être obtenu par d'autres moyens

Ces outils polis - les pédales, les broches, les navettes,

Et des faisceaux de fils sonores. Et la nature a forcé les hommes,

Avant la femme gentille, pour travailler la laine :

Car toute la race masculine excelle en habileté,

Et c'est bien plus intelligent, jusqu'à ce qu'enfin

Les rudes fermiers se moquaient de telles tâches,

Et nous étions donc impatients de leur donner bientôt la parole

Aux mains des femmes et dans un labeur plus dur

Pour durcir les bras et les mains.

Mais la nature elle-même,

Mère des choses, fut la première semeuse

Et le greffier primitif ; puisque les baies et les glands,

Tombant des arbres, y aurait-il en dessous

Produit en saison des essaims de petites pousses ;

D'où aussi le penchant des hommes pour les greffes

Sur les branches et planté dans des trous

Les jeunes arbustes sur les champs. Alors essaieraient-ils

Des modes toujours nouveaux de cultiver leurs fermes bien-aimées,

Et ils remarqueraient comment la terre a amélioré le goût

Des fruits sauvages par des soins affectueux et nourrissants.

Et jour après jour, ils forçaient les bois à bouger

Encore plus haut dans la montagne, et pour céder

L'endroit en bas pour la terre, afin qu'ils puissent y être,

Dans les plaines et les hautes terres ont leurs prairies,

Citernes et canaux, récoltes de céréales sur pied,

Et des vignes heureuses, et ça depuis le début

Au-dessus des collines, des intervalles et des plaines pourraient s'étendre

La ceinture vert argenté des oliviers,

Marquage du paysage tracé ; même comme maintenant

Tu vois si marqué d'une beauté variée

Tout le terrain que les hommes ornent et plantent

Avec des rangées de beaux arbres fruitiers et une haie ronde

Avec des arbustes prospères semés.

Mais par la bouche

Pour imiter les notes liquides des oiseaux

Était plus tôt parmi les hommes que le pouvoir de créer,

Par chant mesuré, vers mélodieux et donner

Un régal pour les oreilles. Et les sifflements du vent

A travers les creux des roseaux, le premier a enseigné

La paysannerie souffle dans les tiges

De la pruche creuse. Puis petit à petit

Ils apprirent de douces plaintes, telles que les déversements de pipe,

Battu du bout des doigts des chanteurs,

Lorsqu'on l'entend à travers des bosquets et des profondeurs forestières vierges

Et des prairies boisées, à travers les repaires inexplorés

Des bergers et des lieux divinement immobiles.

Ainsi le temps avance tout et chacun

Peu à peu au milieu des hommes,

Et la raison l'élève vers les rivages de la lumière.

Ces airs apaiseraient et réjouiraient l'esprit des mortels

Quand on est rassasié de nourriture, car les chants sont alors les bienvenus.

Et souvent, se prélasser avec des amis dans l'herbe douce

Au bord d'une rivière d'eau, en dessous

Les branches d'un grand arbre, elles se rafraîchiraient joyeusement

Leurs cadres, sans grande dépense, surtout

Si le temps était souriant et les périodes de l'année

Nous peignons le vert de l'herbe avec des fleurs.

Puis des blagues, puis des discussions, puis des éclats de joie

Ferait un tour en rond ; pour alors la muse rustique

Était dans sa gloire ; alors je plaisanterais avec Mirth

Invitez-les à mettre une guirlande sur la tête et les épaules.

Avec des chapelets de fleurs et de feuilles entrelacées,

Et danser en avant, désaccordé, avec les membres

Se balançant de manière clownesque et avec un pied clownesque

Pour battre notre terre mère - d'où est née

Des rires et des éclats de joie, car, voilà,

De tels actes de folie étaient alors dans leur gloire,

Être plus nouveau et étrange. Et des hommes éveillés

J'ai trouvé du réconfort pour leurs heures d'insomnie

En élaborant diverses notes,

En modulant des mélodies, en courant

Avec les lèvres plissées le long des roseaux accordés,

D'où, même de nos jours, les gardiens gardent

Ces vieilles traditions, et j'ai bien appris

Pour garder la vraie mesure. Et pourtant, ils ne savent rien

Obtenez un plus gros fruit de joie

Que les aborigènes des bois

Dans les temps anciens. Pour ce que nous avons sous la main...

Si jusqu'à présent nous n'avons rien connu de plus doux...

Cela plaît surtout et semble le meilleur de tous ;

Mais ensuite, plus tard, probablement mieux, je trouverai

Détruit sa valeur et change nos désirs

Concernant le bien d'hier.

Et ainsi

A commencé la haine du gland ; ainsi

Abandonnés étaient ces lits parsemés d'herbes

Et avec les feuilles chargées. Ainsi, encore une fois,

Tombèrent dans un nouveau mépris les peaux de bêtes—

Autrefois une robe d'honneur qui, je suppose,

Éveillé à cette époque, l'envie si maligne

Que le premier porteur a connu une mort tragique

Par des embuscades, et pourtant ce prix poilu,

Loué en haillons par des ennemis avides là-bas

Et éclaboussé de sang, il a été complètement ruiné

Au-delà de toute utilisation ou avantage. Ainsi d'autrefois

C'était des peaux, et aujourd'hui c'est du violet et de l'or

Ces hommes-là vivent avec soucis et sont fatigués par la guerre.

C'est pourquoi, je pense, réside le plus grand blâme

Avec nous aujourd'hui, hommes vaniteux : car le froid nous rongeait,

Sans leurs peaux, les fils nus de la terre ;

Mais nous, rien ne fait de mal de s'en passer

Le vêtement pourpre, brodé d'or

Et avec des chiffres imposants, si l'on continue

Remplacez-vous par un vêtement méchant de la plèbe.

Alors l'homme travaille dans de vaines futilités

Pour toujours et gaspille ses années en soucis oisifs -

Parce qu'en vérité, il n'a pas appris

Quelle est la véritable fin de l'obtention, ni encore

Dans quelle mesure le vrai plaisir peut-il augmenter ?

Et c'est un désir de mieux et de plus

A porté par degrés la mortalité

En avant vers les profondeurs et réveillé

Du fond, de puissantes vagues de guerre.

Mais le soleil et la lune, ces gardiens du monde,

Avec leurs propres lanternes traversant

Les puissants, la voûte tournante, ont enseigné

À l'humanité que les saisons des années

Revenez encore, et que la Chose ait lieu

Après un plan fixe et une commande fixe.

Déjà passeraient-ils leur vie, entourés

Par les tours fortes ; et cultiver une terre

Le tout divisé et délimité ; déjà

La mer fleurirait-elle et les bateaux à voiles ?

Déjà les hommes avaient, en vertu de traités,

Confédérés et alliés, quand les poètes commençaient

Transmettre en vers les actions héroïques ;

Il n'y a pas longtemps que ces lettres avaient été conçues :

C'est pourquoi notre époque est incapable de regarder en arrière

Sur ce qui s'est passé avant, sauf là où la raison

Il nous montre une empreinte.

Navigations sur les mers,

Labourages des champs, murs, lois, armes et routes,

Habillez-vous et autres, tous les prix, tous les délices

De la vie plus belle, des poèmes, des images, des formes ciselées

Des sculptures polies - tous ces arts ont été appris

Par la pratique et l'expérience de l'esprit,

Alors que les hommes avançaient pas à pas avec impatience.

Ainsi le temps avance tout et chacun

Peu à peu au milieu des hommes,

Et la raison l'élève vers les rivages de la lumière.

D'une chose après l'autre, les hommes ont vu

Devenez clair par l'intellect, jusqu'à ce qu'avec leurs arts

Ils ont désormais atteint le sommet suprême.

LIVRE VI

PRÉFACE

"C'était d'abord Athènes, la glorieuse de nom,

Celui qui a donné aux malheureux fils des hommes

Les gerbes de récolte et la vie réorganisée,

Et décrété des lois ; et elle a été la première à donner

La vie est son doux réconfort, quand elle a engendré

Un homme de cœur si sage, qui a versé

Toute sagesse sort de sa bouche qui dit la vérité ;

dont la gloire, bien que morte, est encore aujourd'hui,

A cause de ces découvertes divines

Célèbre autrefois, exalté jusqu'au ciel.

Car quand a-t-il vu presque tout

Quels sont les besoins les plus urgents de l'homme

Était prêt à la main pour les mortels, et cette vie,

Dans la mesure du possible, a été établi en toute sécurité,

Que les hommes étaient seigneurs en richesses, en honneurs, en louanges,

Et éminent en termes de renommée parmi ses fils,

Et qu'ils encore, oh encore, dans la maison,

J'avais toujours le cœur anxieux qui tourmentait la vie

Sans relâche avec les tourments de l'esprit,

Et il se déchaîna forcément avec des plaintes de colère, puis lui,

Puis lui, le maître, s'est rendu compte que c'était

Le vaisseau lui-même qui a opéré le fléau, et tout,

Cependant sain, qui d'ici ou de là

A été rassemblé dedans, était par ce fléau

Gâté de l'intérieur, en partie parce qu'il a vu

Le navire est tellement fissuré et fuit que rien

Il ne pourrait jamais être rempli à ras bord ; en partie parce que

Il a remarqué à quel point c'était pollué avec un mauvais goût

Quoi qu'il y ait en lui. Donc il,

Le maître, alors par ses paroles véridiques,

Purgé les seins des hommes et fixé les limites

De luxure et de terreur, et exposé

Le bien suprême vers lequel nous nous efforçons tous,

Et a montré le chemin par lequel nous pourrions arriver

Là-dessus par une petite coupe transversale droite,

Et qu'en est-il des maux dans toutes les affaires des mortels

Surgi et voleta sournoisement

(Que ce soit par hasard ou par force), puisque la nature ainsi

Avait destiné; et de quelles portes un homme

Il faudrait sortir à chaque combat. Et il a prouvé

C'est en vain que la race humaine fait

Roulez dans son sein les sinistres vagues de soucis.

Car tout comme les enfants tremblent et craignent tout

Dans l'obscurité sans visibilité, même nous parfois

Redoutez à la lumière tant de choses qui se produisent

Rien de plus effrayant que ce que feignent les enfants,

Des frissons les envahiront dans l'obscurité.

Cette terreur donc, cette obscurité de l'esprit,

Pas le lever du soleil avec ses rayons de lumière flamboyants,

Ni les flèches scintillantes du matin ne peuvent se disperser,

Mais seulement l'aspect de la nature et sa loi.

C'est pourquoi je continuerai à tisser

En vers, c'est ma tâche entreprise.

Et depuis que je t'ai appris que les grandes voûtes du monde

Sont mortels et ce ciel est façonné

Le cadre est né dans le temps, et quoi qu'il en soit

Continuez là-dedans et devez forcément continuer

Le plus que j'ai démêlé ; ce qui reste

En plus, prends-le en compte ; depuis une fois pour toutes

Pour monter dans ce célèbre char

Des vents se lèvent ; et ils ont apaisé sont

Pour que tout recommence...

Qui étaient, sont changés maintenant, avec une fureur apaisée ;

Tous les autres mouvements à travers la terre et le ciel

Quels mortels regardent (Ô souvent anxieux

Dans des pensées tremblantes !), et qui avilissent leur esprit

Avec peur des divinités et presse-les écrasées

Jusqu'aux pieds sur terre, parce que leur ignorance

Des causes cosmiques les obligent à céder

Toutes choses à l'empire des dieux

Et de leur concéder la domination royale.

Même pour les hommes qui ont très bien appris

Que les divinités mènent une longue vie sans soucis,

Si pourtant en attendant ils se demandent par quel plan

Les choses peuvent continuer (et surtout ces choses élevées

Observé au-dessus des côtes éthérées),

Encore une fois, nous sommes précipités vers les peurs

De l'ancienne religion et adopter à nouveau

Maîtres durs, réputés tout-puissants, misérables hommes,

Sans savoir ce qui peut être et ce qui ne peut pas être,

Et par quelle loi à chacun son champ d'application prescrit,

Sa borne qui s'accroche si profondément dans le Temps.

C'est pourquoi ils sont d'autant plus portés à errer

Par la raison aveugle. Et, Memmius, à moins que

De ton esprit tu dis tout cela

Et jette loin de toi toutes les pensées qui sont

Dieux indignes et étrangers à leur paix,

Alors souvent les saintes majestés

Des dieux élevés te seront nuisibles,

Comme dégradé par ta pensée, — non, en effet,

Cette essence suprême des dieux pourrait être par là

Tellement indigné qu'en colère d'avoir soif de chercher

Vengeance avide ; mais même parce que toi-même

Tu as l'impression que les dieux,

Même eux, les Calmes au repos serein,

Roulez les puissantes vagues de colère sur colère ;

Tu n'entreras pas non plus avec une poitrine sereine

Sanctuaires des dieux ; et tu ne pourras pas non plus être

En toute tranquillité d'esprit pour prendre et connaître

Ces images qui de leurs corps saints

Sont transportés dans l'intellect des hommes,

Comme les annonceurs de leur forme divine.

Quel genre de vie suivra après ça

C'est à toi de voir. Mais c'est loin de nous

La moindre raison peut chasser une telle vie,

Il reste encore beaucoup à embellir

En vers polis, bien qu'ils aient émergé

Tant de choses de ma part déjà ; voila, il y a

La loi et l'aspect du ciel à être

Par la raison saisie ; il y a des temps de tempête

Et les éclairs brillants à chanter maintenant—

Même ce qu'ils font et pour quelle raison

Ils sont portés — afin que tu ne trembles pas,

Délimiter les régions des cieux prophétiques

Pour des augures, ô bêtement désemparé

Même quant à savoir d'où vient la flamme volante,

Ou vers quelle moitié du ciel il se tourne, ou comment

À travers les lieux fortifiés, il s'est frayé un chemin,

Ou, après y avoir prouvé sa domination,

Comment il s'est précipité à partir de là...

Dont les hommes ne connaissent nullement les causes,

Et je pense que des divinités y travaillent.

Toi, Calliope, ingénieuse Muse,

Consolation des mortels et délice des dieux,

Montrez le parcours devant moi pendant que je cours

Sur la ligne blanche du but suprême,

Afin que je puisse obtenir avec un signal de louange la couronne,

Avec toi mon guide !

GRANDS PHÉNOMÈNES MÉTÉOROLOGIQUES, ETC.

Et donc en premier lieu, alors,

Le tonnerre ébranle les profondeurs bleues du ciel,

Parce que les nuages éthérés, fuyant dans les airs,

Ensemble s'affrontent, à quelle heure les uns contre les autres

Les vents se battent. Car jamais un son ne vient

Des régions sereines du ciel ;

Mais partout dans une hôte plus dense

Les nuages se rassemblent, de là viennent plus souvent

Un fracas avec un puissant grondement. Et encore,

Les nuages ne peuvent pas avoir un cadre aussi condensé

Comme des pierres et du bois, ni encore aussi beau

Comme des brumes et de la fumée volante ; car alors forcément

Soit ils tomberaient, portés par leur poids brut,

Comme des pierres, ou comme la fumée, ils seraient impuissants

Pour conserver leur masse, ou retenir à l'intérieur

Neiges abondantes et tempêtes de grêle. Et ils donnent

Au-dessus des niveaux célestes du monde qui s'étend

Un son en haut, comme un auvent de toile tendu

O'er de puissants théâtres, donne parfois

Un rugissement craquant, quand beaucoup de choses sont battues

Entre les poteaux et les traverses. Parfois aussi,

Déchiré par des rafales gratuites, il délire

Et imite le bruit déchiré des draps

Du papier, même ce genre de bruit tu peux

Dans le tonnerre, entendez ou sonnez comme lorsque les vents tourbillonnent

Avec des saisines et fais des buffets dans les airs

Un tissu suspendu et des feuilles de papier volantes.

Car parfois aussi il se peut que les nuages

On ne peut pas s'écraser ensemble de front, mais plutôt

Déplacez-vous latéralement et avec des mouvements contraires

Se frôler le corps de l'autre sans vitesse,

D'où ce son sec nous irrite les oreilles,

Si longtemps, jusqu'à ce que les nuages soient passés

De leurs positions rapprochées.

Et encore,

En suivant les choses, toutes choses semblent souvent trembler

Sous le choc du tonnerre et des murs les plus puissants

Des vastes étendues du monde supérieur

Là, à l'instant de s'être séparé,

Déchiré, à quelle heure une explosion rassemblée

Du violent ouragan a tout d'un coup

Se frayant un chemin dans une masse de nuages,

Et, là-bas, de plus en plus

Contraint par son tourbillon tournant le nuage

A pousser tout creux avec une croûte épaissie

Environnant; car par la suite, quand la force

Et le vent violent s'est affaibli

Cette croûte, voilà, puis le nuage, qui se divise en deux,

Donne un fracas hideux avec bang et boum.

Ce n'est pas étonnant ; car souvent la vessie est petite,

Rempli d'air, lors d'un éclatement soudain,

Émettez un son semblable à celui d'une grande voix.

Il y a aussi une raison

Pourquoi les nuages émettent des sons, alors que les vents soufflent à travers eux :

Nous voyons, portés vers le ciel, souvent des formes de nuages

Arêtes rugueuses ou ramifiées à plusieurs voies fourchues ;

Et c'est pareil, comme lorsque les défauts soudains

Du vent du nord-ouest à travers la forêt dense,

Faire trembler les feuilles et écraser les membres.

Cela arrive aussi parfois qui suscite la force

Du violent ouragan qui déchire le nuage,

La percer de part en part par un assaut de front ;

Pour ce qu'un souffle de vent peut faire là-haut

Se manifeste à partir des faits quand ici sur terre

Une explosion plus douce mais qui tord les grands arbres

Et les aspire follement depuis leurs racines les plus profondes.

De plus, parmi les nuages il y a des vagues, et celles-ci

Donnez, alors qu'ils se brisent brutalement, un rugissement grondant ;

Comme le long des ruisseaux profonds ou de la grande mer

Brise les vagues bruyantes. Cela arrive aussi à chaque fois

D'un nuage à un autre tombe

L'énergie ardente de la foudre,

Que aussitôt le nuage, s'il est plein d'humidité,

Éteint le feu avec un bruit puissant ;

Comme le fer, blanc des fourneaux chauds,

Grésille, quand rapidement nous avons plongé sa lueur

Dans l'eau froide. De plus, si un nuage

Plus sec, recevez le feu, cela se fera soudainement

Allumez pour flamber et brûler avec un son monstrueux,

Comme si une flamme avec un tourbillon de vents devait s'étendre

Au loin, le long des montagnes couvertes de lauriers,

Brûlant avec son vaste assaut ces arbres ;

Il n'y a rien non plus dans la flamme crépitante

Consomme avec un son plus terrible pour l'homme

Que le laurier de Delphes du seigneur Apollon.

Souvent aussi, le fracas innombrable des glaces

Et une averse de grêle rapide émet un son

Parmi les puissants nuages en haut ; lorsque

Le vent les a rapprochés, chaque massif montagneux

De nuage de pluie, là complètement figé

Et mêlé de grêles, de cassures et de boums...

De même, il s'éclaircit, quand les nuages ont frappé,

Par leur collision, sortent les graines du feu :

Comme si une pierre devait frapper une pierre ou un acier,

Car la lumière alors aussi jaillit et le feu se disperse alors

Les étincelles brillantes. Mais avec nos oreilles nous obtenons

Le tonnerre après les yeux, voici l'éclair,

Parce que pour toujours les choses arrivent aux oreilles

Plus tard que les yeux, comme tu peux le voir

De cet exemple aussi : quand tu marques

Un homme là-bas abattait un grand arbre

Avec une hache à double tranchant, ça arrive

Ton œil voit le coup de balancement avant

Le coup fait entendre un son dans tes oreilles :

Ainsi aussi, nous voyons le clignotement avant

On entend le tonnerre, qui s'est déversé

En même temps que le feu et par la même cause,

Né de la même collision.

En suivant sagement

Les nuages imprègnent les terres d'une lumière jaillissante,

Et la tempête éclate avec un élan tremblant :

Quand le vent a envahi un nuage et, tourbillonnant là,

A façonné (comme je l'ai montré ci-dessus) le nuage

Dans un creux à croûte épaissie,

Il devient chaud à sa propre vitesse :

Tout comme tu vois comment le mouvement va surchauffer

Et enflamme tous les objets, en vérité

Une boule de plomb, dévalant l'espace,

Même fond. Par conséquent, quand ce même vent s'enflamme

A fendu un nuage noir, il disperse les graines de feu,

Qui, pour ainsi dire, ont été repoussés par la force

Soudain du nuage ; — et ceux-ci font

Les éclairs pulsés de flammes ; de là suit

La détonation qui attaque nos oreilles

Plus tard que tout ce qui arrive

À la vue des globes oculaires. Cela a lieu...

Comme tu peux le savoir, aux moments où les nuages sont denses

Et les uns sur les autres empilés en l'air

Avec de merveilleux bouleversements - et tu ne le seras pas non plus

Trompés parce que nous voyons à quel point leur base est large

Vu d'en bas, et non pas à quelle hauteur ils se dressent.

Pour faire tes observations à la fois

Quand les vents souffleront à travers le bleu de l'horizon

Les nuages aiment les chaînes de montagnes qui avancent,

Ou quand il s'agit des flancs de puissants sommets

Tu les vois les uns sur les autres massés

Et pesant vers le bas, ancré dans un haut repos,

Avec les vents sépulchés de tous côtés :

Alors peux-tu connaître leurs puissantes masses, alors

Je ne peux pas voir leurs cavernes, comme si elles étaient construites là

Des rochers coléoptères ; qui, quand les ouragans

Dans la tempête rassemblée, nous nous sommes complètement remplis,

Puis, prisonniers dans les nuages, ils délirent

Avec de puissants rugissements, et dans ces tanières

Fanfaronnez comme des bêtes sauvages, et maintenant à partir d'ici,

Et maintenant à partir de là, envoie des grognements à travers les nuages,

Et cherchant un exutoire, se tourbillonnant,

Et fais rouler du milieu des nuages les graines de feu,

Et entasse-les là en multitude,

Et dans les fourneaux creux à l'intérieur

La flamme de la roue tourne autour, jusqu'à ce que le nuage éclate

En éclairs fourchus, ils ont brillé.

Encore une fois, pour une cause suivante, il arrive

Cette teinte dorée rapide de feu liquide

Fléchettes vers la terre : parce que les nuages

Eux-mêmes doivent contenir d'abondantes graines de feu ;

Car lorsqu'ils sont dépourvus de toute humidité, alors

Ils sont pour la plupart d'une teinte flamboyante

Et un resplendissant. Et en effet, ils doivent

Même de la lumière du soleil pour eux-mêmes

Prends une multitude de graines, et ainsi forcément

Rougissez et déversez leurs feux brillants partout à l'étranger.

Et c'est pourquoi, quand le vent a poussé et poussé,

A forcé et pressé en un seul endroit ces nuages,

Ils déversent les graines du feu pressées,

Ce qui fait flasher ces couleurs de la flamme.

De même, il s'éclaircit également lorsque les nuages

Devenez rare et mince le long du ciel ; lorsque

Le vent les dénoue avec douceur

Et se brisent à mesure qu'elles bougent, ces graines

Ce qui fait que les éclairs doivent par nature tomber ;

A une telle heure l'horizon s'éclaircit

Sans la terreur hideuse du bruit effrayant

Et un tumulte céleste.

Pour avancer à grands pas,

Quelle sorte de nature possèdent les éclairs

C'est par leurs traits rendus manifestes et par

Les marques de leur chaleur torride sur les choses,

Et par les cicatrices brûlées qui exhalent tout autour

Les lourdes vapeurs de soufre. Pour tout cela

Sont des marques, ô non du vent ou de la pluie, mais du feu.

Encore une fois, ils enflamment souvent même les toits

Des maisons et à l'intérieur des pièces mêmes

Avec une flamme rapide, tenez une domination féroce.

Sache que la nature a façonné ce feu

Plus subtil que tous les autres feux, avec une minute

Et des corps adorables, un feu contre lequel il n'y a rien

Peut un tant soit peu tenir : la foudre,

Le puissant passe à travers les murs de haie

Des maisons, comme des voix ou un cri,—

A travers les pierres, à travers le bronze ça passe et ça fond

À l'instant le bronze et l'or ; et fait,

De même, les vins disparaissent soudainement,

Les jarres à vin intactes, car, voyez-vous,

Sa chaleur arrivant rend lâche et poreux

Facilement tout le vin - les côtés en terre du pot,

Et s'enroulant à l'intérieur, il se disperse

Les éléments primordiaux du vin

Avec une dissolution rapide, processus qui

Même à une époque où la vapeur ardente du soleil

Ne pouvait pas accomplir, aussi puissant soit-il

Avec ses coruscations brûlantes : bien plus encore

Cette force est agile et puissante.

Or, de quelle manière ces choses sont-elles engendrées,

Comment façonné une force si impétueuse

Quant à fendre les tours et les maisons toutes

Pour renverser et déchirer

Charpentes et poutres, et monuments des héros

Pour entasser des ruines et bouleverser une main,

Et pour couper à jamais le souffle aux hommes,

Et pour jeter le bétail partout,—

Oui, par quelle force les éclairs font tout cela,

Tout cela et bien plus encore, je te le dévoilerai,

Ne te tiens plus dans de simples promesses.

Il faut donc concevoir les éclairs du tonnerre

Comme tout a été engendré dans ces nuages crasseux

Entassés en hauteur ; car, du ciel serein

Et des nuages de densité plus légère,

Aucun n'est envoyé pour toujours. C'est ainsi

Sans aucun doute, un fait évident déclare :

À savoir, à un tel moment, les nuages denses

Alors se massent dans tout l'air supérieur

Pour que nous puissions penser que tout est sombre

S'était séparé d'Achéron et avait rempli

Les puissantes voûtes du ciel, si douloureusement,

Alors que se rassemble ainsi la puissance horrible des nuages d'orage,

Est-ce que des visages d'horreur noire sont suspendus en haut ?

Quand la tempête commence à forger ses éclairs.

En plus, souvent plein aussi en mer

Un orage le plus noir, comme la cataracte

De poix lancée du ciel et au loin

Renflé d'obscurité, sur les vagues

Tombe avec un vaste tumulte et s'appuie sur un main

L'obscurité fait rage avec des éclairs

Et les ouragans, lui-même si remplis à ce moment-là

Fortement avec les incendies et les vents, que même

De retour sur les terres, les gens frémissent

Et cherchez une couverture. Par conséquent, comme je l'ai dit,

La tempête doit être conçue comme au-dessus de notre tête

Dominant le plus haut ; car jamais les nuages ne le seraient

Submergez les terres d'une obscurité si massive,

À moins qu'un tas élevé ne soit bâti sur un tas élevé,

Pour éteindre le soleil rond. Les nuages non plus ne le pourraient pas,

Au fur et à mesure qu'ils arrivent, engloutis par une pluie si vaste

Comme ainsi faire déborder les rivières

Et des champs pour flotter, si l'éther n'était pas ainsi

Meublé de nuages élevés. Voilà, alors,

Ici toutes choses seront accomplies par les vents et les feux.

D'où les longs éclairs et les tonnerres bruyants.

Car, en vérité, je t'ai appris même maintenant

Comment les nuages caverneux contiennent d'innombrables graines

Des exhalaisons enflammées, et ils doivent

Des rayons du soleil et de la chaleur de ceux-ci

Prenez-en encore beaucoup. Et ainsi, quand ce même vent

(Qui, peut-être, dans une région du ciel

Rassemble ces nuages) a poussé du même

Les nombreuses graines ardentes, et avec ce feu

S'est en même temps mélangé,

Oh, alors et là, ce vent, un tourbillon maintenant,

Au fond du ventre, le nuage tourne en rond

Dans des limites étroites, et s'y aiguise à l'intérieur

Dans les fourneaux incandescents, la foudre.

Car ce vent est doublement

Tout a enflammé : il tremble de chaleur

À la fois par sa propre vitesse et par

Toucher répété du feu. Par la suite, quand

L'énergie du vent est chauffée à travers

Et la féroce impulsion du feu s'est accélérée

Au plus profond de moi, ô alors la foudre,

Maintenant mûri, pour ainsi dire, soudain

Brisez le nuage et l'éclair suscité

Bondit en avant, illuminant d'une lumière fourchue

Tous les lieux autour. Et suit aussitôt

Un claquement si lourd que le ciel voûte,

Comme si les séparations éclataient, semblaient d'en haut

Engloutir la terre. Puis terriblement un tremblement de terre

Imprègne les terres et longe les cieux élevés

Exécutez les grondements lointains. Car à un tel moment

Presque toute la tempête tremble, secouée de part en part,

Et les rugissements se réveillent, d'où le choc

Vient une pluie si retentissante et abondante,

Que tout l'éther trouble semble tourner

Maintenant sous la pluie, et, alors qu'elle tombe,

Pour rappeler les champs aux inondations primitives :

Les pluies qui s'abattent sur les hommes sont si grandes

Par éclatement de nuage et par ouragan,

À quelle heure le coup de tonnerre, d'un éclair brûlant

Cela fend le nuage et s'envole. A l'heure

La force du vent, excitée du dehors,

Frappe un nuage déjà chaud

Avec un coup de foudre mûr. Et quand ce vent

A brisé ce nuage, puis là-bas se fend immédiatement

Cette bobine de flammes ardente que nous appelons encore,

Même avec la parole de nos pères, un coup de foudre.

La même chose se produit de tous les autres côtés

Où cette force a balayé. Cela arrive aussi,

Cette force parfois du vent, bien que précipitée

Sans tout feu, mais dans son voyage à travers l'espace

S'enflamme, pendant qu'il arrive, —

Perdre certains corps plus gros qui ne peuvent pas

Passe, comme les autres, à travers les masses d'air,—

Et, raclant l'air lui-même

Quelques corps plus petits, les emporte,

Et ceux-ci, mêlés, par leur fuite font du feu :

De la même manière qu'une balle de plomb

Devient chaud sur son parcours aérien, tandis que

Il perd de nombreux corps à cause du froid intense

Et s'empare de lui dans les airs

De nouvelles particules de feu. Cela arrive aussi,

Cette force du coup suscite elle-même le feu,

Quand la force du vent, froide et précipitée,

Sans tout feu, j'ai frappé quelque part...

Ce n'est pas étonnant, car, d'un coup formidable

'C'est frappé, les éléments de la matière enflammée

Peut diffuser ensemble à cause du vent

Et simultanément, de cette chose

Qui ici et là reçoit le coup : comme des mouches

Le feu quand avec l'acier on taille la pierre ;

Ni encore, parce que la force de l'acier est froide,

Courez le moins vite ensemble là-bas

Sous le coup ses graines d'éclat brûlent.

Et c'est pourquoi un objet doit également être

Soyez enflammé par un coup de foudre, si possible

« Il a été adapté et adapté aux flammes.

Pourtant, la force du vent ne doit pas être considérée à la légère

Comme tout à fait et entièrement froid...

Cette force qui est déchargée d'en haut

Avec une puissance si prodigieuse ; mais si ce n'est pas le cas

Sur son parcours déjà enflammé de feu,

Il arrive pourtant réchauffé et mélangé de chaleur.

Et maintenant, la vitesse et le coup de foudre

Est si formidable et avec une glisse si rapide

Ces éclairs se précipitent et descendent, parce que

Leur force réveillée elle-même se rassemble

D'abord toujours dans les nuages, puis se prépare

Pour l'immense effort de leur départ ;

Ensuite, lorsque le cloud ne pourra plus retenir

L'augmentation de leur élan féroce,

Leur force est comprimée et s'envole donc

Avec un élan si merveilleux, j'aime les coups

Projeté depuis les puissantes catapultes romaines.

Notez également que cette force est constituée d'éléments

À la fois petit et lisse, et rien ne peut

Résistez facilement à une telle nature. Pour ça, ça fléchette

Entre et entre par les pores des choses ;

Et donc ça ne faiblit jamais dans les retards

Malgré d'innombrables collisions, mais

Vole en avant avec un élan rapide.

Ensuite, puisque par nature toujours tout poids

Baisse vers le bas, la rapidité est alors doublée

Et cet élan est encore plus sauvage et redoutable,

Quand, en vérité, au poids s'ajoutent les coups,

De sorte que plus follement et plus férocement alors

La foudre fait trembler tout le monde

Cela lui bloque le chemin et poursuit son chemin.

Et puis aussi, parce que ça arrive,

Avec un élan continu, il faut

Reprenez la vitesse, à nouveau,

Qui augmente encore au fur et à mesure, et toujours

Augmente les vastes pouvoirs du verrou et du coup

Donne une plus grande vigueur ; car cela force tout,

Toutes les graines de feu du tonnerre, pour balayer

En ligne droite vers un seul endroit, comme si c'était le cas,—

Les jetant les uns après les autres, au fur et à mesure qu'ils roulent,

Dans ce cours ultérieur. Encore une fois, peut-être,

En venant, il tire de l'air

Certains corps, qui par leurs propres coups

Allumez sa vitesse. Et voilà,

Il traverse les objets en les laissant indemnes,

Il traverse beaucoup de choses et les laisse entières,

Parce que le feu liquide vole

À travers leurs pores. Et cela transperce beaucoup,

Quand ces atomes primordiaux du boulon

Je suis tombé sur les atomes de ces choses

Précisément là où les atomes entrelacés

Sont tenus ensemble. Et, plus loin, facilement

Le laiton délie et fusionne rapidement l'or,

Parce que sa force est si minutieusement créée

De minuscules pièces et éléments si lisses

Avec quelle facilité ils se frayent un chemin à l'intérieur,

Et une fois dedans, dénouez rapidement tous les nœuds

Et détendez-y tous les liens d'union.

Et surtout en automne la maison du ciel est ébranlée,

La maison si parsemée d'étoiles scintillantes,

Et toute la terre autour, surtout au printemps

Quand les temps fleuris se déroulent : car, voilà,

Pendant la saison froide, le feu manque,

Et les vents sont rares dans la chaleur, et les nuages

N'ont pas une masse aussi dense. Mais quand, en effet,

Les saisons du ciel sont entre ces deux-là,

Les diverses causes de la foudre

Alors tous sont d'accord ; pour ensuite le froid et la chaleur

Sont mélangés dans les mers croisées de l'année,

Pour qu'une discorde s'élève entre les choses

Et l'air dans une vaste tumultueuse

Des vagues, furieuses contre les incendies et les vents—

Dont les deux sont nécessaires au cloud

Pour la fabrication du coup de foudre.

Pour la première partie de chaleur et la dernière partie de froid

C'est la période du printemps ; pourquoi des choses différentes doivent-elles

Combattez les uns contre les autres, et, une fois mélangés,

Rage tumultueuse. Et quand roule

La dernière chaleur mélangée au premier froid—

Le temps qui porte le nom d'automne - alors

De même, les fortes vagues de froid luttent contre les fortes chaleurs.

A ce compte ces saisons de l'année

Sont nommés « d'outre-mer ». — Et ce n'est pas étonnant

Si en ces temps-là prédominent les éclairs

Et des tempêtes turbulentes s'élèvent dans le ciel,

Depuis lors, les deux camps sont en colère dans une guerre douteuse

Tumultueusement, l'un avec des flammes, l'autre

Avec des vents et des eaux mêlées de vents.

C'est ça, c'est ça, ô Memmius, de voir à travers

La nature même de la foudre pleine de feu ;

Ô ceci, c'est pour marquer par quelle force aveugle

Cela fait chaque effet, et non, oh non

Pour dérouler les rouleaux étrusques oraculaires,

Recherche de signes de la volonté occulte des dieux,

Même quant à savoir d'où vient la flamme volante,

Ou vers quelle moitié du ciel il se tourne, ou comment

À travers les lieux fortifiés, il s'est frayé un chemin,

Ou, après y avoir prouvé sa domination,

Comme il s'est précipité à partir de là,

Ou ce que le coup de tonnerre présage de mal

Du haut des cieux. Mais si Jupiter

Et d'autres dieux secouent ces voûtes lumineuses

Avec des réverbérations effrayantes et des tirs lancés

Où cela plaît à chacun, pourquoi ne pas les frapper

Mortels de crimes téméraires et révoltants,

Pour qu'un tel puisse haleter à cause d'une poitrine transpercée

Flammes du levin rouge - aux hommes

Une leçon radicale ? — pourquoi est-il plutôt...

Ô lui, conscient de l'absence d'offense fautive...

Impliqué dans les flammes, bien qu'innocent, et serré

Pris dans un tourbillon céleste et dans le feu ?

Non, pourquoi donc les diriger vers les déserts éternels,

Et se dépenser en vain ? Peut-être quand même

Pour exercer ses bras et renforcer ses épaules ?

Pourquoi souffrent-ils du javelot du Père

Pour être si brutal sur terre ? Et pourquoi

Est-ce qu'il le permet lui-même, et ne l'épargne pas non plus

Même pour ses ennemis ? O pourquoi le plus souvent

Vise-t-il des endroits élevés ? Pourquoi voici, nous

Les marques de ses éclairs sont-elles plus visibles au sommet des montagnes ?

Alors pour quelle raison tire-t-il sur la mer ?

Quel sacrilège les vagues et la masse de saumure

Et les champs de mousse flottants sont-ils coupables ?

En plus, si c'est sa volonté, nous nous méfions

Contre le coup de foudre, pourquoi craint-il

Pour nous accorder le pouvoir de voir le tir ?

Et au contraire, s'il veut nous submerger,

Tout à fait au dépourvu, avec le feu, pourquoi tonne-t-il

Dans ce quartier-là, pour que nous puissions éviter ?

Pourquoi réveille-t-il avant l'air sombre

Et le vacarme et les grondements lointains ? Et oh comment

Peux-tu croire qu'il tire en même temps

Dans des directions diverses ? Ou oses-tu

Disons que cela n'est jamais arrivé

Que plusieurs accidents vasculaires cérébraux se sont produits à un moment donné ?

Mais cela arrive souvent,

Et souvent encore il faut que, même sous forme d'averses

Et les pluies tombent dans de nombreuses régions, aussi

Lancez plusieurs éclairs en même temps.

Encore une fois, pourquoi ne frappe jamais Jupiter

Un éclair sur les terres ni se déverse à l'étranger

Clap sur clap, quand le ciel est sans nuages ?

Ou, disons, est-ce qu'il, dès que les nuages

Je suis venu en dessous, puis dans le même

Descendez en personne, afin que de là il puisse

A proximité, décidez de la course de l'arbre ?

Et enfin, pourquoi, avec un éclair dévastateur

Secoue-t-il les sanctuaires sacrés des dieux

Et ses propres trônes de splendeur et de rupture

Les idoles bien travaillées des divinités,

Et prive de gloire ses propres images

Par blessure de violence ?

Mais pour revenir vite,

Il est facile de savoir à partir de ces mêmes faits

Dans quelle mesure ces choses (qui, de par leur espèce,

Les Grecs ont nommé "soufflet") descendent,

Déchargé d'en haut, sur les mers.

Car il arrive que parfois du ciel descend

Sur les mers une colonne, comme poussée,

Autour duquel bouillonnent énormément les flots

Éveillé par des rafales soufflantes ; et quoi qu'il en soit

Des navires sont alors pris dans ce tumulte

Entrez dans un péril extrême, précipité.

Cela se produit parfois lorsque la force du vent suscite

Je ne peux pas faire éclater le nuage qu'il essaie de faire, mais il l'alourdit

Ce nuage, jusqu'à ce qu'il soit comme une colonne du ciel

Sur les mers poussées vers le bas, peu à peu,

Comme si un peu d'en haut était poussé

Par le poing et le bas du bras, et allongé

Loin des vagues. Et quand la force du vent

A déchiré ce nuage, du nuage il se précipite

Sur les mers et commence parmi les vagues

Un merveilleux bouillonnement, pour le tourbillon tourbillonnant

Descend et entraîne avec lui

Ce nuage de corps ductile. Et dès que jamais

"Cela a poussé jusqu'aux niveaux du principal

Ce nuage chargé, le tourbillon soudain alors

S'y plonge tout entier dans les eaux

Et soulève toute la mer avec un rugissement monstrueux,

Le contraindre à bouillonner. Ça arrive aussi

Ce même vortex de vent implique

Lui-même dans les nuages, grattant l'air

Les graines de nuage et les contrefaçons, pour ainsi dire,

Le « soufflet » poussé du ciel. Et quand cette forme

Est tombé sur les terres et a éclaté,

Il crache une puissance incommensurable

De tourbillon et d'explosion. Pourtant, depuis qu'il est formé

Tout au plus mais rarement, et sur terre les collines

Doit lui bloquer le chemin, on le voit plus souvent là-bas

Sur les perspectives générales du niveau principal

Le long des horizons libres.

En étant

Les nuages se condensent, quand dans cet espace supérieur

Des cieux élevés se sont rassemblés soudainement,

Tandis qu'ils volaient, des particules innombrables...

Les plus rudes du monde, qui peuvent, bien que liés

Avec des accouplements rares, mais soyez fermement attachés,

L'un sur l'autre attrapé. Ces particules

Faites d'abord former de petits nuages ; et, sur ce,

Ceux-ci s'attrapent les uns sur les autres et pullulent en troupeau

Et grandissent par leur conjonction et par les vents

Sont portés, le long, jusqu'à ce qu'ils collectent

La fureur de la tempête. Cela arrive aussi, plus on se rapproche

Les sommets des montagnes voisinent avec le ciel,

Plus leurs rochers lointains fument sans cesse

Avec l'obscurité épaisse d'un nuage noir, parce que

Quand les brumes se forment pour la première fois, avant que les yeux

Peut-on les voir (aussi ténus soient-ils),

Les vents porteurs les pousseront de haut en bas

Jusqu'aux sommets les plus élevés de la montagne ;

Et puis finalement ça arrive, quand ils le sont

En une foule plus vaste rassemblée, pour qu'ils puissent

Par ce mensonge même de condensation révélé,

Et qu'en même temps on les voit surgir

Depuis le sommet de la montagne

Dans l'éther lointain. Pour des faits et des sentiments,

Alors que nous gravissons de hautes montagnes, cela s'avère clair

Que le vent est libre dans ces régions ascendantes.

En plus, les vêtements traînés le long du rivage,

Lorsqu'ils absorbent l'humidité collante, prouvez

Cette nature s'élève de toute la mer

Particules non numérotées. Grâce à quoi plus

Il est évident que de nombreuses particules

Même à cause des soulèvements salins de la rivière principale

Peut s'élever ensemble pour augmenter la masse

Des nuages massifs. Pour les humidités dans ces deux

Sont proches. En outre, de toutes les rivières,

Ainsi que depuis le terrain lui-même, nous voyons

Brumes et vapeurs montantes, qui comme un souffle

Sont chassés d'eux et portés en l'air,

Pour couvrir le ciel de leurs obscurités et faire,

Par un lent rassemblement, les nuages du ciel.

Car en plus, voilà, la chaleur est élevée

Des fardeaux d'éther constellé vers le bas

Sur eux, et par sorte de condensation

Se tisse sous le firmament azur

L'odeur d'un nuage sombre. Cela arrive aussi,

C'est jusqu'au ciel de l'au-delà

Viens ces particules qui font les nuages

Et des orages volants. Car j'ai enseigné

Que leur nombre est innombrable

Et infinie la somme des Abysses,

Et j'ai montré avec quelle rapidité prodigieuse

Ces corps volent et comment ils ont l'habitude de passer

Amain à travers un espace incommunicable.

Par conséquent, ce n'est pas très étrange, même si c'est souvent le cas.

En peu de temps, la tempête et l'obscurité couvrent

Avec des orages volumineux suspendus en haut

Les océans et les terres, puisque partout

À travers tous les tubes étroits de là-bas,

Ouais, pour ainsi dire, à travers tous les trous de respiration

Du grand monde supérieur englobant,

Il y aura pour les éléments primordiaux

Sorties et entrées.

Maintenant viens, et comment

L'humidité pluvieuse s'épaissit pour devenir

Dans les nuages élevés, et comment sur les terres

C'est alors que se déversent en averses de grandes averses,

Je vais me dévoiler. Et d'abord triomphalement

Vais-je te persuader de te lever ensemble,

Avec les nuages eux-mêmes, remplis de nombreuses graines d'eau

De toutes choses, et qu'elles augmentent toutes deux...

Les nuages et l'eau qui est dans les nuages :

Dans la même proportion, à mesure que nos cadres augmentent

En proportion égale avec notre sang, aussi

Comme la sueur ou toute humidité chez nos membres.

D'ailleurs les nuages absorbent de temps en temps

Une grande quantité d'humidité s'est élevée de la vaste mer,—

Pendant que les vents les portent sur la mer puissante,

Comme des toisons de laine blanche suspendues. Ainsi,

Même de toutes les rivières s'élève

Humidité dans les nuages. Et quand là-dedans

Les graines de l'eau sont si nombreuses à bien des égards

Se sont réunis, augmentés de tous côtés,

Les nuages serrés peinent alors à se décharger

Leurs pluies torrentielles pour une double raison : voici,

La force du vent les envahit, et l'excès même

De nuages d'orage (massés en une foule plus vaste)

Donne une envie et une pression d'en haut

Et fait tomber les pluies. En plus quand aussi,

Les nuages sont vannés par les vents ou dispersés

Frappés par la chaleur du soleil, ils envoient

Leur humidité pluvieuse, et distiller leurs gouttes,

Même comme la cire, par une chaleur ardente sur le dessus,

Gaspille et liquéfie abondamment.

Mais vient la violence des plus grosses pluies

Quand violemment les nuages s'alourdissent

Tant par leur masse cumulée que par

L'arrivée du vent. Et les pluies sont habituelles

Endurer un certain temps et demeurer longtemps,

Quand de nombreuses graines d'eaux sont suscitées,

Et des nuages sur des nuages et des racks sur des racks en dehors

En couches empilées et portés le long

De tous côtés, et quand toute la terre

Fumer exhale son humidité. A un tel moment

Quand le soleil avec des rayons au milieu de la tempête-obscur

A brillé contre les averses de pluies noires,

Puis dans les nuages noirs émerge un brillant

L'éclat de l'arc.

Et quant aux choses

Non mentionné ici lesquels d'eux-mêmes grandissent

Ou d'eux-mêmes sont genrés, et toutes choses

Qui dans les nuages se condense pour être tout,

La neige et les vents, la grêle et les gelées blanches refroidissent,

Et la force puissante et glaciale des lacs et des piscines

Le puissant durcisseur et le puissant contrôle

Qui en hiver freine partout

Les rivières au fur et à mesure qu'elles coulent, c'est encore facile,

Bientôt à découvrir et en tête à voir

Comment ils se produisent tous, par lesquels le genre,

Quand tu auras bien compris ce que

Les fonctions ont été garanties depuis longtemps

Aux atomes procréateurs du monde.

Maintenant viens, et quelle est la loi des tremblements de terre

Écoutez, et avant tout prenez soin de savoir

Que le sous-sol, comme la terre qui nous entoure,

Est plein de cavernes venteuses tout autour ;

Et bien des bassins et bien des abîmes sinistres

Elle porte dans son sein, oui, et des falaises

Et des escarpements déchiquetés ; et bien des rivières se sont cachées

Sous son bouchain, roule rapidement

Ses vagues et ses rochers plongeants. Pour un fait clair

Exige que la terre soit dans chaque partie

De même dans la constitution. Par conséquent, la terre,

Avec ces choses en dessous apposées et fixées,

Tremble là-haut, secoué par de grandes chutes,

Quand le temps a miné les immenses grottes,

Le souterrain. Ouais, des montagnes entières tombent,

Et instantanément depuis l'endroit de ce gros pot

Là frémissent les secousses partout à l'étranger.

Et pour cause : puisque les maisons dans la rue

Commence à trembler partout, lorsqu'il est secoué par un chariot

De peu de poids ; et aussi les meubles

Dans la maison en amont, lorsqu'un pavé

Donne une secousse à l'une des jantes en fer des roues.

Cela arrive aussi lorsqu'une masse prodigieuse

De la terre usée par le temps est roulée sur les pentes des montagnes

Dans d'immenses flaques d'eau sombre,

Que la terre ébranlée elle-même est secouée

Par les ondulations de l'eau ; comme bassin

Parfois, ne s'arrêtera pas tant que le liquide

À l'intérieur, il cesse d'être secoué

Dans des ondulations aléatoires.

Et en outre,

Quand les vents souterrains s'y rassemblèrent

Dans les profondeurs creuses, avancez en masse depuis un endroit,

Et appuyez avec la grande envie de puissances puissantes

Contre les hautes grottes, puis la terre

Des vracs vers ce quartier où pousser

Les vents contraires. Puis toutes les maisons construites

Au-dessus du sol — et plus il y en a, plus il est élevé

Vers le ciel - penchez-vous d'un air menaçant, carénant

Dans la même direction ; et les poutres,

En avant, en surplomb, prêt à partir.

Pourtant, je redoute les hommes de croire qu'il y a une attente

La nature du monde puissant à une époque

De malheur et de cataclysme, même s'ils voient

Tellement grand volume de terres à gonfler et à casser !

Et de peur que les vents ne reviennent, sans force

Pourrait freiner les choses ni retenir une certaine carrière

En route vers le désastre. Mais maintenant parce que ces vents

Soufflez d'avant en arrière en alternance fort,

Et, pour ainsi dire, ralliant à nouveau la charge,

Et puis la retraite repoussée, à cause de cela

La Terre menace plus souvent qu'elle ne le réalise

S'effondre terriblement. Car d'un côté elle se penche,

Puis elle recule; et après avoir chancelé

En avant, retrouve alors ses places d'aplomb.

C'est pourquoi des maisons entières tremblent, les toits

Plus que les histoires du milieu, le milieu plus

Que le plus bas, et le plus bas de tous.

Survient aussi ce même grand tremblement de terre,

Quand le vent et quelque force prodigieuse de l'air,

Recueilli de l'extérieur ou de l'intérieur

Les vieux gouffres telluriques se sont précipités

Amain dans ces cavernes souterraines,

Et là, au début, ils s'irritent tumultueusement

Parmi les vastes grottes, portées

Dans des rotations folles, jusqu'à leur force fouettée

Des explosions suscitées à l'étranger, et ici et là,

River la terre profonde crée un gouffre puissant.

Ce qui est arrivé autrefois à Sidon en Syrie,

Et une fois dans l'Égium du Péloponnèse,

Deux villes qui ont une telle explosion d'air sauvage

Et la convulsion de la terre, qui s'ensuivit durement,

O'erthrow d'autrefois. Et bien des villes fortifiées,

En plus, je suis tombé à cause d'un tel omnipotent

Convulsions sur terre et dans la mer

Englouti a englouti de nombreuses villes

Avec toute sa population. Mais si, en effet,

Ils n'éclatent pas, mais c'est la ruée même

De l'air sauvage et de la force furieuse du vent

Puis dissipé, comme une crise de fièvre,

À travers les innombrables pores de la terre,

Pour la secouer, même comme un frisson,

Quand il sera entré dans nos os à moelle,

Nous met convulsivement, malgré nous,

Un frisson et un tremblement. Par conséquent, les hommes

Avec une double agitation terroriste en alarme

À travers les villes, ils craignent les toits

Au-dessus de la tête ; et sous leurs pieds ils redoutent

Les cavernes, de peur que la nature de la terre

Soudain, les déchirer, et elle reste bouche bée,

Elle-même en morceaux, avec une gueule formidable,

Et, tous confondus, je cherche à le remplir complètement

Avec ses propres ruines. Laissons donc les hommes continuer

Feignant à volonté que le ciel et la terre seront

Inviolable, confié à jamais

À un bonheur éternel : et pourtant parfois

La force même du danger ici à portée de main

Il les pousse d'un côté ou de l'autre avec cet aiguillon de peur...

Ceci entre autres : que la terre, retirée

Brusquement sous leurs pieds, descends en toute hâte,

Dans l'abîme et la somme des choses

Suivre après, complètement pardonné,

Ce ne sera que la ruine et l'épave d'un monde.

TELLURIQUE EXTRAORDINAIRE ET PARADOXIQUE PHÉNOMÈNES

En général, les hommes s'étonnent que la nature ne rende pas

La majeure partie de l'océan est de plus en plus grande, depuis

Si vaste soit le ruissellement des eaux,

Et chaque rivière de chaque royaume

Vient à cela; et ajoute les pluies aléatoires

Et des tempêtes volantes qui éclaboussent toutes les mers

Et chaque terre est arrosée ; ajouter leurs propres ressorts :

Pourtant, tout cela jusqu'à la somme de l'océan

Ce ne sera que comme l'augmentation d'une goutte.

C'est pourquoi c'est moins une merveille que la mer,

Le puissant océan n'augmente pas. En plus,

Le soleil, avec sa chaleur, en retire une grande part :

Ouais, nous voyons ce soleil aux rayons brûlants

Sécher nos vêtements dégoulinants de pluie ;

Et bien des mers, et au loin s'étendent en dessous,

Est-ce que nous voyons. Par conséquent, aussi léger soit-il

La partie mouillée de ce soleil à n'importe quel endroit

Éliminé du niveau principal, il prendra toujours

Depuis les vagues dans une si vaste étendue

Abondamment. Puis, plus loin, aussi des vents,

Balayer les eaux plates, peut s'enlever

Une grande partie de la pluie, puisque nous voyons

Souvent, en une seule nuit, les autoroutes ont séché

Par les vents et la boue molle recouverte d'une croûte à l'aube.

Encore une fois, je t'ai appris que les nuages se dissipent

Beaucoup d'humidité aussi, absorbée par les tronçons

Du puissant principal, et saupoudrez-le

Sur toutes les zones, quand la pluie tombe sur les terres

Et les vents transportent les airs de vapeur.

Enfin, la terre étant poreuse à travers sa charpente,

Et les voisins des mers, ceinturant leurs rivages,

L'eau mouillée doit s'infiltrer dans les terres

De l'océan saumâtre, comme des terres, il vient

Dans les mers. Pour que la saumure soit filtrée,

Et puis le liquide réapparaît

Et tout se déverse aux sources des rivières,

D'où il revient dans les courants d'eau douce

Sur les terres, dans les canaux qui

Étaient fendus autrefois et autrefois percés

Les inondations aux pieds liquides.

Et maintenant la cause

Par quoi, à travers la gorge du mont Etna

De si vastes incendies de tornades expirent parfois,

Je vais me dévoiler : car sans aucune puissance moyenne

De dévastation, la tempête enflammée s'est levée

Et dominait les champs siciliens :

Tirant sur lui les visages retournés

Des clans voisins, quelle heure ont-ils vu au loin

Les voûtes célestes sont enfumées et étincelantes,

Et rempli leurs seins d'une terrible anxiété

À quelle nouvelle chose la nature travaillait-elle ?

Dans ces affaires, il t'appartient beaucoup

Pour regarder à la fois large et profond, et loin à l'étranger

Pour scruter chaque quartier, afin que tu puisses

Rappelez-vous à quel point la somme des choses est illimitée,

Et remarquez à quel point une partie est infiniment petite

De toute la Somme est notre seul ciel :

Ó pas une part aussi grande qu'un seul homme

De la terre entière. Et clairement, si tu vois

Ce fait cosmique, en le plaçant carré devant,

Et je comprends bien que tu partiras

Je m'interroge sur beaucoup de choses. Pour qui d'entre nous

Je me demande si quelqu'un entre dans ses articulations

Une fièvre qui prend la tête avec une chaleur ardente,

Ou toute autre maladie douloureuse

Aux côtés de ses membres ? Pour un an sur le pied

Devient bleu et bulbeux ; souvent un pincement au cœur

Saisit les dents, attaque jusqu'aux yeux ;

Déclenche le feu sacré et, en rampant

Sur le corps, brûle chaque partie

Il s'empare et travaille à sa manière hideuse

Le long du cadre. Ce n'est pas étonnant, puisque, voilà,

De choses innombrables, il y a suffisamment de graines,

Et c'est ce que notre terre et notre ciel nous apportent

Assez de fléau d'où peut croître la force

Des maladies innombrables. Ainsi donc,

Nous devons supposer à tout le ciel et à la terre

Sont toujours fournis par l'infini

Toutes choses, ô tout dans les magasins, assez pour que

La terre secouée peut bouger brusquement,

Et de violents typhons peuvent envahir la mer et les terres

Continuez à déchirer, et les feux d'Aetna débordent,

Et le ciel devient un éclat de flamme. Pour ça aussi,

Cela arrive parfois, et les voûtes célestes

Brille dans le feu et les tempêtes pluvieuses se lèvent

Dans une congrégation plus nombreuse, quand, par exemple,

Les graines de l'eau se sont ainsi rassemblées

De l'infini. "Oui, mais ça passe énorme

Le tumulte ardent de cet incendie ! »

Ainsi dis-tu ; eh bien, beaucoup de rivières semblent énormes

Pour lui, autrefois, il n'y avait jamais de scie plus grosse ;

Ainsi, l'arbre ou l'homme semblent immenses ; et tout

Quel mortel voit le plus grand de chaque classe,

Qu'il imagine « énorme » ; mais encore

Tout cela, avec le ciel, la terre et la mer pour démarrer,

Ne sont que rien par rapport à la somme entière

De la somme totale.

Mais maintenant je vais me dévoiler

Enfin, comme là-bas, la flamme s'est soudainement mise en colère

Coups à l'étranger provenant de vastes fourneaux

Etnéen. Premièrement, la nature de la montagne est

Tout sous-creux, calé, environ

Avec des cavernes de piliers basaltiques. Et voilà,

Dans toutes ses grottes, qu'il y ait du vent et de l'air,

Car le vent naît lorsque l'air est soulevé

Par une violente agitation. Quand cet air

Est chauffé de part en part, et, faisant rage en rond,

A fait la terre et tous les rochers qu'elle touche

Horriblement chaud, et il s'en est éloigné

Feu féroce de la flamme la plus rapide, il se lève

Et se précipite ainsi tout droit vers le haut à travers sa gorge

Dans les hauteurs, et se porte ainsi au loin

Ses explosions brûlantes et se dispersent au loin

Ses cendres, et roule une fumée d'obscurité poivrée

Et soulève pendant ce temps des rochers d'un poids merveilleux -

Ne laissant aucun doute en toi que c'est l'air

Pouvoir tumultueux. En outre, en grande partie,

La mer là-bas, aux racines de cette même montagne

Brise ses vieilles vagues et aspire ses vagues.

Et les grottes de la mer passent en bas

Même jusqu'au fond de la gorge de la montagne.

Par la présente, tu dois admettre que c'est parti...

Et les conditions forcent [l'eau et l'air]

Pénétrer profondément depuis le large,

Et exploser à l'étranger et supporter

Ainsi la flamme, et pour remonter des profondeurs

Les rochers, et élever les nuages de sable.

Car au sommet il y a des « bols », comme les gens là-bas

Nous avons l'habitude de nommer ce que nous appelons à Rome

Les gorges et les bouches.

Il y a, en plus, quelque chose

Dont une seule cause ne suffit pas

Pour énoncer — mais plutôt plusieurs, dont un

Ce sera le vrai : voici, si tu devais espionner

Au loin, le cadavre sans vie d'un type,

"Il était bon de nommer toutes les causes d'un décès,

La cause de sa mort pourrait ainsi être nommée :

Car prouve que tu ne peux pas périr par l'acier,

Par le froid, ni même par le poison ou la maladie,

Pourtant, quelque chose de ce genre lui est arrivé

Nous savons - et nous devons donc dire la même chose

Dans divers cas.

Vers l'été, le Nil

Cire et déborde le champagne,

Unique dans tout le paysage, rivière sole

Des Égyptiens. Dans les chaleurs de mi-saison

Souvent et souvent il arrose l'Égypte,

Soit parce qu'en été contre ses gueules

Venez ces vents du nord qui, à cette époque de l'année

Les hommes nomment les explosions étésiennes, et, soufflant ainsi

En amont, retarde, et, repoussant ses vagues,

Remplissez-le à fond et forcez son flux à s'arrêter.

Car hors de doute ces explosions qui ont poussé

Des constellations glacées du pôle

Sont portés directement en amont de la rivière. Vient cette rivière

Des lieux étouffants du sud,

S'élevant très haut au milieu du jour,

Parmi les générations noires d'hommes forts

Avec des peaux cuites au soleil. C'est possible, d'ailleurs,

Qu'une grande quantité de sable empilé puisse barrer

Ses bouches contre ses vagues en avant, quand la mer,

Sauvage dans les vents, le sable fait tomber le sable vers l'intérieur des terres ;

D'où l'écoulement de la rivière était moins libre,

De même, moins précipitées ses crues descendantes.

Il se peut aussi qu'en cette saison il pleuve

Sont plus abondants à sa source,

Parce que les souffles étésiens de ces vents du nord

Puis poussez tous les nuages vers ces parties intérieures.

Et, en vérité, quand ils sont ainsi rassemblés là,

Poussé là-bas au milieu du royaume du jour,

Puis, serrés contre les hautes pentes des montagnes,

Ils sont massés et puissamment pressés. Encore,

Peut-être que ses eaux cirent, ô loin,

Parmi les hautes montagnes des Éthiopiens,

Quand le soleil omniprésent aux rayons dégelants

Entraîne les neiges blanches à couler dans les vallées.

Maintenant, viens ; et vers toi je me dévoilerai,

Quant aux spots Birdless et aux tarns Birdless,

De quelle sorte de nature ils sont dotés.

Premièrement, quant au nom de « sans oiseaux », qui dérive

En fait, parce qu'ils sont nocifs

À tous les oiseaux. Car quand au-dessus de ces endroits

En vol horizontal les oiseaux sont venus,

Oubliant de ramer avec leurs ailes, ils enroulent leurs voiles,

Et, avec leurs cous délicats abaissés,

Tomber tête baissée dans la terre, s'il en est ainsi

La nature des spots, ou dans l'eau,

S'il se propage par-dessous, le tarn sans oiseaux.

Un tel endroit est à Cumes, où les montagnes fument,

Chargé du soufre âcre, et augmenté

Avec des ressorts fumants. Et il y a un tel endroit

Dans les murs d'Athènes, même là-bas

Au sommet de l'Acropole, à côté

Fane de Pallas tritonien généreux,

Où les corbeaux jamais croassants peuvent s'envoler,

Pas même quand on fume les autels avec de bons présents,—

Mais ils fuient toujours, mais pas devant la colère

De Pallas, affligé de ce vieil espion,

Comme l'ont chanté les poètes grecs ;

Mais la nature même du lieu oblige.

En Syrie aussi, comme on dit, un endroit

Il faut voir, où aussi des espèces à quatre pieds,

Dès qu'ils ont mis leurs pas à l'intérieur,

Effondrement, vaincu par sa puissance essentielle,

Comme s'il y avait des massacres aux sous-dieux.

Voici, toutes ces merveilles opèrent selon la loi naturelle,

Et pour quelles causes ils se produisent

L'origine est manifeste ; alors, peut-être,

Que personne ne croie que dans ces régions se trouve

La porte d'Orcus, ni nous ne le supposons alors,

Peut-être que de là les sous-dieux descendent

Âmes vers les rives sombres de l'Achéron, comme des cerfs,

On pense que les pieds ailés attirent la lumière,

En reniflant les narines, depuis leurs repaires sombres

Les générations frétillantes de serpents sauvages.

À quel point cela est-il éloigné de la vraie raison,

Perçois-toi clairement ; pour l'instant je vais essayer de dire

Un peu du fait même.

Et, d'abord,

Je dis ceci, comme je l'ai souvent dit auparavant :

Sur terre se trouvent des atomes de choses de toutes sortes ;

Et sachez que tous ces éléments sortent ainsi de la terre :

Beaucoup de sources de vie qui sont bonnes pour la nourriture,

Et beaucoup qui peuvent générer des maladies

Et hâte la mort, ô nombreuses graines primitives

De nombreuses choses dans de nombreux modes - depuis la terre

Les contient mélangés et donne des résultats discrets.

Et nous avons déjà montré que certaines choses

Soyez plus adapté à certaines créatures

Pour les fins de vie, en vertu d'une nature,

Une texture, et des formes primordiales, contrairement

Pour les genres. Et puis c'est à toi de voir

Combien de choses oppressives et répugnantes

Pour l'homme et pour les sensations les plus malignes :

Beaucoup serpentent misérablement à travers les oreilles ;

Beaucoup dans le vent à travers les narines aussi,

Malin et dur quand le mortel respire ;

Il y en a beaucoup qui doivent éviter le contact ;

Il y en a beaucoup qui doivent échapper à la vue ;

Et certains y sont tous répugnants au goût ;

Et beaucoup d'ailleurs détendent les membres alanguis

Le long du cadre, et sape l'âme

Dans ses demeures intérieures. À certains arbres

Il a été donné une ombre si douloureuse

Que souvent ils provoquent des maux de tête,

Si seulement on est en dessous, étendu sur la pelouse.

Il y a encore une fois sur les hautes collines d'Helicon

Un arbre qui a l'habitude de tuer un homme sur le coup

Par l'odeur fétide de sa fleur même.

Et quand la puanteur âcre de la veilleuse,

Éteint mais depuis un moment, assaille

Les narines, puis et là, ça endort

Un homme atteint de la maladie des chutes

Et de la mousse à la bouche. Une femme aussi,

À la lourde roulette, il s'assoupit dans son fauteuil,

Et de ses doigts délicats s'échappe

Son ouvrage criard, si par hasard elle

A senti l'odeur au moment de la menstruation.

Encore une fois, si tu tardes à prendre des bains chauds,

Quand tu es trop rassasié, avec quelle facilité

Des selles au milieu de l'eau fumante

Tu tombes d'un coup ! Avec quelle facilité

Les lourdes vapeurs de charbon de bois se frayent un chemin

Dans le cerveau, à moins qu'au préalable nous

J'ai bu de l'eau. Mais quand une fièvre brûlante,

L'homme dominateur s'est emparé de ses membres,

Alors l'odeur du vin est comme un coup de marteau.

Et tu ne vois pas comment, sur la terre même

Le soufre est sexué et le bitume s'épaissit

Avec une puanteur nauséabonde ? — Quelles puanteurs épouvantables aussi,

Scaptensula expire d'en bas,

Quand les hommes poursuivent les veines d'argent et d'or,

Avec une pioche explorant les royaumes cachés

Au plus profond de la terre ? — Ou qu'en est-il d'un fléau mortel

Les mines d'or expirent ? O quel regard,

Et quelle teinte épouvantable ils donnent aux hommes !

Et tu ne vois pas, ou tu n'entends pas, comment ils ont l'habitude

En peu de temps pour périr, et comment échouer

Les réserves de vie de ces gens dont le pouvoir puissant

D'une sombre nécessité s'y confine

Dans une telle tâche ? Ainsi, cette terre tellurique

Des flux sortants avec tous ces effluves effrayants

Et les exhale dans le monde ouvert

Et dans les régions visibles sous le ciel.

Ainsi aussi, ces endroits sans oiseaux doivent envoyer

Une essence apportant la mort aux choses ailées,

Qui de la terre s'élève dans les brises

Pour empoisonner une partie de l'espace céleste, et quand

Là, les ailés sont portés sur des fanions,

Là, saisi par le poison invisible, il est pris au piège,

Et depuis l'horizontale de son vol

Tombe à l'endroit d'où jaillit l'effluvium.

Et quand cela s'est effondré, alors le même pouvoir

De cet effluvium prend de tous ses membres

Les reliques de sa vie. Ce pouvoir frappe en premier

Les créatures au vertige sauvage,

Et puis par la suite, quand ils sont une fois tombés

Dans les fontaines mêmes du poison, alors

La vie aussi, ils la vomissent forcément, parce que

Les réserves de fléau autour d'eux sont si épaisses qu'elles fument.

Encore une fois, il arrive parfois que ce pouvoir,

Cette exhalaison des lieux sans oiseaux,

Dissipe l'air entre le sol et les oiseaux,

Laissant presque un vide. Et là quand

En vol horizontal les oiseaux sont venus,

Aussitôt leur flottabilité de fanions boite,

Tout est inutile, et chaque effort des deux ailes

Tombe en vain. Ici, quand sans tout pouvoir

Pour se soutenir et s'appuyer sur ses ailes,

Voilà, la nature les contraint par leur poids à glisser

Jusqu'à terre, et là, prosterné

Dans le vide presque vide, ils passent

Leurs âmes à travers toutes les ouvertures de leur charpente.

De plus, l'eau des puits est plus froide que

En été, parce que la terre par la chaleur

Est raréfié et envoie à l'étranger par voie aérienne

Quelles que soient les graines qu'il aura peut-être

De ses propres exhalaisons ardentes.

Plus le sol tellurique est donc asséché

De la chaleur, plus l'eau cachée se refroidit

Dans la terre. De plus, quand toute la terre

Est comprimé par le froid et se contracte ainsi

Et, pour ainsi dire, le concret, ça arrive, voilà,

Qu'en contractant il exprime alors

Dans les puits, quelle chaleur il apporte.

On dit qu'au sanctuaire de Hammon, il y a une fontaine,

Le jour, il fait froid et il fait chaud la nuit.

Les hommes de cette fontaine se demandent trop,

Et je pense que soudain ça bouillonne de chaleur

Par un soleil intense, le souterrain, quand

La nuit de ses terribles ténèbres a recouvert les terres...

Ce qui n'est pas un vrai raisonnement par une longue suppression :

J'ai la foi quand le soleil est au-dessus de ma tête, touchant avec ses rayons

Un plan d'eau ouvert, sans électricité

Pour le rendre chaud sur sa face supérieure,

Bien que sa lumière possède un tel éclat brûlant,

Comment donc peut-il, alors que sous la terre grossière,

Faire bouillir de l'eau et la remplir d'une chaleur ardente ?

Et surtout, puisqu'il est à peine puissant

À travers les murs de haie des maisons pour injecter

Ses expirations sont chaudes, avec des rayons ardents.

Quel est donc le principe ? Eh bien, ceci, en effet :

La terre autour de cette source est plus poreuse

Qu'ailleurs le sol tellurique, et soit

Beaucoup de graines de feu se trouvent au bord de l'eau ;

C'est pour cela que, quand la nuit aux nuances chargées de rosée

A submergé la terre, et la terre au plus profond

Grandit par le froid, se contracte ; et évince ainsi

Au printemps, quelles graines de feu elle détient

(Comme on pourrait serrer avec le poing), qui rendent chaud

Le toucher et la vapeur du fluide. Ensuite, quand il fait soleil,

Ressuscité, avec ses rayons a fendu le sol

Et raréfié la terre par une chaleur croissante,

Retour dans leurs anciennes demeures

Les graines de feu et toute l'eau chaude

Dans la terre se retire ; et c'est pourquoi

La fontaine à la lumière du jour devient si froide.

En plus, l'eau mouillée est battue

Par les rayons du soleil, et, avec l'aube, devient

De texture plus rare sous son brasier pulsé ;

Et, par conséquent, quelles graines il contient du feu

Il rend, même s'il rend souvent

Le givre qu'il contient en lui

Et dégèle sa glace et dénoue les nœuds.

Il y a, en outre, une fontaine froide en nature

Cela fait un peu de remorquage (au-dessus il tenait)

Prenez immédiatement du feu et allumez une flamme ; de même,

Une torche en pitchpin s'allumera et s'enflammera

Le long de ses vagues, partout où il est poussé

À flot avant la brise. Pas étonnant, ceci :

Parce qu'il y a beaucoup de graines de chaleur

Dans l'eau ; et, depuis la terre elle-même

Des profondeurs doivent sortir des particules de feu

À travers toute la fontaine jaillir,

Et la vitesse des expirations dans l'air

À l'étranger et à l'étranger (mais pas en nombre suffisant)

Quant à faire chauffer la fontaine). Et, en plus,

Une force les contraint, dispersés dans l'eau,

Faire immédiatement irruption à l'étranger et combiner

En flamme au-dessus. Même comme une fontaine au loin

Il y a à Aradus au milieu de la mer,

Qui bouillonne d'eau douce et s'en va

Autour d'elle, les vagues de sel ; et voici,

Dans de nombreuses autres régions, le grand

Apporte une aide opportune aux marins assoiffés,

Des eaux douces éructent au milieu des vagues salées.

C'est ainsi que ces graines de feu peuvent éclater

À travers cette autre source, et bouillonne

À l'étranger contre le peu de remorquage ; et quand

Là, ils se rassemblent ou s'attachent au flambeau,

Immédiatement, ils s'enflamment facilement, parce que

L'étoupe et les torches, aussi, en elles-mêmes

Avoir de nombreuses graines de feu latent. En effet,

Et tu ne vois pas, quand tu es près des lampes nocturnes

Tu apportes une mèche de lin éteinte

Il y a un instant, il prend feu avant

« Cela a touché la flamme, et pareillement une torche ?

Et bien d'autres objets s'enflamment

A distance, touché par la seule chaleur,

Avant, il est baigné dans un véritable feu.

Ceci donc, nous devons supposer qu'il se réalise

Ce printemps aussi.

Passons maintenant à autre chose !

Et je commencerai à traiter par quel décret

Il est naturel que le fer puisse être

Par cette pierre dessinée que les Grecs appellent l'aimant

Après le nom du pays (son origine

Être au pays des Magnésiens).

Cette pierre, les hommes s'émerveillent ; et bien sûr, c'est souvent

Fait une chaîne d'anneaux, en fonction, voici,

De lui-même ! Non, tu peux voir parfois

Cinq ou encore plus dans l'ordre qui pendent

Et se balançant dans les vents délicats, tandis qu'on

Dépend des autres, se clivant vers le dessous,

Et comme si on sentait le pouvoir et les liens de la pierre—

Ainsi, de manière excessivement maîtrisée, son pouvoir s'écoule.

Dans des choses de ce genre, il faut s'assurer beaucoup

Avant que tu puisses rendre compte de la chose elle-même,

Et les abords du rond-point doivent l'être ;

C'est pourquoi j'exige davantage de toi

Un esprit et des oreilles attentifs.

Premièrement, de toutes choses

Nous voyons que tout doit couler, toujours plus,

Doit être déchargé et éparpillé partout, environ,

Des corps qui frappent les yeux, une vision éveillée.

De certaines choses jaillissent toujours des odeurs,

Comme le froid des rivières, la chaleur du soleil et les embruns

Des vagues de l'océan, mangeur des murs

Le long des côtes. Et ne cesse jamais de s'infiltrer

Les échos variés dans l'air.

Et puis, parfois, il entre dans la bouche

Le goût humide d'un sel, au bord de la mer

Nous errons; et ainsi, chaque fois que nous regardons

L'absinthe étant mélangée, son amertume pique.

À tel point que chaque chose est issue de toutes choses

Porté en continu et envoyé partout

Dans toutes les régions rondes ; et subventions nature

Ni repos ni répit du flux en avant,

Puisque c'est sans cesse que nous nous sentons avoir,

Et tout le temps on souffre pour déceler

Sentez tout ce qui est à portée de main et entendez-le sonner.

Maintenant, vais-je chercher à nouveau à me rappeler

À quel point le corps de toutes choses est-il poreux ? un fait

Cela s'est également manifesté dans mon premier chant.

Car, en vérité, même si savoir cela importe

Pour beaucoup de choses, mais pour celle-là même

Sur lequel je vais tout de suite discuter,

Il faut avant tout s'en assurer

Ce rien n'est à portée de main que le corps mêlé de vide.

Un premier exemple : dans les grottes, les rochers au-dessus de nous

Transpirez l'humidité et distillez les gouttes suintantes ;

De même, la sueur suinte de tout notre corps ;

Là pousse la barbe, et parmi nos membres tous

Et le long de notre charpente les poils. Dans toutes nos veines

Diffuse les aliments et donne une augmentation

Et de la nourriture jusqu'aux extrémités,

Même jusqu'aux plus petits ongles. De même,

À travers le bronze massif, la chaleur froide et ardente

On a l'impression de passer ; de même, on les sent passer

À travers l'or, à travers l'argent, quand nous nous tenons dans la main

Les gobelets débordants. Et, encore une fois, là, ça vole

Des voix à travers les murs de pierre des maisons ;

L'odeur s'infiltre, le froid et la chaleur du feu

Cela a tendance à pénétrer même la force du fer.

Encore une fois, là où le corselet du ciel ceint

Et en même temps, une certaine influence du fléau,

Quand l'au-delà s'est introduit dans [notre monde].

Et les tempêtes, venant de la terre et du ciel,

Retour au ciel et à la terre absorbés, retraite—

Avec raison, puisqu'il n'y a rien qui ne soit façonné

Avec corps poreux.

De plus, tous ne

Les particules provenant des objets jetés

Sont dotés des mêmes qualités de sens,

Ne soyez pas non plus adapté à toutes choses de la même manière.

Un premier exemple : le soleil cuit et dessèche

La terre; mais il dégèle la glace, et avec ses rayons

Contraint les hautes neiges, le blanc élevé

Sur les hautes collines, pour dépérir ;

Alors, la cire, si elle est placée sous sa chaleur,

Fond en un liquide. Et le feu aussi,

Fera fondre le cuivre et fondra l'or,

Mais les peaux et la chair se ratatinent et se rétrécissent.

L'eau durcit le fer juste à côté du feu,

Mais les peaux et la chair (rendues dures par la chaleur) s'adoucissent.

L'oléastre autant de délices

Les chèvres barbus, en vérité, comme si

« Ils étaient imprégnés de nectar et répandaient de l'ambroisie ;

Qu'est-ce qui n'est rien qui pousse en feuille

Nourriture plus amère pour l'homme. Un porc recule

Pour l'huile de marjolaine, et tout onguent craint

Empoisonnez-les férocement aux porcs hérissés,

Pourtant, de temps en temps, ils nous semblent,

Comme si, pour donner une nouvelle vie. Mais, à l'inverse,

Même si pour nous la boue est la plus immonde des choses,

Aux porcs, cette boue semble si délicieuse

Qu'ils se vautrent du ventre au dos

Ne sont jamais écoeurés.

Il reste d'ailleurs un point :

De quoi il semble mieux parler, avant de partir

Raconter le fait lui-même.

Puisque les diverses choses assignées soient

Les nombreux pores, ces pores doivent être divers

Dans la nature les uns des autres, et chacun a

Sa forme même, sa propre direction sont fixées.

Et ainsi, en effet, dans les créatures qui respirent,

Les différents sens, dont chacun prend en compte

Pour lui-même, à sa manière toujours,

Son propre objet particulier. Car nous marquons

Comment les sons pénètrent en un seul endroit,

Dans d'autres saveurs de tous les jus,

Et savourez l'odeur dans un tiers. De plus,

On trie les rochers qu'on voit s'infiltrer, et voilà,

Une sorte à traverser le bois, une autre encore

À travers l'or et d'autres pour sortir et s'en aller

À travers l'argent et à travers le verre. Car nous voyons

À travers certains pores, la forme et l'apparence des choses coulent,

À travers d'autres, il reste de la chaleur, et certaines choses encore

Pour passer plus rapidement que les autres à travers les mêmes pores.

En vérité, la nature de ces mêmes chemins,

Variant dans de nombreux modes (comme mentionné ci-dessus)

En raison de la nature différente, de la chaîne et de la trame

Des choses cosmiques, cela les contraint à être ainsi.

C'est pourquoi, puisque toutes ces questions ont maintenant été

Bien établi et bien installé pour nous

Comme les locaux sont préparés, pour ce qui reste

"Il ne sera pas difficile de rendre compte clairement

Au moyen de ceux-ci, et toute la cause se révèle

Grâce à quoi l'aimant attire la force du fer.

Tout d'abord, versez le moût à partir des graines de pierre filiforme.

Innombrable, une marée même qui frappe

Par des coups qui divisent l'air entre eux

La pierre et le fer. Et quand est vidé

Cet espace, et une grande place entre les deux

Est fait un vide, immédiatement les germes primitifs

De fer, glissant tête baissée, chute conjointe

Dans le vide et l'anneau lui-même

C'est pour cette raison qu'il suit et s'en va

Ainsi de tout son corps. Et il n'y a rien

Celui de ses propres éléments primordiaux

Des cohésions plus soigneusement tricotées ou liées plus étroitement

Que la nature et la froideur du fer robuste.

C'est pourquoi ce que j'ai dit est moins étonnant,

Qu'à partir de tels éléments aucun corps ne peut

De dehors, le fer se rassemble en foule plus nombreuse

Et sois dans le vide emporté,

Sans la bague elle-même, suivez-la après.

Et c'est ce qu'il fait, et cela continue jusqu'à ce que

'Cela a atteint la pierre elle-même et s'y est accroché

Par liens invisibles. De plus, de même,

Le mouvement est assisté par une chose d'aide

(Par quoi le processus devient plus facile),—

A savoir par ceci : dès que plus rare se développe

Cet air devant le ring et l'espace entre

Est vidé davantage et fait un vide, immédiatement

Il se passe tout l'air qui se trouve derrière

Le transporte vers l'avant, en poussant par l'arrière.

Pour toujours l'air circumambiant

Drub les choses ne bougent pas, mais ici, elles avancent

Le fer, parce que d'un côté l'espace

Reste vide et reçoit ainsi le fer.

Cet air que je te rappelle,

S'enroulant à travers les pores abondants du fer

Si subtilement dans ses petites parties,

Le pousse et le pousse, tout en remontant le navire et les voiles.

La même chose se produit dans toutes les directions :

De quel côté un espace devient vide,

Que ce soit en travers ou en haut, immédiatement

Les particules voisines sont entraînées le long

Dans le vide ; car en vérité,

Ils sont déclenchés par des coups venus d'ailleurs,

Ils ne peuvent pas non plus d'eux-mêmes

Montez dans les airs. Encore une fois, toutes choses

Faut dans leur cadre tenir un peu d'air, car

Ils sont de charpente poreuse, et l'air

Englobe et limite toutes choses.

Ainsi donc, cet air dans le fer si profondément stocké

Est toujours secoué dans un mouvement contrarié,

Et donc il frappe le ring sans aucun doute

Et le secoue à l'intérieur....

En vérité, cet anneau est là-bas

Là où jadis plongé tête baissée, là-bas, voilà,

Vers le vide où il a pris son origine.

Il arrive aussi parfois que la nature du fer

Se rétracte devant cette pierre, habitué

Tour à tour fuir et suivre. Ouais, j'ai vu

Ces anneaux de fer samothraciens bondissent,

Et de la limaille de fer dans les bols d'airain

Bouillonne furieusement, quand le dessous est posé

La pierre aimantée. Le fer semble si fort

Avoir envie de fuir ce rocher. Une telle discorde est géniale

Est genré par les cuivres interposés,

Parce que, en vérité, quand pour la première fois la marée d'airain

A saisi et détenu la possession de

Les passages ouverts du fer, par la suite

Vient la marée de la pierre, et dans ce fer

Trouve tous les espaces pleins, et maintenant il n'y a plus de trous

Traverser à la nage, comme avant. C'est donc contraint

Avec son propre courant contre le tissu du fer

Se précipiter et battre; au moyen duquel il vomit

Sortant de lui-même - et à travers l'airain s'agite -

Les choses qui autrement sans le laiton

Il s'aspire en lui-même. Dans ces affaires

Ne t'étonne pas que de cette pierre la marée

Ne prévaut pas non plus sur d'autres choses à déplacer

Avec ses propres coups : pour certains tiennent bon sous le poids,

Comme de l'or ; et certains ne peuvent pas être déplacés pour toujours,

Parce que si poreux dans leur charpente ils

Que là la marée coule sans interruption,

De quelle sorte de bois on voit qu'il s'agit.

Ainsi, lorsque le fer (qui se situe entre les deux)

A pris quelques atomes d'airain,

Alors faites les ruisseaux de cette roche magnésienne

Déplacez le fer par leurs coups.

Pourtant ces choses

Ne suis pas si étranger aux autres que je

De ce même genre, je suis mal préparé à nommer

Des exemples encore de choses exclusivement

Adaptez-vous les uns aux autres. Tu vois, d'abord,

Comment la chaux seule cimente les pierres : comment le bois

Ce n'est qu'avec de la colle de taureau et du bois qu'on joint...

Si fermement aussi que plus souvent les planches

Fissure ouverte le long de la faiblesse du grain

Avant longtemps, ces liens taurins relâcheraient leur emprise.

Les sucs de la vigne aux sources

Sont audacieux pour mélanger, mais pas pour le ton lourd

Avec l'huile d'olive légère. Et du colorant violet

Les coquillages s'unissent ainsi à la laine

Corps seul qu'il ne peut pas être pris

Loin pour toujours - non, même si tu as donné du travail

Pour restaurer la même chose avec le déluge neptunien,

Non, bien que tout l'océan ait voulu l'effacer

Avec toutes ses vagues. Encore une fois, de l'or à l'or

Une seule substance ne lie-t-elle pas, et une seule ?

Et l'airain n'est-il pas joint à l'étain par l'étain ?

Et d'autres exemples, combien pourrait-on en trouver !

Et alors ? Tu n'as pas non plus besoin

De si longs chemins et détours, ni de bottes

Pour moi, il y a beaucoup de travail à dépenser pour cela. Plus en forme

C'est en quelques mots brièvement embrasser

Des choses nombreuses : des choses dont les textures s'assemblent

Alors adaptez-vous mutuellement, que les cavités

Aux solides correspondent, ces cavités

De cette chose aux parties solides de cela,

Et ceux de cela aux parties solides de ceci...

De telles unions sont les meilleures. Encore une fois, certaines choses

Peut être l'un avec l'autre couplé et maintenu,

Lié par des crochets et des yeux, comme s'il y en avait ; et ça

Cela semble plus vrai avec le fer et cette pierre.

Or, des maladies, quelle est la loi, et d'où

L'influence de la collecte de fléaux peut

Sur la race de l'homme et des troupeaux de bétail

Allumez une dévastation pleine de mort,

Je vais me dévoiler. Et, d'abord, j'ai enseigné ci-dessus

Que les graines nous apportent beaucoup de choses

Donnant la vie, et que, par contre, il faut

Volez à plusieurs reprises, apportant maladie et mort.

Quand ceux-ci ont, peut-être, eu la chance de les collecter

Et pour perturber l'atmosphère de la terre,

L'air devient funeste. Et voilà, tout

Cette influence de fléau, cette peste,

Ou de l'Au-delà à travers notre atmosphère,

Comme les nuages et les brumes, descend ou bien rassemble

De la terre elle-même et s'élève, quand, trempe

Et battu par des pluies inhabituelles et des soleils,

Notre terre a alors contracté la puanteur et la pourriture.

Ne vois-tu pas aussi que quiconque arrive

Dans une région loin de la patrie et du foyer

Sont par l'étrangeté du climat et des eaux

Détrempé ? — puisque les conditions varient beaucoup.

Car dans quoi d'autre pouvons-nous supposer le climat

Parmi les Britanniques qui diffèrent des Egyptiens

(Où vacille l'axe du monde),

Ou en quoi d'autre diffère du climat pontique

De Gadès et des climats du sud,

Vers les générations noires d'hommes forts

Avec des peaux cuites au soleil ? Même si nous voyons ainsi

Quatre climats divers sous les quatre vents principaux

Et sous les quatre régions principales du ciel,

De même, on voit la couleur et le visage des hommes

Largement en désaccord et maladies corrigées

Pour saisir les générations, genre par genre :

Il y a la maladie des éléphants qui

Au milieu de l'Égypte, près des cours d'eau du Nil,

Engendré est — et jamais ailleurs.

En Attique, les pieds sont souvent attaqués,

Et dans le pays achéen, les yeux. Et ainsi

Les divers spots pour diverses parties et membres

Sont nocifs ; c'est un air variable

Cela provoque ceci. Ainsi quand une atmosphère,

Alien par hasard pour nous, commence à se soulever,

Et des airs nocifs commencent à circuler,

Ils rampent et serpentent comme la brume et les nuages,

Lentement, et tout est en route

Ils désorganisent et obligent à changer son état.

Il arrive aussi que lorsqu'ils arrivent enfin

Dans notre atmosphère, ils entachent

Et faites-le comme eux-mêmes et comme un extraterrestre.

Par conséquent, soudain cette dévastation étrange,

Cette peste, sur les eaux tombe,

Ou s'installe sur les récoltes mêmes de céréales

Ou autre viande des hommes et nourriture des troupeaux.

Ou ça reste une force subtile, le suspense

Dans l'atmosphère elle-même ; et quand à partir de là

Nous dessinons nos inhalations d'air mélangé,

Dans notre corps également son fléau

Nous devons également aspirer. D'une manière comme,

La peste frappe souvent les vaches,

Et la maladie aussi sur les brebis paresseuses.

Peu importe que nous voyageions

Aux régions hostiles à nous-mêmes et au changement

Le manteau atmosphérique, ou si la nature

Elle-même importe une atmosphère entachée

Pour nous ou quelque chose d'étrange à notre propre usage

Ce qui peut nous attaquer dès qu'il arrive.

LA PESTE ATHENES

"C'était une telle sorte de maladie, c'était une telle

Miasmes mortels dans les terres cécropiennes

Tandis que les plaines étaient réduites en ossements de morts,

Les autoroutes sont désertes, vidées de leurs citoyens

La ville athénienne. Pour venir de loin,

S'élevant sur les terres d'Egypte, traversant

Des étendues d'air et des champs d'écume flottants,

Enfin, il s'abattit sur tous les gens de Pandion ;

Où par les troupes jusqu'à la maladie et la mort

Étaient-ils trop donnés. Au début, ils supportaient

Un crâne en feu de chaleur et des globes oculaires

Rouge avec une diffusion d'éblouissement vide. Leurs gorges,

Noir à l'intérieur, sang suintant en sueur ;

Et le chemin muré de la voix de l'homme

Était obstrué par des ulcères ; et la langue même,

L'interprète de l'esprit coulerait du sang,

Affaibli par les tourments, tardif, rude au toucher.

Ensuite, lorsque cette influence du fléau fut étouffée,

Dans la gorge, la poitrine, et coulait

Je suis entré dans le cœur maussade de ces gens malades,

Alors, en vérité, toutes les barrières de la vie de l'homme

A commencé à basculer. De la bouche le souffle

Roulerait une puanteur nauséabonde, comme une puanteur au paradis

Des cadavres pourris jetés sans sépulture.

Et voilà, par la suite, toute la force du corps

Et chaque pouvoir de l'esprit languirait, maintenant

Aux portes de la destruction.

Et une angoisse anxieuse et un hululement (mixte

Avec de nombreux gémissements) accompagné toujours

Les tourments intolérables. Nuit et jour,

Des spasmes récurrents de vomissements provoqueraient

Toujours leurs membres et leurs membres, en panne

Avec un pur épuisement, les hommes sont déjà épuisés.

Et pourtant, sur le corps de personne, tu ne pouvais pas marquer

La peau avec trop de chaleur pour brûler,

Mais plutôt le corps au contact des mains

Offrirait une sensation de chaleur, et ainsi

Tout rouge, avec des ulcères, pour ainsi dire,

Inbranded, comme les "feux sacrés" répandus

Aux côtés des membres. Les parties intérieures des hommes,

En vérité, cela flamberait jusqu'aux os ;

Une flamme, comme la flamme des fourneaux, s'enflammerait

Dans l'estomac. Rien ne pouvait non plus s'appliquer

À leurs membres assez légers et minces

Pour le déplacement de l'aide, mais de la fraîcheur et une brise

Toujours et à jamais. Certains plongeraient ces membres

En feu et fléau dans les ruisseaux glacés,

Jeter le corps nu dans les vagues ;

Beaucoup les jetteraient tête baissée profondément

Les fosses à eau, dégringolant avec une bouche avide

Déjà bouche bée. La soif insatiable

Cela a submergé leurs corps desséchés, voilà, cela ferait

Une bonne douche ressemble à de rares gouttes.

Il n'y avait aucun répit dans les tourments. Leurs cadres

Abandonné, couché à plat ventre. Avec des lèvres silencieuses de peur

La Médecine marmonnerait-elle à voix basse pendant qu'elle voyait

Tant de fois les hommes lèvent les yeux au ciel,

Regardant grand ouvert, sans visite du sommeil,

Les hérauts de la mort ancienne. Et pendant ces mois

A reçu de nombreux autres signes de mort :

L'intellect de l'esprit par le chagrin et la peur

Dérangé, le front triste, le visage

Féroces et délirantes, les oreilles tourmentées

Assailli de tintements, la respiration rapide et courte

Ou une sueur abondante et intermittente, trempée

Un scintillement sur le cou, le crachat en fines gouttes

Taché de couleur de crocus et donc de sel,

La toux siffle à peine dans la gorge rauque.

Ouais, et les tendons dans les mains aux doigts

Nous étions sûrs de contracter et d'assurer le cadre articulé

Frissonner, et monter des pieds le froid pour monter

Pouce après pouce : et vers l'heure suprême

Enfin les narines pincées, le bout du nez

Un point très pointu, les yeux enfoncés, les tempes creuses,

La peau froide et dure, la grimace frissonnante,

La chair tiraillée et gonflée au-dessus des sourcils !—

O peu de temps après, leurs cadres seraient couchés

Dans la mort rigide. Et vers le huitième

Lumière resplendissante du soleil, ou tout au plus

Au neuvième flambeau de son flambeau, ils

Abandonnerait la vie. Le cas échéant, alors

J'avais échappé au destin de cette destruction, et pourtant

Il l'attendait là-bas dans les jours suivants

Une émaciation et une mort due à des ulcères vils

Et des écoulements noirs du ventre, ou bien

À travers les narines bouchées, il y aurait du suintement

Beaucoup de sang souillé, souvent avec un mal de tête :

Ici couleraient toute la force et la chair d'un homme.

Et qui avait survécu à ce flux virulent

Du sang ignoble, mais dans ses veines

Et dans ses articulations et ses organes génitaux

Passerait la vieille maladie. Et il y en avait quelques-uns,

Redoutant les portes de la destruction

Tant de choses, vécues, privées par le couteau

Du membre masculin; pas quelques-uns, bien que coupés

Des mains et des pieds, persisteraient pourtant dans la vie,

Et il y en a qui ont perdu leurs yeux : O

Une peur de la mort si féroce s'était abattue sur eux !

Et certains d'ailleurs étaient par oubli

De toutes les choses saisies, qu'eux-mêmes connaissaient

Plus maintenant. Et bien que cadavre sur cadavre gisait entassé

Sans sépulture sur terre, la race des oiseaux et des bêtes

Reviendrait ou rebondirait, se précipitant pour s'échapper

La puanteur virulente, ou, s'ils y avaient goûté,

Languirait à l'approche de la mort. Mais encore

Presque pas du tout pendant ces nombreux soleils

Un oiseau est apparu, et il n'est pas sorti des bois

Les générations maussades de bêtes sauvages—

Ils ont langui de maladie et sont morts et sont morts.

En chef, les chiens fidèles, dans toutes les rues

Tendus, ils cédaient leur souffle de détresse

Car pour que l'influence du fléau se torde

La vie de leurs membres. On n'en a pas trouvé non plus, c'est sûr

Et principe universel de guérison :

Pour quoi on avait donné le pouvoir de prendre

Les vents vitaux de l'air dans sa bouche,

Et regarder vers le haut les voûtes du ciel,

La même chose pour les autres était leur mort et leur destin.

Dans ces affaires, ô la plus terrible de toutes,

O le plus pitoyable était ceci, était-ce :

Quiconque s'est vu un jour atteint de cette maladie

Enchevêtré, oui, comme damné à mort,

Je resterais dans l'espoir, avec un cœur maussade,

Serait, en prévision de ses funérailles,

Abandonnez l'âme, oh sur-le-champ. Car, voilà,

A aucun moment ils ne se sont arrêtés l'un de l'autre

Pour attraper la contagion de la peste avide,—

Comme des troupeaux laineux et des troupeaux cornus ;

Et ceci en général entasserait les morts sur les morts :

Pour ceux qui ont renoncé à soigner leurs propres malades,

Ô ceux-là (trop avides de vie, de mort effrayés)

Puis, peu de temps après, massacrerait la négligence

Visitez avec vengeance la mort maléfique et la bassesse—

Eux-mêmes abandonnés et désespérés de toute aide.

Mais celui qui était resté à portée de main y périrait

Par cette contagion et le labeur qui alors

Un sentiment d'honneur et une voix suppliante

Des spectateurs fatigués, mêlés à des voix de gémissements

Des gens mourants, les ont forcés à subir.

Ce genre de mort que toute âme plus noble rencontrerait.

Les funérailles, seuls, abandonnés,

Comme des rivaux qui voulaient se précipiter.

Et les hommes luttant pour l'ensepulchre

Pile après pile, la foule de leurs propres morts :

Et fatigué de malheur et en pleurant, il rentra chez lui ;

Et puis la plupart se mettaient au lit à cause du chagrin.

On n'a pas non plus pu en trouver un, qui ni la maladie

Ni la mort, ni le malheur n'avaient eu lieu en ces temps terribles

Attaqué.

Désormais tous les bergers et les bouviers,

Oui, même les robustes guides des charrues courbes,

Ils ont commencé à tomber malade et leurs corps gisaient

Blottis dans les coins de leurs huttes,

Livré à la mort par la misère et la maladie.

Ô souvent et souvent tu aurais alors pu voir

Sur les enfants sans vie, les parents sans vie sont sujets,

Ou une progéniture sur le cadavre de leur père ou de leur mère

Céder la vie. Et dans la ville versé

O pas du moins en partie de la campagne

Cette tribulation que la paysannerie

Malades, malades, amenés là, affluant de tous côtés,

Une foule frappée par la peste. Tous les endroits seraient-ils bondés,

Tous les bâtiments aussi ; par quoi la mort serait d'autant plus grande

Rassemblez en tas les gens si entassés en ville.

Ah, bien des corps assoiffés avaient traîné et roulé

Le long des autoroutes gisaient éparpillés

Outre les fontaines à eau à tête de Silène,—

Le souffle de vie étouffé par ce trop cher désir

Des eaux agréables. Ah, partout

Les places ouvertes de la population,

Et le long des autoroutes, oh tu pourrais voir

De nombreux cadavres à moitié morts, aux membres affaissés,

Rugueux de misère, enveloppé de chiffons,

Périr de très méchanceté, sans rien

Mais la peau sur les os, presque déjà

Enterré – dans des ulcères, des saletés viles et obscènes.

Tous les temples saints aussi des divinités

La mort avait-elle été entassée avec les carcasses ?

Et se tenait chaque fane des Célestes

Chargé de cadavres austères partout—

Lieux fréquentés par les gardiens des sanctuaires

Avec de nombreux invités. Pour l'instant plus d'hommes

J'ai puissamment estimé le vieux Divin,

Le culte des dieux : le malheur à portée de main

J'ai sur-maîtrisé. Ni en ville alors

Restaient ces rites de sépulture, avec lesquels

Ces gens pieux avaient toujours été habitués

Être enterré. Car tout était sauvage

Dans des alarmes sauvages, et chacun

Avec une tristesse maussade, il enterrerait ses propres morts,

Comme le changement actuel le permet. Et un stress soudain

Et la pauvreté pour beaucoup est un acte horrible

Impulsé; et avec des cris monstrueux, ils

Sur les cadres des bûchers funéraires extraterrestres,

Placez leurs propres parents et placez la torche en dessous

Des bagarres fréquentes avec beaucoup d'effusion de sang aux alentours

Plutôt que de quitter les cadavres aimés dans la vie.